Hans Frey

Aquarienpraxis kurz gefaßt

Hans Frey

Aquarienpraxis kurz gefaßt

Eine Aquarienfibel in Wort und Bild

Neumann Verlag Leipzig · Radebeul

Der Autor Hans Frey verstarb am 22. 8. 1985.
Die Bearbeitung des Titels nahm ab 19. Auflage
Dr. Dieter Hohl vor.

28 Strichzeichnungen: Hans Frey, S. 72 bis 76,
S. 78, 79, 89 und 90
2 Strichzeichnungen: Jürgen Scholz, S. 77 und 91
119 Strichzeichnungen: Hans Preuße
80 farbige Abbildungen: Alfred Lippert
Umschlagfoto und 40 Farbfotos im Innenteil:
Hans Joachim Richter

Frey, Hans:
Aquarienpraxis kurz gefaßt: e. Aquarienfibel
in Wort und Bild/Hans Frey. –
19. Aufl. – Leipzig; Radebeul :
Neumann Verlag, 1988, – 144 S.:
269 Ill. (z. T. farb.)

ISBN 3-7402-0056-1
Best.-Nr. 799 152 6

ISBN 3-7402-0056-1

19., neu bearbeitete Auflage 1988

VLN 151-310/119/88 · LSV 1369
Lektor: Johannes Kokot
Gestaltung: Heide Siegemund
Gesamtherstellung: (140) Druckerei Neues Deutschland
Printed in the German Democratic Republic
Bestell-Nr. 799 152 6

00800

Vorwort

Aquarienpflege soll ein Vergnügen sein, Freude, Erholung und mühelose Wissensvermittlung in der Feierabendstunde. Farbenprächtige Fische und schön gewachsene Pflanzen, Kinder unserer Heimat oder der fremden, tropischen Ferne fanden den Weg in unser Heim.
Tiere und Pflanzen wollen mit Liebe gehegt und gepflegt sein, aber die Liebe allein tut es nicht! Es gehört ein gewisses Maß von Kenntnissen und Erfahrungen dazu, die man sich erst erwerben muß. Das ist nicht immer einfach, vor allem dann nicht, wenn es an erfahrenen Ratgebern fehlt. Was wir brauchen, ist ein Berater, der uns einen mit vielen Wegweisern und Markierungen versehenen Weg zeigt, auf dem man sicher zum Ziel gelangt. Es soll Freude bereiten, diesen Weg zu gehen.
Solch ein uneigennütziger Berater soll dieses Buch sein. Sein Inhalt soll nicht belasten und erschrecken, sondern sicher und schnell über die Anfangsschwierigkeiten hinwegführen. Es wird klipp und klar in vielen eindrucksvollen Zeichnungen sagen, wie man es zu machen hat, um die immer wiederkehrenden Fehler des Anfangs zu vermeiden, die so oft Freude und Begeisterung in Enttäuschung umschlagen lassen.
Freilich, eines müssen wir dennoch beachten: ganz ohne Ausdauer und liebevolles Bemühen geht es nicht. Ist es doch ein Stück lebender Natur, das mit dem Aquarium in unsere Hand gegeben ist. Und Leben kann ohne Liebe nicht gedeihen!
In der Zeit, die seit der Niederschrift des Geleitwortes für die erste Auflage bis zum heutigen Tag vergangen ist, haben sich in der Aquaristik mannigfaltige Wandlungen vollzogen. Gewiß haben die Leitgedanken auch heute noch ihre Gültigkeit, doch ist die Entwicklung zur technischen Perfektion in der Aquaristik unverkennbar. In weit höherem Maße, als das früher der Fall war, ist das Aquarium zu einem Mittel der Raumgestaltung und des Zimmerschmucks geworden. Künstliche Beleuchtung, geregelte elektrische Heizung und Filterung sowie zahlreiche andere praktische Hilfsmittel haben die Pflege so erleichtert, daß sich heute ein Aquarium an jedem beliebigen Ort in der Wohnung aufstellen läßt. Zahlreiche Probleme, die in den vergangenen Jahrzehnten dem Aquarienfreund Sorge und Mühe bereitet haben, sind heute gelöst. Geblieben ist die Aufgabe, dem Anfänger mit praktischem Rat zur Seite zu stehen.

HANS FREY

Beachte beim Einkauf

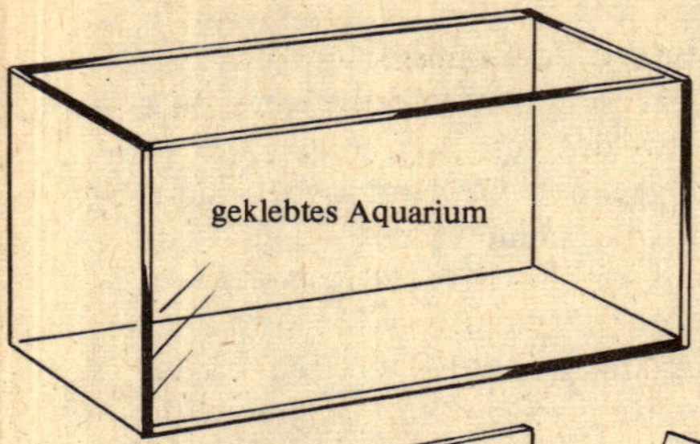

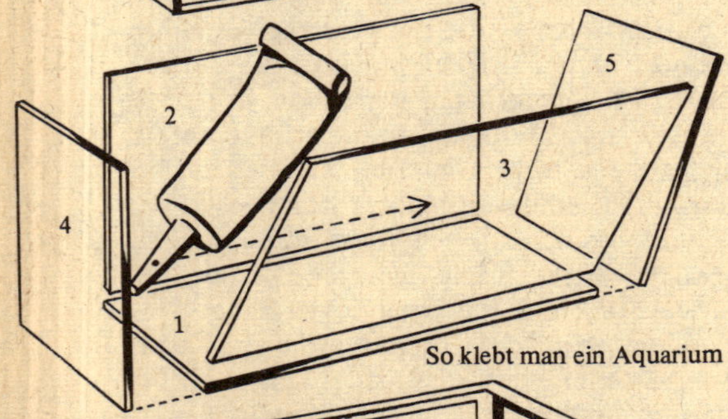

So klebt man ein Aquarium

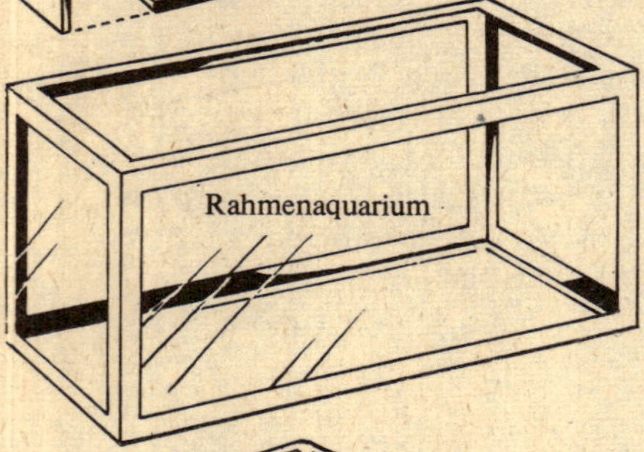

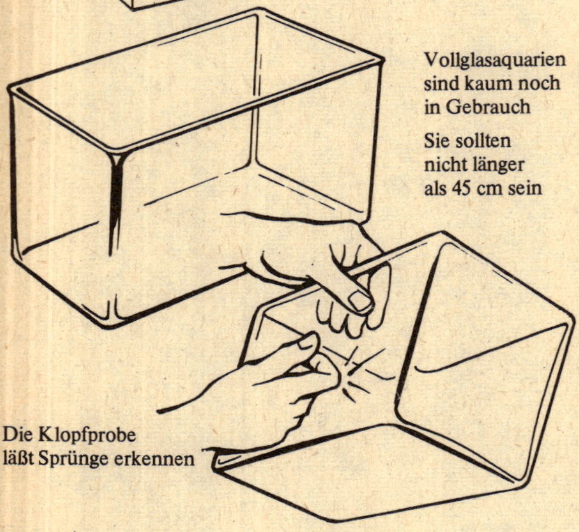
Vollglasaquarien sind kaum noch in Gebrauch

Sie sollten nicht länger als 45 cm sein

Die Klopfprobe läßt Sprünge erkennen

Man überlege sich vor der Anschaffung genau, welchem Zweck das Aquarium dienen soll. Auf den Seiten 46 und 47 lassen wir uns hierzu beraten.

Ob groß oder klein lautet die erste Frage, die sich der künftige Aquarianer vorzulegen hat. Grundsätzlich ist zu sagen, daß ein größeres Aquarium immer vorteilhafter ist als ein zu kleines. Ein kleines Becken verschmutzt nicht nur schneller, durch seinen geringeren Inhalt wird auch das Wasser mit gelösten Stoffwechselprodukten unserer Pfleglinge eher belastet und unbrauchbar. Das bedingt sehr häufige Reinigungsmaßnahmen, die nicht nur zu einem erhöhten Pflegeaufwand führen, sondern auch ständige Beunruhigungen für die Aquarieninsassen bedeuten und ihr natürliches Verhalten beeinträchtigen. In einem großen Aquarium verlaufen diese Vorgänge bei sachgemäßer Einrichtung, Bepflanzung und Besetzung mit Tieren wesentlich langsamer. Bei wöchentlicher Durchführung eines Teilwasserwechsels, verbunden mit dem Putzen der Sichtscheibe, kann in einem solchen Becken ein optimales Lebensmilieu für Pflanzen und Fische über mehrere Jahre aufrechterhalten werden.

Die Form des Aquariums richtet sich vor allem nach seinem Zweck, manchmal auch nach der Gestalt der Fische und Pflanzen, die man pflegen will. Für Schmuck- und Gesellschaftsaquarien ist im allgemeinen eine möglichst große Sichtscheibe erforderlich; Zuchtaquarien sollen niedrig sein. Schnellschwimmende Fische fühlen sich in einem langen, hohe Fische in einem hohen Becken wohler.

Wir wählen den Behälter aus, der unserem Geschmack, unseren Absichten, unserem Geldbeutel und den räumlichen Verhältnissen entspricht.

Geklebte Aquarien (Vollsichtbecken) haben die Vollgläser, aber auch die Gestellaquarien weitgehend verdrängt. Die mit Silikonkautschuk verbundenen Scheiben halten bei sachgemäßer Ausführung garantiert dicht. Die Bruchgefahr ist nicht höher als bei Rahmenaquarien. Der Handel bietet geklebte Aquarien in den verschiedensten Abmessungen an und vermittelt auch Spezialanfertigungen.
Mit etwas Geschick kann man sich solche Aquarien aus sauber zugeschnittenen Scheiben selbst herstellen.

Kunststoffbecken und Aquarien mit Kunststoffscheiben (Plexiglas, Piacryl) sind seit Entwicklung der mit Silikonkautschuk geklebten Aquarien kaum noch im Handel. Sie sind auch nicht zu empfehlen, da die weicheren Kunststoffscheiben sehr leicht bei der Algenentfernung zerkratzt werden können und unweigerlich im Laufe der Zeit blind, wenn nicht völlig undurchsichtig werden.

Als Behelfsaquarien sind früher auch Konservengläser und ähnliche Glasgefäße verwendet worden. Diese Gläser haben den Nachteil, daß durch ihre geringe Oberfläche im Verhältnis zur Höhe der Gasaustausch über die Wasseroberfläche erschwert ist und die gewölbten Wände nur ein verzerrtes Bild des Inhaltes wiedergeben. Zwar lassen sich in solchen Behelfsaquarien vorübergehend kleinere Tiere wie Wasserinsekten pflegen, aber durch die Möglichkeit, sich jederzeit aus Glasscheiben mit Silikonkautschuk gerade kleinere Behälter wunschgemäß und relativ unkompliziert selbst herstellen zu können, wollen wir auf solche Notlösungen gern verzichten. Außerdem wirkt auch eine Reihe geklebter, kleinerer Becken wesentlich ästhetischer als ein Wandregal mit Konservengläsern.

Das Vollglasaquarium hat als kleineres Schaubecken seine Bedeutung verloren. Seit es geklebte Aquarien gibt, deren glatte Scheiben bessere Beobachtungsmöglichkeiten bieten, werden Vollgläser im Fachhandel nur noch selten angeboten. Nachteilig sind vor allem die geringe Bruchsicherheit durch Materialspannungen und die nicht immer glatten Wände, die den Inhalt nur verzerrt erkennen lassen. Trotzdem sind besonders für Zuchtzwecke Vollglasbecken sehr gut brauchbar, da sie durch ihre gerundeten Ecken und Kanten sehr gut zu säubern oder zu desinfizieren sind. Sie sind besonders dort zu empfehlen, wo es sehr auf hygienisch einwandfreie Verhältnisse ankommt, z. B. als Quarantänebecken. Aus Sicherheitsgründen empfiehlt es sich, nur Gläser mit kleinerem Fassungsvermögen bis etwa 10 Liter (maximale Kantenlänge 30 cm) zu verwenden, die für diesen besonderen Zweck ausreichend sind. Zusätzliche Sicherheit erhält man durch ein am oberen Rand herumgeklebtes Isolierband.

Das Gestellaquarium ist ein Behälter aus Glasscheiben, die in einen Metall- oder Kunststoffrahmen eingekittet sind. Es ist die Aquarienform, die bisher am meisten in Gebrauch war. Seine Vorteile sind: glatte Scheiben und größere Bruchsicherheit. Außerdem kann man auch die größten Abmessungen bedenkenlos verwenden, wenn die Stärke des Gestells und der Scheiben dem Wasserdruck entsprechen.
Zu allen genannten Aquarientypen gehören Deckscheiben mit entsprechenden Haltern und Ausschnitten für die Geräte und deren Zuleitungen. Heute werden die Deckscheibenträger bei Gestellbecken meistens gleich mit in den Rahmen eingearbeitet.

Rahmenaquarien der gleichen Abmessung können verschieden gestaltet werden:

als vollverkleideter Schrank

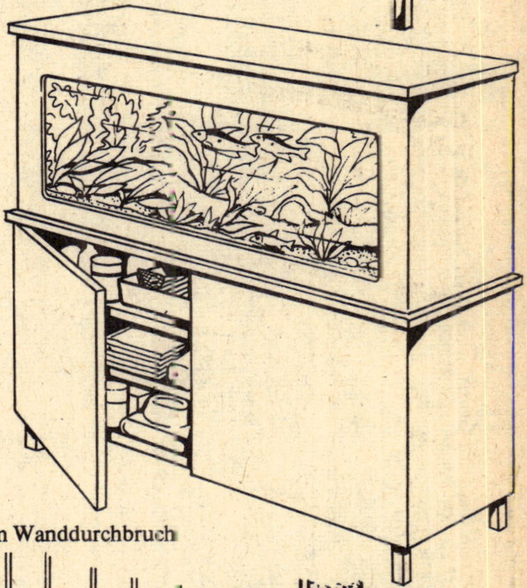

hinter einem Wanddurchbruch

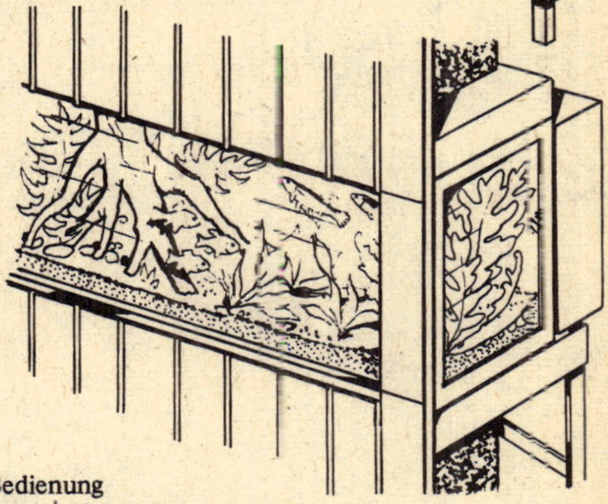

Die Bedienung erfolgt vom Nebenzimmer aus

Ein paar Kniffe

Deckscheibenträger sollen auch die obere Rahmenkante von Gestellaquarien schützen. Geeignet sind Korke, Metall- und Plasthalter, aufgeschnittene Luftschläuche oder Spezialprofile

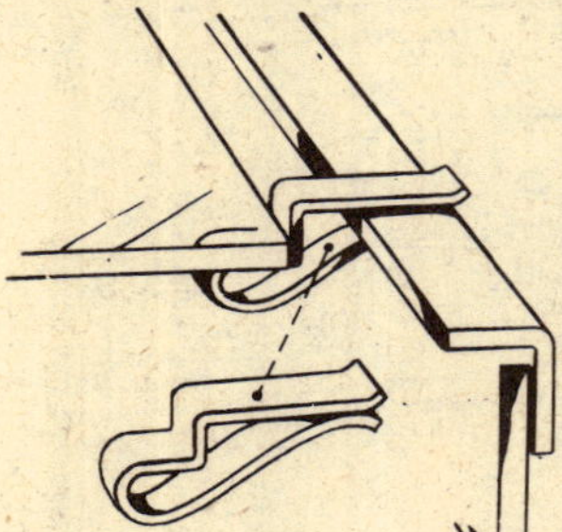

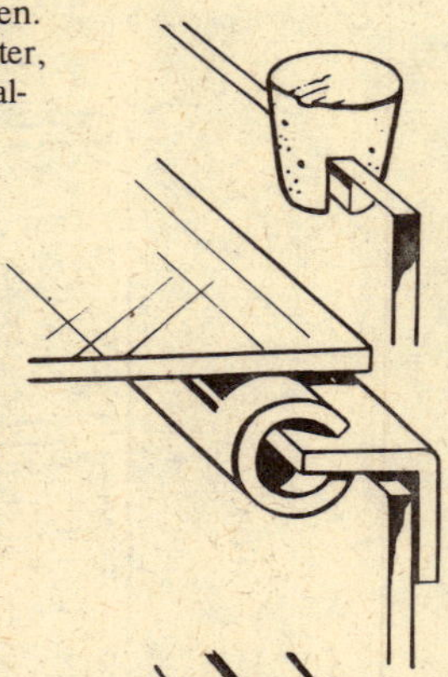

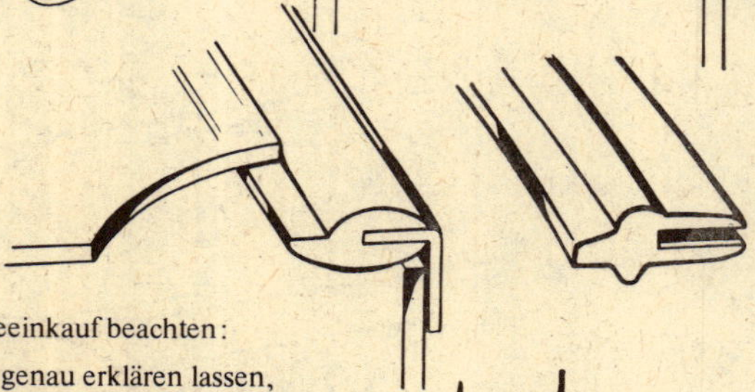

Beim Geräteeinkauf beachten:

Alle Geräte genau erklären lassen, Spannung und Stromart beachten, Vorführung am Prüfstand verlangen!

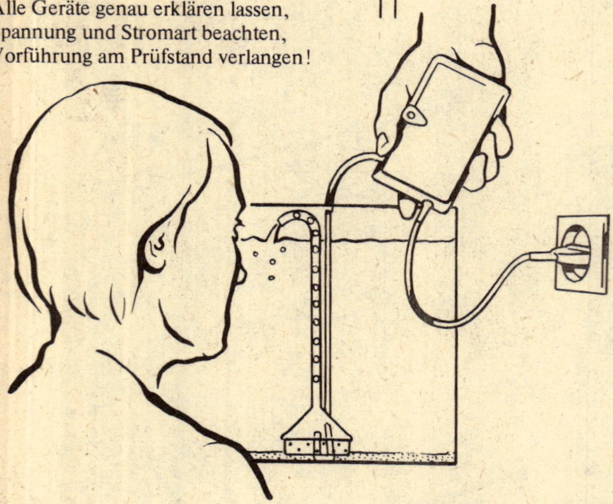

Pumpe immer über dem Wasserspiegel anbringen!

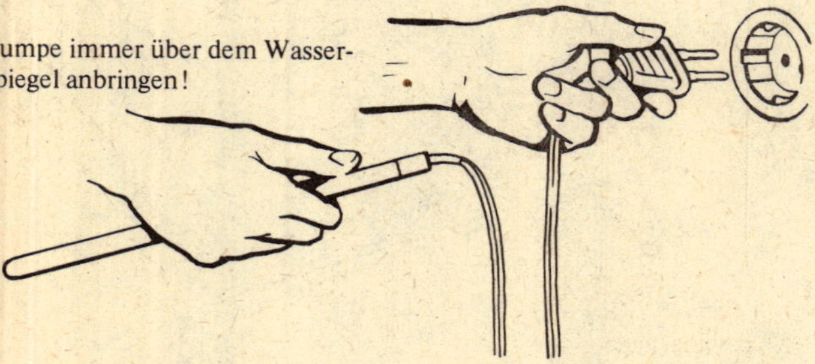

Beim Einkauf eines Gestellaquariums sollte man besonders sorgfältig prüfen, ob alles in Ordnung ist. Gestellbecken können uns bei sachgemäßer Ausführung lange Zeit Freude bereiten.
Vor allen Dingen fordere man stets eine Garantie für Wasserundurchlässigkeit.
Einwandfreie Gestellaquarien sind genau winkelrecht, die Schweißnähte sind sauber verputzt, die inneren Kittnähte oder Klebestellen ganz schmal und meistens noch mit Silikonkautschuk oder Vergußmasse versiegelt.
Eine einwandfreie Isolierung aller Metallteile, vor allem derjenigen, die mit Wasser in Berührung kommen, ist Bedingung. Besonders günstig ist es, wenn der Oberrahmen aus rostfreiem Stahl besteht und hierbei die Deckscheibenleisten mit eingearbeitet sind. Auch eine allseitige Kunststoffbeschichtung der Metallteile hat sich sehr bewährt. Für den Farbanstrich dürfen nur garantiert giftfreie Farben Verwendung finden.
Das gleiche gilt natürlich auch für den Aquarienboden. Kleinere Becken werden heute meist mit Glasböden geliefert, größere mit einem Metallboden, auf den eine Glasscheibe aufgekittet oder aufgeklebt ist. Hierbei muß garantiert sein, daß alle Seitenscheiben auf der Bodenscheibe stehen. Häufig wird angeraten, in das Bodenblech einige kleine Löcher zu bohren, damit die zwischen Blech und Scheibe eingeschlossene Luft entweichen kann und nicht an den falschen Stellen nach außen drängt.
Becken mit blanken Metallböden weise man zurück, da solche Böden die Ursache von Vergiftungskrankheiten der Fische sein können.

Beim Einkauf von Geräten sollte immer daran gedacht werden, daß das Beste gerade gut genug ist und daß billig nicht immer preiswert sein muß. Es hat keinen Zweck, an der falschen Stelle zu sparen!
Die Funktion der Geräte und ihre Bedienung lasse man sich genau erklären. Viele Geräte bedürfen einer sachgemäßen Behandlung, wenn sie nicht vorzeitig unbrauchbar werden sollen. Man bewahrt sich selbst vor Enttäuschungen und unnötigen Geldausgaben, wenn man auf einer genauen Beschreibung besteht. Beigefügte Gebrauchsanweisungen sollten vor der Benutzung eingehend studiert werden.

Beim Einkauf elektrischer Geräte achte man darauf, daß diese am Prüfgerät vorgeführt werden und der Garantieschein ordnungsgemäß ausgefüllt wird.

Ein Thermometer mit Halter. Es wird unter allen Umständen benötigt. Die Kontrolle der Temperatur ist sowohl für das Kaltwasser- als auch für das Warmwasseraquarium unerläßlich.
Der Thermometerhalter besteht in der Regel aus einer Saugscheibe mit Haltering und wird von innen an die Aquarienscheibe angeheftet. Es sind aber auch Thermometer zum Einstecken in den Bodengrund und neuerdings auch Temperaturmeßstreifen auf der Basis von Flüssigkeitskristallanzeige, die von außen auf die Aquarienscheibe geklebt werden, im Angebot. Nicht alle Thermometer zeigen zuverlässig die genaue Temperatur an. Es empfiehlt sich ein Kontrollvergleich, wobei zu beachten ist, daß Differenzen von 1–2 °C für unsere Aquarienbewohner unbedeutend sind.
Heizgeräte benötigen wir nur, wenn wir wärmeliebende Pflanzen und Tiere aus tropischen oder subtropischen Regionen pflegen wollen. Beim Einkauf von Heizgeräten sollte man daran denken, daß hochwertige Erzeugnisse durch ihre Zuverlässigkeit auf die Dauer die billigsten sind. Die Kombination eines Heizgerätes mit einem automatischen Temperaturregler bietet dabei die Gewähr, unabhängig von der schwankenden Raumtemperatur ohne ständige Kontrolle wirklich die optimale Temperatur im Aquarium garantieren zu können. Wer nicht heizen will oder kann, sollte auf die Haltung wärmebedürftiger Arten verzichten. Er wird größere Freude an der Pflege nordamerikanischer Sonnenbarsche haben, die keiner Heizung bedürfen. Einheimische Fische sind dagegen nur bedingt zu empfehlen, da sich das Aquarium im Sommer zu stark aufwärmt und eine Kühlung wesentlich aufwendiger und teurer ist als z. B. die Heizung eines Warmwasseraquariums.
Durchlüfter, bestehend aus Luftpumpe, Luftschlauch und Ausströmer, sind besonders in Aufzuchtbecken vorteilhaft, da durch die ständige Wasserbewegung die Aufnahme von Luftsauerstoff über die Wasseroberfläche gefördert wird. In bepflanzten Aquarien wirbelt eine Durchlüftung jedoch den Mulm auf die feinfiedrigen Pflanzen und hat dadurch eher eine negative Wirkung. Deshalb sollte, von Ausnahmen abgesehen, eine Durchlüftung immer mit einem Filter kombiniert oder noch besser in diesem integriert sein.
Eine Filteranlage benötigt die Durchlüftungspumpe als Antriebsorgan; die Luft fördert das Wasser durch den Filter. Es sind über Außenfilter bis zu Innenfiltern die unterschiedlichsten technischen Lösungen im Angebot. Als sehr praktisch haben sich die Schwamm-Innenfilter bewährt. Dabei wird sowohl die Wasserbelüftung und -umwälzung erreicht, der störende Mulm aber nicht aufgewirbelt, sondern in der Schaumstoffpatrone zurückgehalten. Bedingung für eine gute Funktionsweise jedes Filters ist dessen regelmäßige Reinigung, durch die der zurückgehaltene Schmutz aus dem Wasserkreislauf entfernt wird. Große Aquarien benötigen zum Erreichen eines hohen Wasserdurchsatzes Umwälzpumpen.

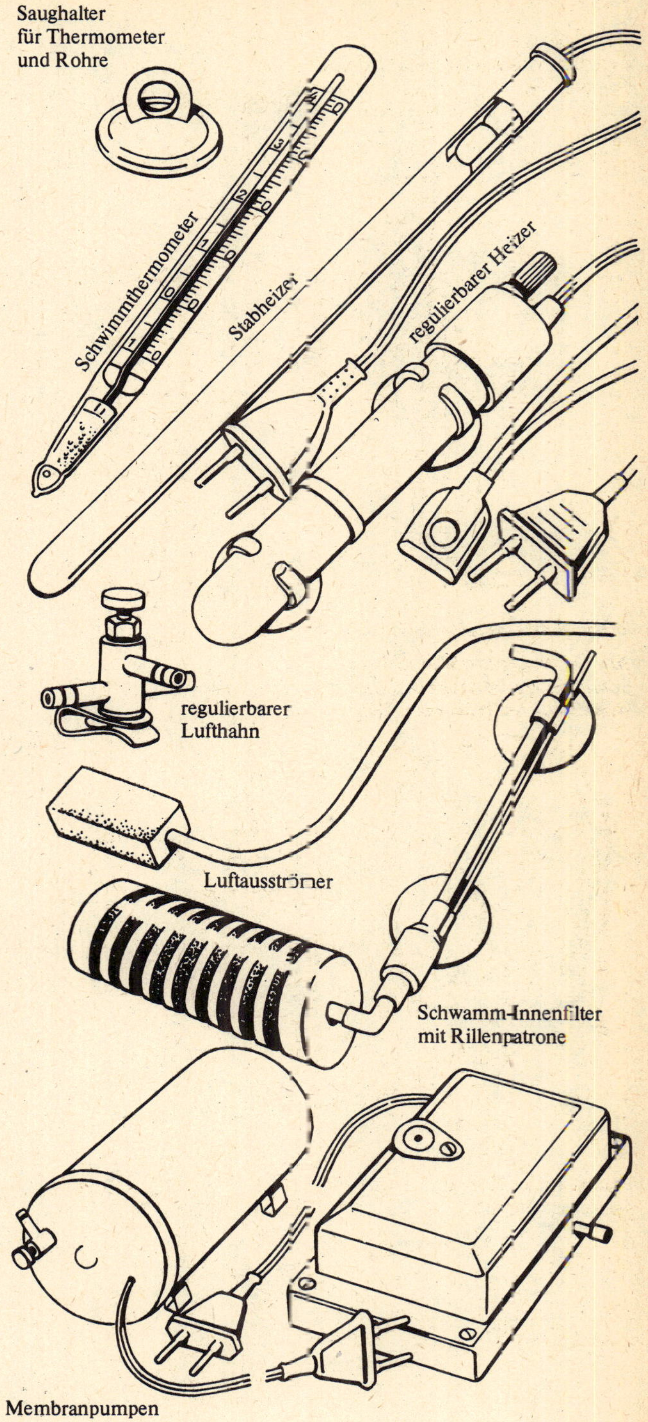

Die wichtigsten Hilfsmittel

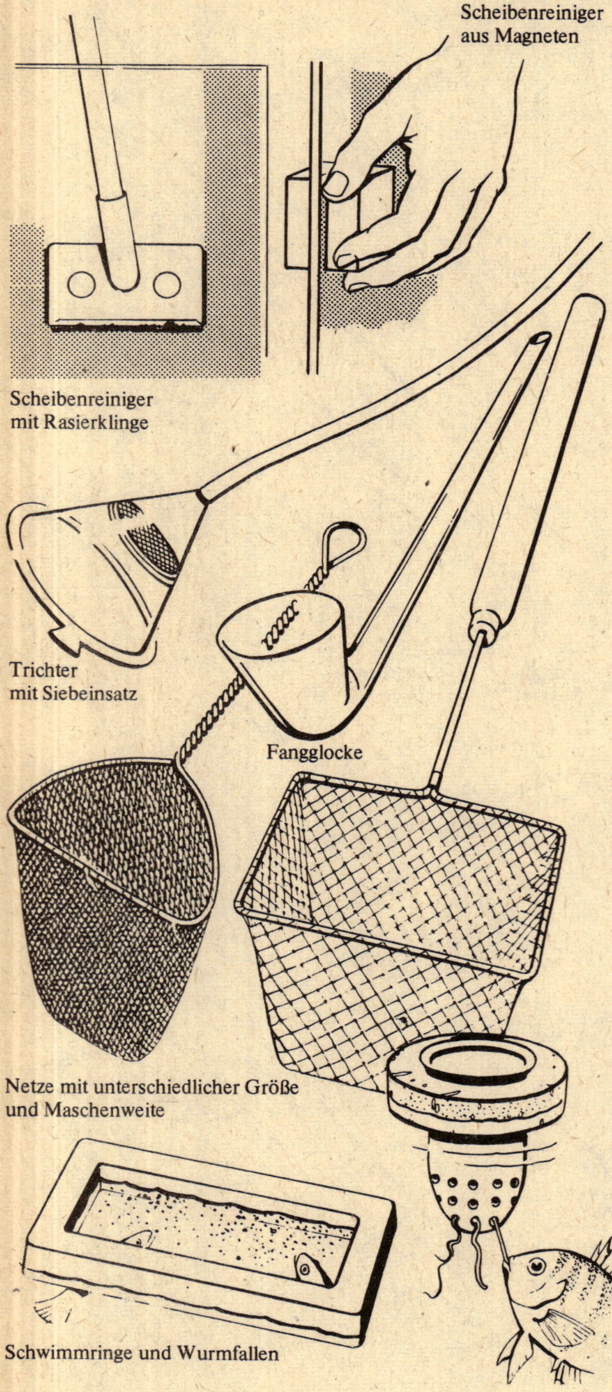

Der Scheibenreiniger besteht im einfachsten Fall aus einer auf einen Stock gesteckten Zwinge, in die eine Rasierklinge eingespannt wird. Er ermöglicht es, die Scheiben von Algen und anderem Belag zu befreien. Für Kunststoffbecken oder Plexiglasscheiben sind solche Reiniger nicht geeignet.

Ein Abzugsschlauch mit einer lichten Weite von etwa 0,8 cm und einer Länge von etwa 150 cm dient zum Abziehen und Einlassen des Wassers und Entfernen des Mulms. Er besteht aus Gummi, besser noch aus Weichplast. Mit seiner Hilfe wird zwangsläufig bei jeder Mulmentfernung auch der so wichtige Teilwasserwechsel durchgeführt. Sogenannte Schlammheber und Aquarienstaubsauger sind wesentlich unzweckmäßiger, die dafür erforderliche Geldausgabe können wir sparen.

Die Mulmglocke aus Glas oder Plast wird zum Absaugen des Mulms auf den Schlauch aufgesteckt. Sie bewirkt, daß der schwere Kies nicht mit in den Schlauch gerät und ihn verstopft.

Das grobmaschige Fangnetz ist zum Fang größerer Fische bestimmt. Es muß einen viereckigen Bügel haben, damit man die Ecken abfischen kann, in die sich die Fische bei Beunruhigung gern verkriechen. Benutze zum Fang möglichst zwei Netze, von denen eines als Falle ruhig gehalten wird. Die Fische sind auf diese Weise leichter zu überlisten.
Man hüte sich vor den Flossenstacheln mancher Fische! Sie können unangenehm schmerzende Verletzungen hervorrufen.

Das feinmaschige Netz dient zum Fang kleiner Fische und zum Durchgießen und Durchspülen der Futtertiere vor der Fütterung. Netze und Siebe sind nach dem Gebrauch auszuwaschen. Ein Netz, mit dem man kranke Fische herausgefangen hat, ist in Kaliumpermanganat zu desinfizieren.

Die Fangglocke dient zusammen mit dem Fangnetz zum Herausnehmen scheuer und sehr zarter Fische, deren empfindliche Haut beim Fang mit dem Netz sehr leicht beschädigt wird.
Achtung! Fange Fische nicht mit der Hand!

Zum Aussortieren des Futters nach der Größe verwendet man am besten Siebsätze, wie sie im Handel angeboten werden. Ein Küchensieb kann ein brauchbarer Notbehelf sein.

Futterringe halten das an der Oberfläche schwimmende Trockenfutter zusammen und gewöhnen die Fische an einen bestimmten Futterplatz. Futterringe mit Sieb dienen zur langsamen Verfütterung von Würmern (Tubifex, Enchyträen), die sich sonst im Boden verkriechen würden.

Pflanzennadeln halten die Pflanzen bis zum Anwurzeln im Boden fest.

Einkauf von Pflanzen und Fischen

Tiere und Pflanzen für unser Aquarium werden wir in der Regel in einem Fachgeschäft oder von einem Züchter kaufen. Dabei werden wir bemerken, daß die einzelnen Arten sehr unterschiedliche Preise haben. Der Marktpreis hängt aber nicht nur von der Nachfrage ab, sondern vor allem von der leichten oder schwierigen Züchtbarkeit der Art im Aquarium, von ihrer Produktivität und ihrer Wachstumsgeschwindigkeit bis zum Erreichen der Handelsgröße.
Neuheiten sind teurer als solche Arten, die schon lange im Aquarium gepflegt und gezüchtet werden.

Preis und Wert sind nicht das gleiche! Jedes Lebewesen ist dem anderen gleichwertig, unabhängig vom Handelspreis. Der Wert eines Tieres und einer Pflanze im Aquarium hängt nur davon ab, welche Wertschätzung sie dem Pfleger abnötigen – oder besser: sollte davon abhängen.
Man lasse sich bei seiner Entscheidung niemals von Mode und Marktpreis beinflussen.

Der Stichling und der Neonsalmler sind also durchaus gleichwertig, auch wenn ihr Marktpreis verschieden ist. Der Neonsalmler ist vielleicht schöner in der Farbe (aber das ist Geschmackssache), doch der Stichling ist durch seine Brutpflege interessanter!

Worauf achten wir beim Einkauf von Pflanzen? Sie müssen vor allem gesund sein. Das zeigt sich in ihrer frischen grünen Farbe, wenn diese auch je nach der Art verschieden intensiv oder getönt sein kann. Pflanzen mit bleichen, verkrüppelten oder stark veralgten Blättern sind ungeeignet. Besondere Aufmerksamkeit soll dem Wurzelstock gewidmet werden. Die Ansatzstellen der Blätter, Stengel und Wurzeln müssen lebensfrisch aussehen.
Es dürfen vor allem keine übelriechenden Faulstellen vorhanden sein. Schwarze Wurzeln, glasige Stellen im Wurzelballen oder am Wurzelansatz gehören nicht zu einer gesunden Pflanze.

Junge Pflanzen sind für die Eingewöhnung besser geeignet als überalterte, die zunächst die Blätter abwerfen und dann den jungen Pflanzen nichts voraus haben. Jungpflanzen wurzeln besser an.

Junge Fische passen sich gleichfalls leichter an. Wenn wir sie selbst aufziehen, machen sie uns mehr Freude als einige ausgewachsene Fische, die sich schwer eingewöhnen. Es ist besser, wenn wir unsere Ungeduld in diesem Falle überwinden, auch wenn die jungen Tiere zunächst etwas farbloser aussehen als erwachsene. Sie werden das noch Fehlende doppelt nachholen!

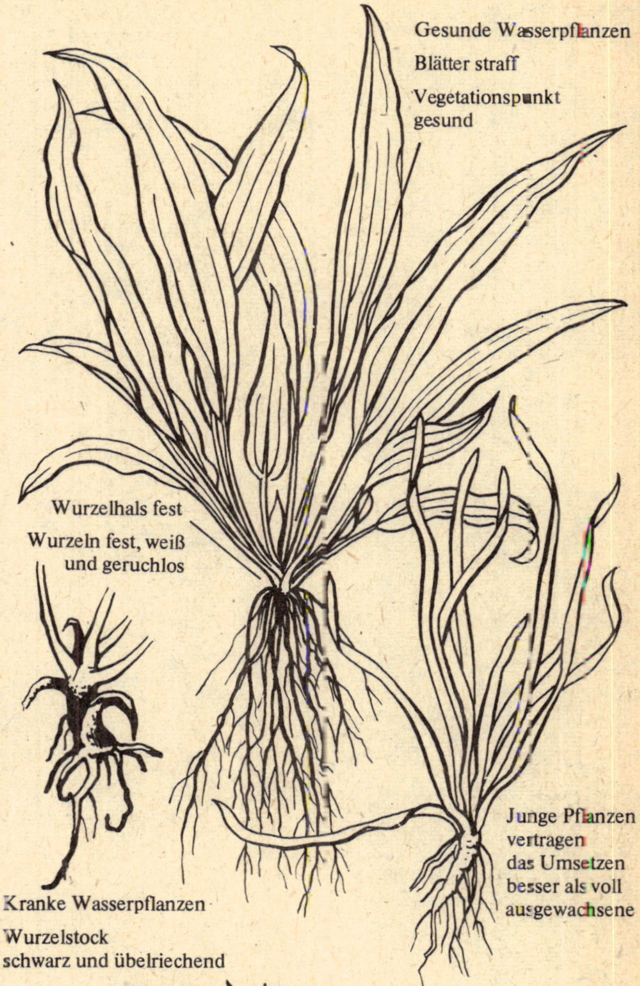

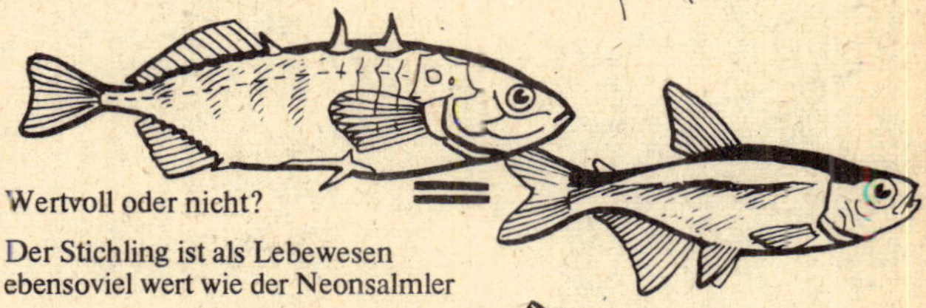

Groß oder klein? 10 Jungfische sind besser als 2 erwachsene Fische

Kaufe gesunde Fische!

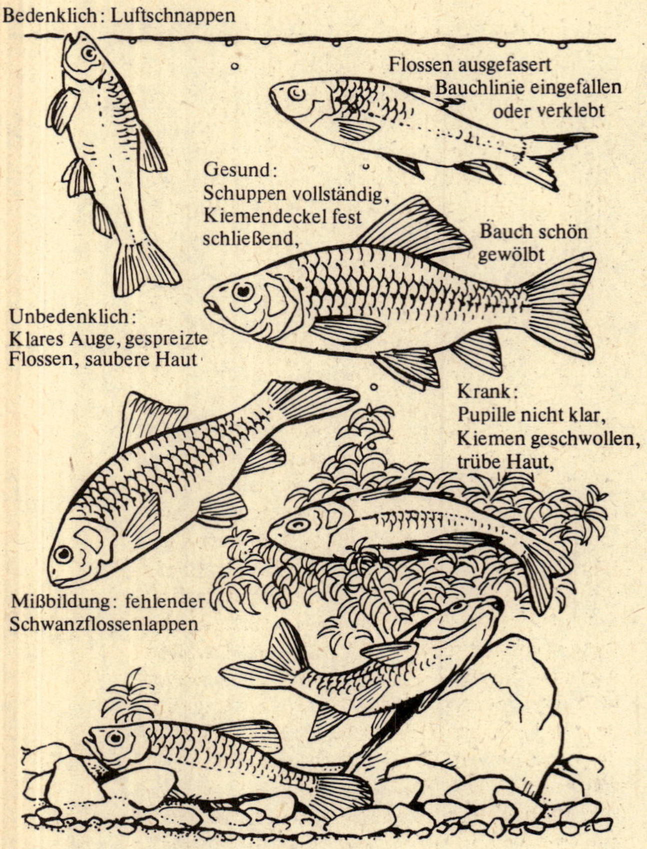

Bedenkliches Verhalten: Aufliegen auf dem Boden, obwohl kein Grundfisch, Scheuern und Reiben an Steinen

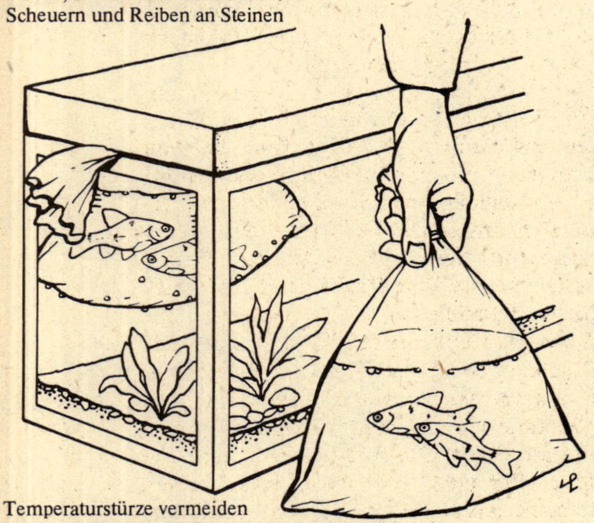

Temperaturstürze vermeiden
Fische im Transportgefäß langsam angleichen

Der Einkauf von Fischen ist Vertrauenssache! Ein gewissenhafter Händler wird von selbst darauf sehen, nur einwandfreie und gesunde Tiere zu verkaufen. Er wird lieber ein paar kranke Fische als einen Kunden einbüßen.

Eine gute Beratung erspart viel Ärger, Enttäuschung und Geld. Es ist nicht immer einfach, die gerade für unser Aquarium geeigneten Tiere auszuwählen und dabei auch noch auf ihren vermutlichen Gesundheitszustand zu achten.
In den Becken der Händler sind oft genug sehr verschieden geartete Fische miteinander vereinigt, die dann weder ihre normale Färbung noch ihr normales Verhalten zeigen.

Gesunde Fische sind im allgemeinen aber auch dann als gesund zu erkennen, wenn sie sich in einem Aquarium nicht ganz heimisch fühlen. Sie haben eine klare Pupille (mit Ausnahme solcher Fische, die von Natur aus eine matte Pupille besitzen); ihre Atembewegungen sind ruhig und regelmäßig, nicht hastig oder krampfhaft; ihre Flossen sind klar oder zeigen keinerlei matten Belag, meist werden sie aufrecht getragen, und ihre Ränder sind glatt. Die Schuppen, soweit vorhanden, sollen vollständig sein, alle Körperlinien harmonisch. Die Bewegungsweise soll dem arteigenen Schema entsprechen.
Achtung! Fische mit trüben Augen, abstehenden Kiemendeckeln oder verklebten Flossen, Ausbleichungen in der Färbung, unvollständigem Schuppenkleid, eingefallenen Bäuchen und kantigen Rücken weisen wir zurück. Auch solche Fische, die krampfhaft an der Oberfläche hängen, obwohl sie keine Oberflächenfische sind, die auf dem Boden hocken, ohne Grundfische zu sein, in den Ekken hängen, sich an Steinen scheuern oder sich taumelnd und sprunghaft bewegen, betrachten wir mit Mißtrauen.

Der Transport der Fische erfolgt heute meist im Plastbeutel, der mit einem Gummiring verschlossen wird. Die Beutel lassen sich bequem in jeder Aktentasche unterbringen, auch kann man sie, mit Sauerstoff beschickt, im Karton über weite Strecken versenden. Natürlich kann man auch das altbewährte Transportglas mit dem Tragegriff aus Bindfaden verwenden. Im Winter wird man es vorsorglich in Zeitungspapier einhüllen.
Zu Hause angekommen, setzt man die Fische nicht sofort in das Aquarium hinein, sondern hängt zunächst das Transportglas oder den Plastbeutel in das Aquarium, um die Temperatur anzugleichen.
Fische sind wechselwarme Tiere, die alle Temperaturschwankungen ihrer Umgebung mitmachen. Sie können gesundheitliche Schäden davontragen, wenn man dem nicht Rechnung trägt.

Ein Kochbuch ergibt noch kein Mittagsmahl...

Erst das Geschick der Hausfrau macht aus den Ratschlägen auf dem Papier eine wohlschmeckende Mahlzeit. Daran sollte man denken, wenn man die Hinweise dieser «Aquarienpraxis» studiert.

Ich habe viele Aquarien gesehen. Mochten sie nach dem üblichen Schema eingerichtet oder aber ganz und gar abwegig gestaltet sein, sie verrieten doch alle etwas von der persönlichen Eigenart ihrer Besitzer, von ihrem Geschmack, ihrer Beobachtungsgabe und ihrer Phantasie. Aquarien von sachlicher Nüchternheit, die einem ganz bestimmten züchterischen oder biologischen Zweck dienen, fand ich ebenso wie das einfache Vollglasbecken des Schuljungen, der seine ersten, schüchternen, selbständigen Schritte in das Reich der Natur unternahm. Behälter sah ich, überladen mit naturfremdem Beiwerk, und solche von höchster Vollendung in der Dekoration mit natürlichen Mitteln, unbeholfene Erstlingsversuche neben Meisterwerken vieljähriger Erfahrung in der sachgemäßen Nachbildung irgendeines Gewässerausschnittes.

Die Frage, wie ein Aquarium im Detail eingerichtet wird, muß letztlich immer dem einzelnen zur Beantwortung überlassen bleiben. Grundsätzliche Lebensansprüche unserer Pfleglinge müssen jedoch bei der Einrichtung berücksichtigt werden, unabhängig davon, wie die persönliche gestalterische Umsetzung realisiert wird. Höhlenbrüter benötigen beispielsweise unbedingt eine Höhle; ob diese aus einem Blumentopf, einem Steinaufbau oder einer Plastdose besteht, ist dann eine Frage des persönlichen Geschmackes oder auch der Zweckmäßigkeit. Der Anfänger wird meist versuchen, ein schönes Aquarium zu gestalten, das seinen individuellen ästhetischen Empfindungen entspricht. Die Mehrzahl aller Aquarianer hat die ersten Eindrücke und Anregungen durch so ein Becken erhalten. So soll es denn auch das Bestreben dieses Buches sein, Ratschläge zur Einrichtung von Aquarien zu erteilen, die zweckmäßig sind, natürlich und zugleich auch schön wirken.

Selbstverständlich entsprechen die Vorschläge dem Geschmack und den Erfahrungen des Verfassers. Sie schließen nicht aus, daß auch andere Wege zum Ziel führen, denn selbst die besten Ratschläge können nicht jedem Geschmack gerecht werden. Das Sprichwort «Übung macht den Meister» trifft auch auf die vielen Aquarienfreunde zu. Darum soll man nicht gleich die Geduld verlieren, wenn es anfangs nicht so klappt, wie man es sich ausgemalt hat. Auch ist es bei einer Liebhaberei, die sich mit der Pflege lebender Wesen beschäftigt, niemals möglich, alle Ursachen für Fehlschläge von vornherein auszuschließen. Selbst ein Aquarianer, der seit Jahrzehnten «im Fach» ist, wird vor Mißerfolgen nicht sicher sein und wird nicht für alle Fälle ein wirksames Rezept zur Hand haben.

In den nachfolgenden Kapiteln dieses Buches befassen wir uns mit dem Einrichten des Aquariums. Es werden dabei ausschließlich natürliche Mittel zur Gestaltung unserer kleinen Unterwasserlandschaft empfohlen. Die Natur ist so reich an Schönheit, deshalb wird für uns die freie, natürliche Landschaft der beste Lehrmeister für die Gestaltung des Aquariums sein. Dabei können und wollen wir die Natur nicht nachahmen, sondern vielmehr versuchen, im Aquarium einen äußerst begrenzten Lebensraum zu schaffen, in dem die natürlichen Wechselbeziehungen weitgehend zur Wirkung kommen. Bedenken wir immer, daß unsere Zimmeraquarien, so groß sie uns auch manchmal vorkommen mögen, nicht einmal einem natürlichen Kleinstgewässer entsprechen. Der Inhalt eines Meterbeckens würde bestenfalls dazu ausreichen, eine Pfütze zu füllen.

Unser Aquarium kann also höchstens ein stark verkleinerter und dennoch unvollständiger Ausschnitt eines bestimmten Lebensraumes sein, niemals aber ein reales Abbild. Deshalb müssen wir oft pflegend und erhaltend in unser kleines System eingreifen, ein wesentlicher Unterschied zur Natur! Wenn uns eine Wanderung oder ein sonntäglicher Spaziergang an die Gewässer der Heimat führt und wir dabei das Augenmerk auf die kleinen Lebensräume richten, so werden uns die Anregungen zufliegen. Die von der Sonne bis auf den Grund erwärmte Bucht am See, das zerklüftete, wurzeldurchzogene Ufer eines Flüßchens, vom Wasser unterspült, das Naturaquarium zwischen den Steinblöcken eines Bachlaufes – dies alles und noch viel mehr kann Vorbild sein und vermag unsere Phantasie zu beflügeln.

Die Wünsche sind verschieden

Ein Gesellschaftsaquarium im Wohnraum

oder eine Zuchtanlage

Die Aufstellung des Aquariums wird bestimmt von unseren Wünschen, den räumlichen Gegebenheiten und den Lebensansprüchen der Tiere und Pflanzen. Unter allen Umständen überlegen wir uns genau, wo wir das Aquarium aufstellen wollen und besprechen diese Frage eingehend mit allen Familienmitgliedern, die daran interessiert sind, vor allem aber mit der Hausfrau.

Ein Standortwechsel, der sich etwa nach dem unüberlegten Aufstellen notwendig macht, ist in jeder Hinsicht so aufwendig, daß er einem Neubeginn gleichkommt.
Insbesondere Pflanzen nehmen es uns sehr übel, wenn sie auf diese Weise gestört werden. Oft brauchen sie Monate, um die Folgen zu überwinden.

Unsere Wünsche und die räumlichen Gegebenheiten sind natürlich miteinander in Einklang zu bringen. Vor allem müssen wir uns darüber klar sein, was wir mit der Aquarienpflege bezwecken. Aber das wissen wir ja schon längst, denn wir haben uns unsere Gedanken schon vor der Anschaffung des Aquariums gemacht.

Die Lebensansprüche der Tiere und Pflanzen müssen bei allen unseren Erwägungen gleichrangig berücksichtigt werden. Alle Organismen stellen bestimmte Anforderungen an das Leben, und nur wenn diese Ansprüche erfüllt werden, können sie gedeihen und uns Freude schenken.
Vieles, was wir über die von uns gepflegten Tiere und Pflanzen wissen möchten, wird uns dieses Buch verraten. Praktische Erfahrungen, die wir mit der Zeit sammeln, Meinungsaustausch mit den Freunden in den Fachgruppen oder Vereinen und das Studium der Fachliteratur sind uns behilflich.
Wenn uns das Aquarium durch seine lebensvolle Schönheit Erbauung und Belehrung bringen soll, dann müssen wir ihm den Platz geben, an dem es diese seine Wirkung voll entfalten kann!

Fünf Gesichtspunkte an erster Stelle:

1. Die heute mögliche künstliche Beleuchtung macht uns vom Tageslicht unabhängig und erlaubt uns, das Aquarium an beliebiger Stelle in den Wohnraum einzufügen.
2. Steht das Aquarium an der vorgesehenen Stelle fest und sicher, so daß es nicht schwanken oder gar umstürzen kann?
3. Kann man das Aquarium und seinen Inhalt beobachten, ohne seinen Körper mühevoll und ermüdend zu verbiegen?
4. Kann man alle Pflegemaßnahmen bequem ausführen, ohne dadurch an anderen Einrichtungsgegenständen Schäden zu verursachen oder sich selbst zu gefährden?
5. Fügt sich das Aquarium an der vorgesehenen Stelle harmonisch in den Raum ein?

Wie soll es aussehen?

Die Himmelsrichtung, nach der das Fenster weist, in dessen Nähe man das Aquarium stellen will, kann für das Gedeihen von Fisch und Pflanze ausschlaggebend sein, wenn man auf Tageslicht angewiesen ist. Wir wollen uns merken:

Norden – sehr ungünstig
Die Nachteile können durch künstliche Beleuchtung ausgeglichen werden. Geeignet für Kaltwasseraquarien.

Süden – ungünstig
Die zeitweise zu starke Belichtung muß abgedämmt werden, sonst kann es zu Störungen des biologischen Geschehens im Aquarium kommen.

Westen – günstig

Osten – sehr günstig

Der Platz auf der Fensterbank ist aus mehreren Gründen nicht zweckmäßig. Das Aquarium erhält meist zuviel Licht, das zudem durch die Fische hindurch scheint, wodurch ihre Farben nicht zur Geltung kommen. Oft leuchten sie nur bei auffallendem Licht auf, sind also Reflexfarben! Außerdem lassen sich die Fenster nicht öffnen und reinigen, ohne das Aquarium von seinem Platz zu entfernen.

Mit etwas Abstand vom Fenster behindert das Aquarium zwar nicht die notwendigen Tätigkeiten am Fenster, aber jede unserer Bewegungen zwischen dem Fenster und dem Becken verursacht einen Schatten, der zu Schreckaktionen der Fische führt.

Die Aufstellung rechtwinklig zum Fenster ist immer vorzuziehen, denn dabei bleibt das Fenster nicht nur frei, sondern auch das Licht fällt auf die Fische, so daß deren Farben voll zur Geltung kommen. Allerdings muß man auch hier für einen festen Stand sorgen!

An beliebiger Stelle im Zimmer kann das Aquarium dann aufgestellt werden, wenn man sich vom Fenster löst, weil je nach Bedarf mehrere Stunden am Tag bis ganztägig künstlich beleuchtet werden kann.

Eine verglaste Veranda bietet in der Regel die besten Möglichkeiten, nicht nur einzelne Aquarien, sondern auch größere Aquarienanlagen aufzustellen. Dabei denke man aber auch an die im Winter entstehenden Heizungsprobleme, denn oftmals kühlen dann derartige Veranden extrem aus.

Mehrere Aquarien können in einer Stellage aus Holz oder Winkeleisen untergebracht werden, ohne dann viel mehr Platz einzunehmen als ein einzelnes Aquarium. Es gibt auch formschöne Aquarienmöbel im Handel, oder man kann sie durch einen Tischler herstellen lassen. In ihnen kann man ein oder mehrere Aquarien nebst allen notwendigen Geräten unterbringen.

Wo stellen wir das Aquarium auf?

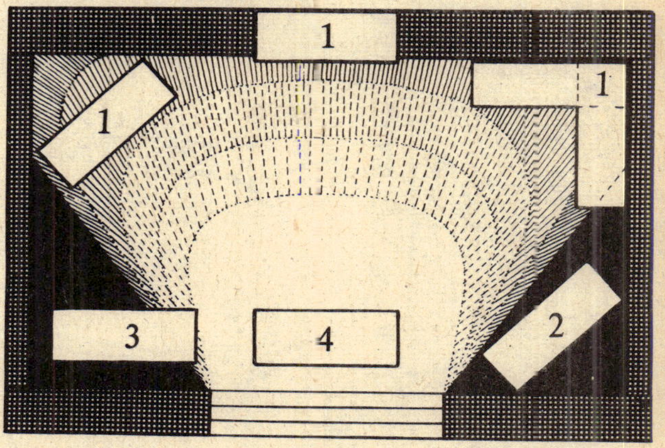

1 – bei auffallendem Licht kommen viele Salmler und Barben am besten zur Geltung
2 – hier kommt kein Tageslicht an, Übereckstellung
3 – wie 2, Ausnutzung der Ecke durch geeignete Aquariengröße
4 – am ungünstigsten, weil das Licht durch die Fische fällt und die Glanzfarben fehlen

Vorher überlegen

Eine Haftpflichtversicherung ersetzt aber nicht die Vorsorge

Einige praktische Ratschläge für das Aufstellen des Aquariums:

Vollglas-, Vollsicht- oder Kunststoffaquarien weich stellen, am besten auf einer Unterlage von Papier, Filz oder Schaumstoff, um die Bruchgefahr zu vermindern. Ein völliges Auseinanderfallen von Vollglasbecken kann man verhindern, wenn man den oberen oder unteren Rand des Beckens mit einer mehrfachen Lage von Isolierband oder Leukoplast umwickelt.

Gestellaquarien oder geklebte Aquarien müssen fest, völlig eben und waagerecht stehen.
Je größer solche Becken sind, um so mehr müssen wir auf die Festigkeit des Standortes achten. Wacklige Tische sind ungeeignet: das Untergestell darf keine Eigenbewegung besitzen.
Es findet den sichersten Halt auf recht breiten Füßen. Bei Bedarf können entsprechend große Scheiben aus Metall oder Holz unter die Gestellbeine gelegt werden. Auf diese Weise wird verhütet, daß sich die Füße des Gestells in den Fußboden eindrücken, wie es z. B. bei Linoleum oder auf Läufern der Fall sein kann.
Man versuche ferner, bei Holzfußböden möglichst die Balkenlage auszunützen oder eine Verbindung von Balken zu Balken durch Holzleisten zu schaffen, auf die das Aquariumgestell oder der Tisch gesetzt wird.
Die Unterlage, auf die das Aquarium zu stehen kommt, also z. B. die Tischplatte, muß in sich eben sein und darf sich nicht verziehen. Das Aquarium soll auch nicht mit der vollen Fläche darauf gestellt werden, sondern man schiebe je nach der Länge desselben zwei oder mehr schmale Leisten unter, auf denen das Aquariumgestell sitzt. Man achte darauf, daß die Leisten die Tiefe des Aquariums besitzen, damit das Rahmengestell auf ihnen ruht und nicht etwa der Aquariumboden!
Stellagen, die sehr hoch sind, erhalten eine kleine Neigung zur Wand und werden mit Haken in ihr befestigt. Achtung! Eine unebene Unterlage kann dazu führen, daß sich das Rahmengestell verzieht und das Aquarium dadurch undicht wird oder die Scheiben springen.

Die elektrische Anlage muß sorgfältig ausgeführt sein. Alle Anschlüsse müssen vom Fachmann so verlegt sein, daß sie nicht naß werden können, insbesondere aber nicht von Unberufenen, wie etwa von kleinen Kindern, zu erreichen sind.

Eine Haftpflichtversicherung deckt für den Fall eines unvorhergesehenen Schadens Ersatzansprüche, die Dritte vielleicht erheben könnten.

Blinder Eifer schadet nur

Kurzlehrgang, wie man es nicht machen soll!
Peters langgehegter Wunsch ist erfüllt – er kann sich ein Aquarium anschaffen. Schon vor Tagen hat er Sand und Steine besorgt und beides gewaschen. Nun führt sein nächster Weg, im Laufschritt zurückgelegt, in die Zoohandlung an der Ecke, um Pflanzen und Fische und alle notwendigen Gerätschaften einschließlich des Aquariums zu erstehen.

Eine knappe Stunde später ist er schon wieder zu Hause. Eine fieberhafte Tätigkeit beginnt, die Pflanzen hängen über den Schüsselrand, und die Fische warten im Transportglas auf die Stunde des Einzugs. Peter ist aufgeregt, für ihn dauert alles noch viel zu lange. Muß man betonen, daß Sand und Steine in Windeseile auf dem Aquarienboden ausgebreitet sind? Rasch werden die Pflanzen in den Grund gedrückt, und dann wird das Wasser aus der Leitung mit dem Krug eingefüllt. Mag auch etwas Sand dabei aufwirbeln – er wird sich schon setzen, denkt Peter.

Nach einer halben Stunde kann unser Freund jedenfalls das Aquarium, bereits fertig eingerichtet, zum Fenstertischchen in der Stube tragen. Das Wasser wogt zwar über den Rand des Glases hinaus und tropft auf Hosen und Teppich, aber dessen achtet Peter wenig. Schnell, nur schnell ist seine Parole. Endlich ist es soweit, daß das Glas mit den Fischen herbeigeholt werden kann. In hohem Bogen schnellen sie aus dem Transportglas ins Aquarium. Einer von ihnen springt daneben und muß mit spitzen Fingern vom Teppich aufgelesen werden. Was macht es schon, daß das Wasser im Aquarium um einige Grade kälter ist als das im Transportglas? Die Fische bewegen sich doch so munter: immer die Scheiben auf und ab, hinauf und hinunter.

Ach, das war ein schlechter Start, lieber Peter! Denn am nächsten Morgen hocken die Fische blaß und unlustig am Boden; einige hängen auch an der Oberfläche, und einer ist sogar tot. Ein paar Pflanzen treiben entwurzelt im Glase. Das Wasser ist trübe, und alles, Boden und Wände, Pflanzen und Fische, ist mit feinen Luftbläschen besetzt. Schon hat Peter alle Lust verloren. Fort ist die Begeisterung, aber es kommt ihm nicht in den Sinn, die Schuld bei sich selbst zu suchen. Für ihn ist die neue Liebhaberei abgetan wie so vieles zuvor.
Soll unsere Leidenschaft auch so rasch verfliegen? Nein, nein! Wir gehen mit Überlegung an die Sache heran, und wir werden uns darüber klar, daß Geduld und liebevolles Verständnis im Umgang mit lebenden Tieren und Pflanzen notwendig sind.

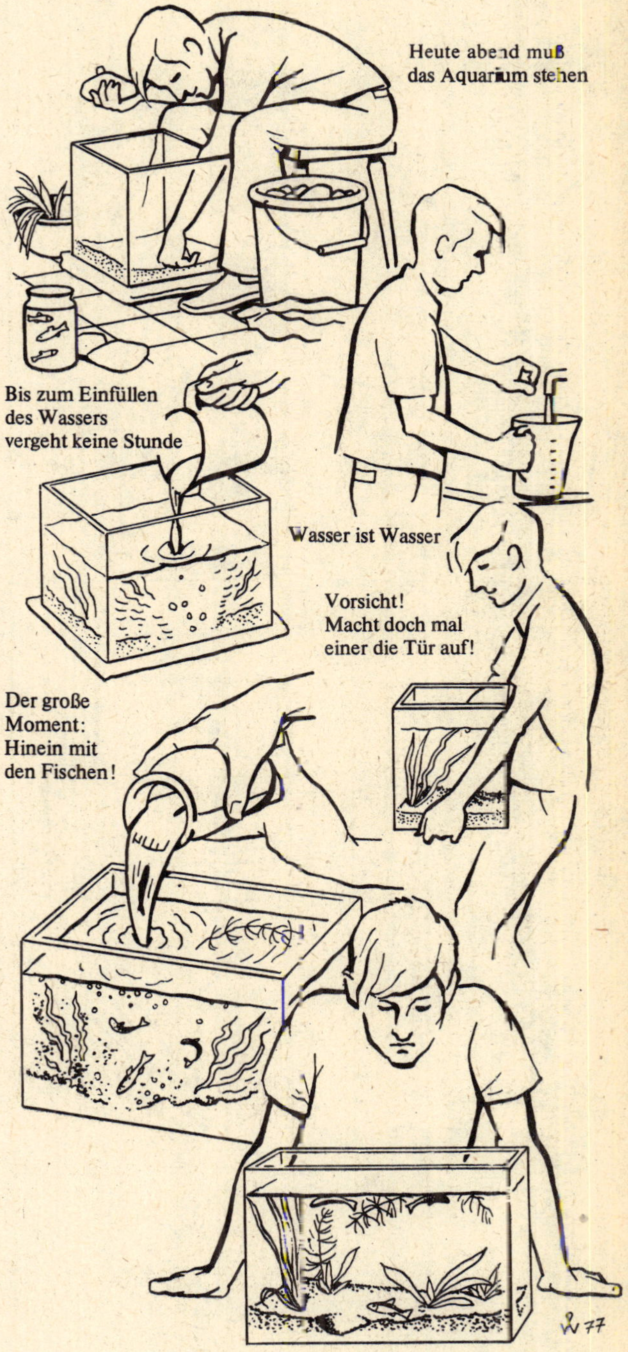

Am nächsten Morgen: die große Enttäuschung ...

Sorgfalt ist der halbe Erfolg

Das Einrichten des Aquariums will gut überlegt sein. Es bringt immer eine gewisse Wasserpanscherei mit sich und soll schon deshalb schnell vor sich gehen. Es ist gut, wenn dabei jeder Handgriff «sitzt». Wir nehmen uns vor, die Ordnung des Haushaltes so wenig wie möglich zu stören. Auf diese Weise bleibt auch die Hausfrau eine Freundin des Aquariums, falls sie es nicht selbst ist, die es sich als Zimmerschmuck wünscht.

Beginnen wir mit einem Plan und fertigen womöglich sogar eine kleine Skizze an, so haben wir viele Vorteile. Die Frage, wie das Aquarium aussehen soll, der Versuch, sich das Bild der Unterwasserlandschaft im Geiste vorzustellen, die Überlegung, wie die Geräte im Aquarium anzuordnen sind – das alles führt dazu, daß unser Aquarium am Ende ein nach einem Plan geordnetes Ganzes und kein Chaos darstellt.

Alles ist bereit, bevor wir mit dem Einrichten beginnen.

Das Aquarium steht an seinem Platz, genau ausgerichtet und blitzblank gesäubert. Die Stell- und Wasserprobe, von der wir auf der folgenden Seite sprechen, wurde am Tage zuvor vorgenommen.

Sand, Steine und Wurzeln sind der Vorschrift entsprechend vorbehandelt.

Die technischen Geräte wurden sämtlich auf ihr einwandfreies Arbeiten geprüft, die notwendigen Schlauchanschlüsse, z. B. für Durchlüftung und Filter, genau vermessen, und der elektrische Anschluß reicht dicht an das Aquarium heran.

Die Pflanzen liegen gesäubert und mit beschnittenen Wurzeln in einer Schüssel und sind so geordnet, wie wir sie bei der Einrichtung benötigen.

Schwamm, Pflanzholz und ein Brettchen warten auf ihre Verwendung.

Für alle Fälle sind Eimer und Scheuerlappen bereit, falls es doch einmal ungewollt eine «Überschwemmung» geben sollte.

Das Wasser entnehmen wir der Leitung, am besten gleich richtig temperiert über die Mischbatterie eines Gas- oder Elektroboilers bzw. der Warmwasserversorgung des Gebäudes. Das erspart weitere unnötige Matschereien. Selbst bei Einrichtung eines Kaltwasseraquariums müssen wir das Wasser auf etwa 10–15 °C temperieren, da Leitungswasser, vor allem im Sommer, kälter ist als unsere Kleingewässer, aus denen wir die Pflanzen geholt haben. Beim Einfüllen setzen sich Gasbläschen an die Scheiben und Einrichtungsgegenstände. Diese sind nach 1 bis 2 Tagen verschwunden, erst dann dürfen wir die Fische einsetzen.

Zuvor noch eine Stell- und Wasserprobe!
Dem Einrichten sollte diese Probe vorausgehen, damit man sieht, ob das Aquarium auch gut im Raum steht und daß es, falls es ein Gestellbecken ist, auch dicht hält. Nichts ist unangenehmer, als ein fertig eingerichtetes Becken wieder ausräumen zu müssen, weil es undicht ist.
Zur Probe wird das Aquarium auf den Platz gestellt, den es später einnehmen soll. Wir betrachten es von allen Seiten und überzeugen uns davon, daß wir es an der vorgesehenen Stelle mühelos beobachten und auch bedienen können. Nach der Stellprobe folgt die Wasserprobe.

Das Einlassen des Wassers erfolgt am besten mit dem Schlauch, um ein zu rasches Füllen zu vermeiden. Den Eimer stellt man entweder direkt auf den Metallrand des Beckens oder – besser noch – auf ein Brett, das man oben auf den Rahmen legt. Das Wasser wird bis etwa 1,5 cm unter den oberen Rand eingefüllt.
Danach prüft man an allen Seiten, ob irgendwo Wasser aus dem Aquarium austritt. Auch kann man jetzt durch einen Vergleich von Wasserspiegel und Oberkante des Beckens leicht feststellen, ob das Aquarium genau waagerecht steht.
Achtung! Es empfiehlt sich, zur Wasserprobe Wasser von Zimmertemperatur zu verwenden, da zu kaltes Wasser die Scheiben zum Schwitzen bringt und die herablaufenden Tropfen die Prüfung erschweren.

Undichte Gestellaquarien werden oft nach einiger Zeit von selbst dicht. Beim Füllen mit warmem Wasser wird der Kitt wieder elastisch, und der Wasserdruck preßt die Scheiben gegen den Kitt. Vorausgesetzt, daß die undichten Stellen nur gering sind, empfiehlt es sich daher, das Becken mit Wasser gefüllt über Nacht stehenzulassen.
Achtung! Für alle Fälle ist Vorsorge zu treffen, daß austropfendes Wasser nicht in eine darunter liegende Wohnung dringen kann. Man stelle hinreichend Gefäße bereit, um das Wasser notfalls auffangen zu können!

Wenn sich wasserdurchlässige Stellen nicht von selbst dichten, ist der Kitt zu alt und bereits zu hart geworden. Dichtungsversuche von außen, indem an den betroffenen Stellen der alte Kitt herausgekratzt und durch neuen ersetzt wird, führen selten auf Dauer zum Erfolg und bleiben stets eine Gefahrenstelle. Diese Methode wird man nur anwenden, wenn ein bereits eingerichtetes und besetztes Aquarium einmal undicht wird. Stellen wir jedoch bei der Dichtheitsprobe am nicht eingerichteten Becken bereits Mängel fest, wird das Aquarium entleert, getrocknet und von innen mit Silikonkautschuk versiegelt.

Stell- und Dichteproben sind unbedingt anzuraten

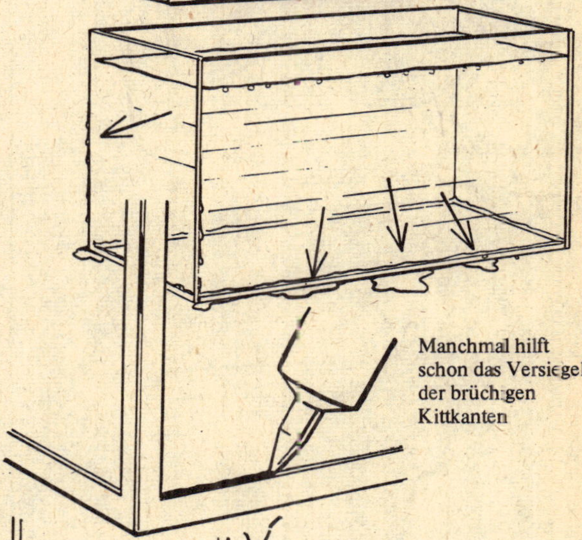

Manchmal hilft schon das Versiegeln der brüchigen Kittkanten

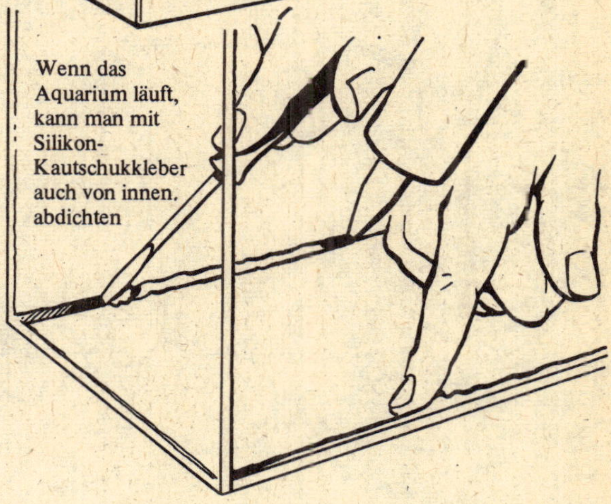

Wenn das Aquarium läuft, kann man mit Silikon-Kautschukkleber auch von innen abdichten

Auch das will geübt sein

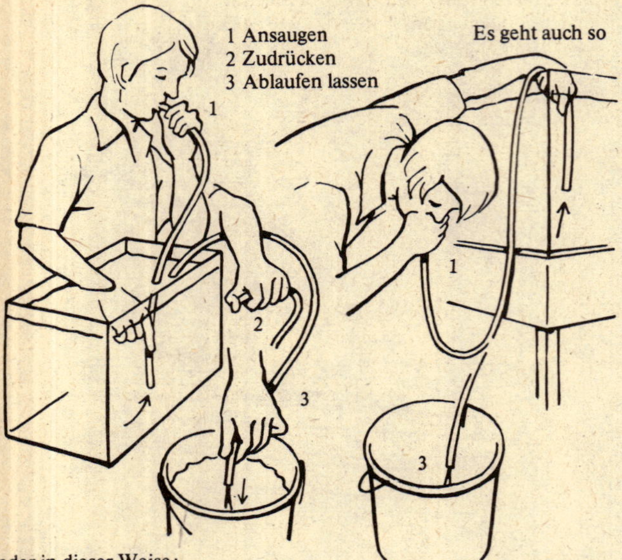

oder in dieser Weise:

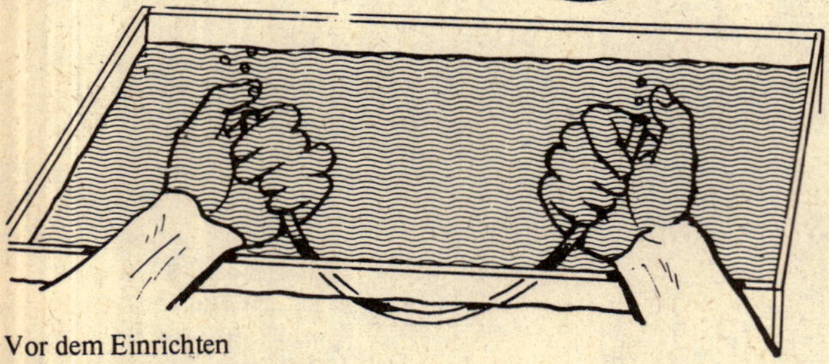

Vor dem Einrichten
wird das Aquarium gereinigt

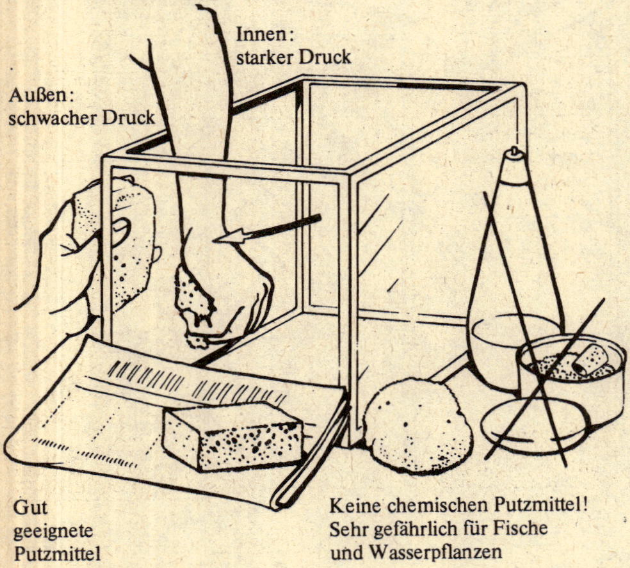

Die Handhabung des Schlauches ist nicht nur für das Einrichten, sondern auch für die Pflege des Aquariums wichtig. Wasser hat immer das Bestreben, einem tiefer gelegenen Punkt zuzuströmen. Wir nützen dieses Bestreben mit dem Schlauch aus, der dem Wasser hilft, die als Barriere wirkenden Wände des Aquariums zu überwinden.
Wir stellen unterhalb des Aquariums einen Eimer, der das ablaufende Wasser aufnehmen soll. Sodann tauchen wir das obere Schlauchende in das gefüllte Aquarium, das andere, freie Ende saugen wir ganz kurz an.
Achtung! Es gehört eine gewisse Übung dazu, kein Wasser in den Mund zu bekommen. Es ist daher zweckmäßig, das Ansaugen erst einmal mit sauberem Leitungswasser zu probieren.
Erfolgt das Ansaugen im Stehen, so drücke man unmittelbar nach dem Saugen das Schlauchende zu oder lege den Daumen davor. Dann führe man das freie Ende zum Eimer und lasse das Wasser ausströmen. Man kann sich beim Ansaugen auch bücken und führt sodann das Schlauchende schnell zum Eimer, ohne zuzudrücken. Das Ansaugen kann dann ganz kurz sein; es müssen aber alle Bewegungen sehr schnell ausgeführt werden, da das Wasser sofort zu fließen beginnt. Wer das Ansaugen vermeiden will, kann auch den Schlauch einschließlich der beiden Enden unter Wasser tauchen, das Wasser einströmen lassen, ein Ende zudrücken und dieses Ende zugedrückt abwärts zum Eimer führen. Das andere Ende muß selbstverständlich unter Wasser bleiben.
Achtung! Lasse den Schlauch nicht unbeaufsichtigt! Muß man den Raum verlassen, so sichere man beide Schlauchenden, daß sie nicht aus dem Behälter herausrutschen können.

Der Wasserfluß wird unterbrochen, sobald man das im höheren Behälter befindliche Schlauchende aus dem Wasser nimmt.

Die Säuberung des Aquariums erfolgt, sobald die Wasserprobe beendet ist. Man nehme hierzu einen sauberen, weichen Schwamm und Zeitungspapier oder den Lederlappen. Die Scheiben werden zunächst mit dem Schwamm gereinigt und dann mit Papier oder Leder trockengerieben.
Achtung! Fasernde Lappen sind für die Reinigung nicht geeignet, Putzmittel, die immer chemische Zusätze enthalten, dürfen nicht verwendet werden. Man achte ferner darauf, daß keine Sandkörnchen auf die Scheibe geraten, da sie nicht nur häßliche Schrammen ergeben, sondern auch das Glas anritzen können. Sandkörnchen setzen sich auch oft in den Schwamm; dieser ist also immer gut zu säubern. Die Scheiben innen mit stärkerem, außen mit schwächerem Druck reinigen, damit sie sich nicht aus den Kittlagern lösen!

Eines nach dem anderen

Die Reihenfolge der Handgriffe beim Einrichten:

Große Steine für Fels- oder Höhlenaufbauten werden auf den Boden des Aquariums aufgesetzt. Um punktförmige Belastungen der Bodenscheibe zu vermeiden, Steine mit großer Auflagefläche verwenden. Da Felsaufbauten sich wesentlich über den danach einzubringenden Bodengrund erheben sollen, als unterste Lage einen Ziegelstein vorsehen. Er hat eine ausreichende Fläche und kann durch Fische nicht unterwühlt werden.
Achtung! Falls das Aquarium einen Glasboden oder anders isolierten Boden besitzt, ist darauf zu achten, daß sich kein Sandkörnchen zwischen den großen Steinen und dem Beckenboden befindet. Es könnte durch den Druck des Steines wie ein Glasschneider wirken bzw. die Isolation der Bodenscheibe beschädigen.
Sollen sehr große und schwere Steine eingebracht werden, klebt man mit etwas Silikonkautschuk auf die Unterseite kleine Füßchen, die stets elastisch bleiben und eine Beschädigung des Aquarienbodens verhindern. Analog kann man Steinaufbauten sichern, indem man die Steine sparsam mit Silikonkautschuk verklebt. Für Terrassengestaltung die Begrenzungssteine auf den Boden aufsetzen, sonst gleicht sich der Bodengrund im Laufe der Zeit aus.

Der gewaschene Bodengrund soll möglichst ein grober, sandiger Kies unterschiedlicher Korngröße sein, der keine feinen lehmigen oder tonigen Bestandteile mehr enthält. Es hat sich nicht bewährt, den Bodengrund mit grobem Kies, dann grobem Sand und zuletzt feinem Sand aufzubauen. Der feine Sand sinkt allmählich nach unten und vermengt sich mit dem groben Material. Wichtig ist lediglich ein leichtes Gefälle zur Frontscheibe.
Achtung! Nach Einfüllen des Wassers sackt der Bodengrund noch etwas zusammen, das ist besonders bei der Auffüllung von Terrassen zu berücksichtigen!

Mit einem flachen Holz oder Brettchen wird der Bodengrund fest zusammengedrückt, damit die dazwischen befindliche Luft entweicht.
Das sich an der tiefsten Stelle ansammelnde Wasser wird mit einem Schwamm aufgesaugt; um unangenehme Trübungen zu vermeiden.
Achtung! Keinesfalls nehme man den Schwamm, der zum Reinigen der Scheiben dient, denn das kann zu häßlichen Kratzern im Glas führen!
Heizer oder Luftleitungen nicht unter Steinen oder gar im Bodengrund verstecken! Technische Geräte müssen ohne Zerstörung der Aquarieneinrichtung zugänglich sein. Durch geschickte Anordnung von Pflanzen und Dekorationsmaterial kann ein großer Teil der technischen Anlage verdeckt werden.

Größere Steine werden an der Unterseite mit einem federnden Material versehen und auf die Bodenscheibe gesetzt

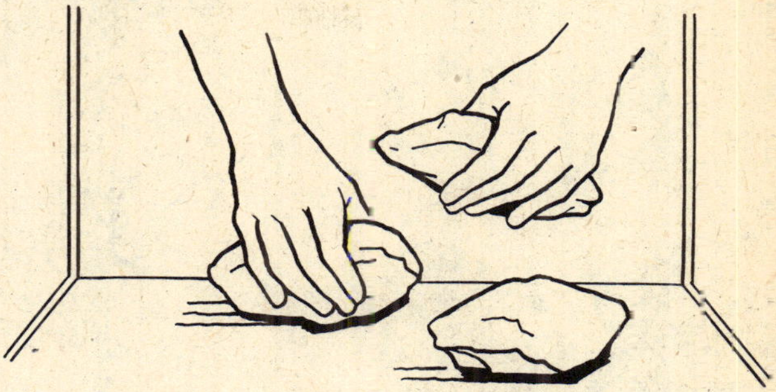

Bodenschicht wird angedrückt und verdichtet

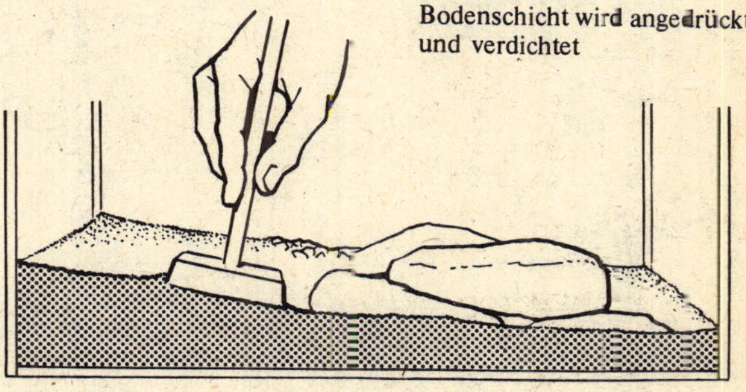

Schmutziges Wasser wird mit dem Schwamm aufgesaugt

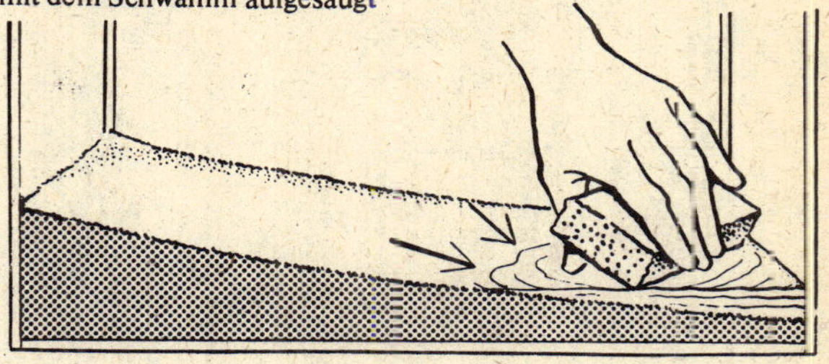

Terrassen mit Kies oder Sand auffüllen

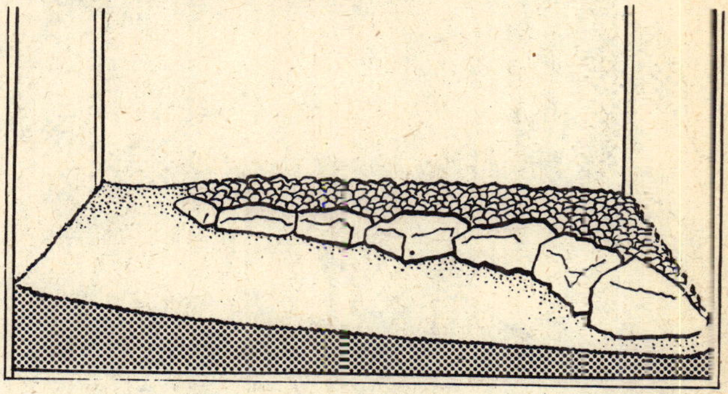

Das Pflanzen

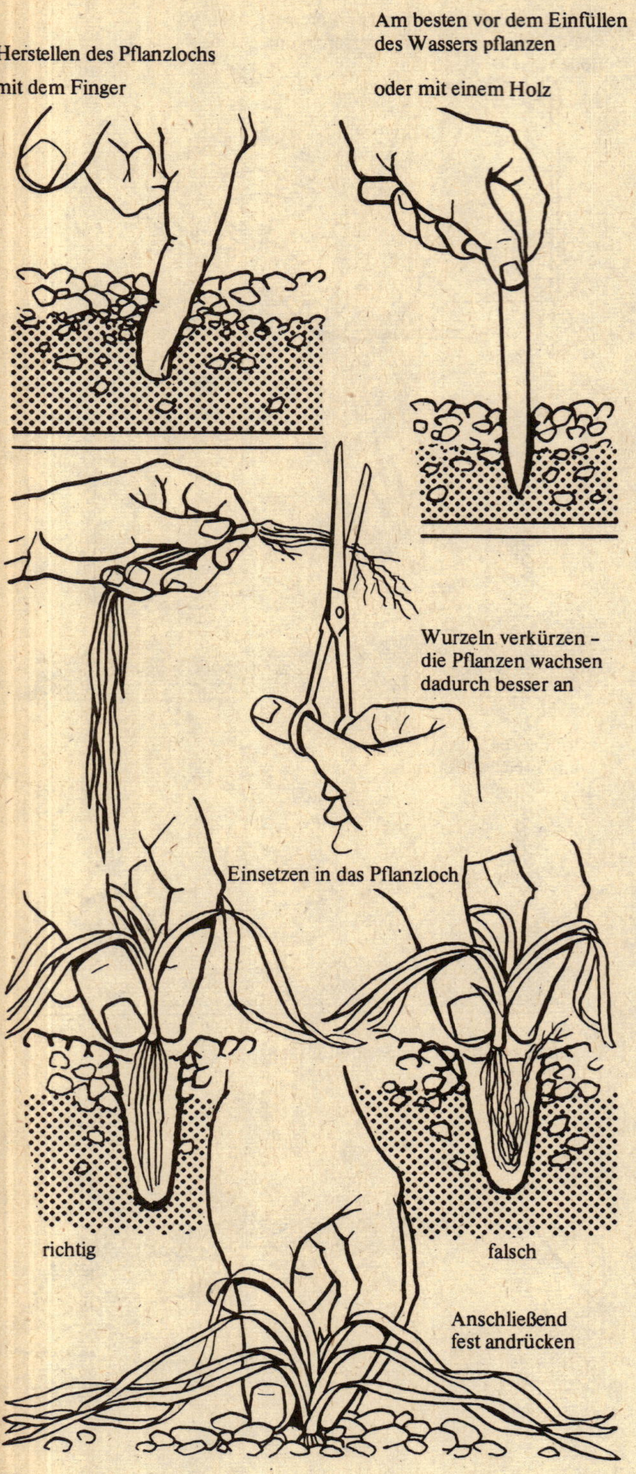

Vorbereiten und Einsetzen der Pflanzen. Vor der Bepflanzung des Aquariums spülen wir die Pflanzen unter temperiertem Wasser ab und kontrollieren sie genau. Schadhafte, abgestorbene oder veralgte Blätter werden entfernt. Insbesondere achte man auf Schneckenlaich oder Blaualgen, deren Entfernung unbedingt erforderlich ist. Zu große Wurzelballen oder zu lange Wurzeln werden gelichtet und beschnitten, die Pflanzen wachsen dann schneller an.

Bis zum Einsetzen werden die Pflanzen, nach Arten sortiert, ausgestreckt in einer Schüssel mit Wasser aufbewahrt. Man achte darauf, daß alle Teile vom Wasser bedeckt sind. Sollen die Pflanzen länger als nur einige Stunden so aufbewahrt werden, wird die Wasseroberfläche mit einem Stück Zeitungspapier vollständig abgedeckt. Dadurch verhindert man, daß sich die Pflanzen dem Licht zuwenden und krumm wachsen.

Die Pflanzen werden meist vor dem Einfüllen des Wassers gesetzt. Hierzu bohrt man mit dem Finger oder einem Pflanzholz an den vorgesehenen Stellen ausreichend große Löcher in den noch feuchten Bodengrund, nachdem die übrige Einrichtung des Aquariums beendet ist.

Das Einsetzen der Pflanzen in die Pflanzlöcher soll so erfolgen, daß die beschnittenen Wurzeln darin ausreichend Platz haben und frei herabhängen. Keinesfalls dürfen sie nach oben umgebogen sein und womöglich mit ihren Enden aus dem Pflanzloch herausragen.

Ferner sollen die Pflanzen nicht zu tief in den Boden gesetzt werden, aber auch nicht zu weit aus ihm herausstehen. Auf keinen Fall darf bei sogenannten grundständigen Pflanzen, bei denen die Blätter unmittelbar aus dem Wurzelstock hervorgehen, der Vegetationspunkt im Sand stecken. Zunächst legt man sämtliche Pflanzen in die Pflanzlöcher hinein. Ist dies geschehen, wird mit den Fingern der Boden rings um jede einzelne Pflanze vorsichtig, aber fest angedrückt. Pflanzen, die wenig Wurzeln oder einen starken Auftrieb besitzen, können noch zusätzlich **mit Pflanzennadeln aus Glas** oder mit Steinchen am Grund festgehalten werden.

In der Regel wird das Wasser unmittelbar nach dem Bepflanzen in das Aquarium eingelassen. Ist das im Augenblick unmöglich, weil etwa das Wasser noch nicht genügend erwärmt ist, so müssen die Pflanzen vor dem Austrocknen bewahrt werden. Man überdeckt alles mit einem sehr leichten Gewebe (Gaze) oder mit Seidenpapier und spritzt mit einem Zerstäuber Wasser darüber.

Nach dem Einfüllen des Wassers wird das Aquarium mit der Deckscheibe dicht abgedeckt. Doch darüber wird noch an anderer Stelle gesprochen.

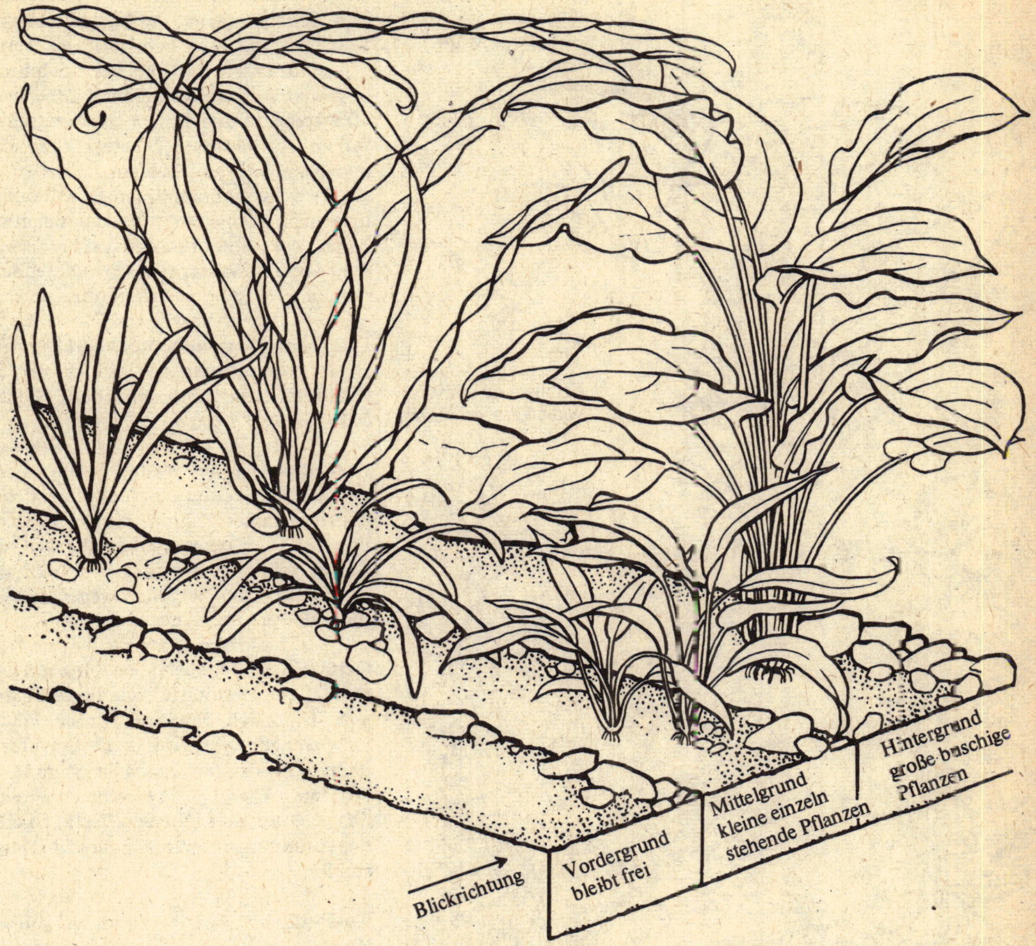

Die Gruppierung der Pflanzen im Aquarium muß so geschehen, daß eine möglichst dekorative Wirkung erzielt wird und gleichzeitig die Lebensansprüche der Pflanzen erfüllt werden. Lichtbedürftige Gewächse erhalten die dem Licht zugewandten Plätze. Große, breit ausladende Arten kommen in den Hintergrund, Pflanzenbüsche möglichst in die Ecken oder an die Seitenwände, während kleinere und kleine Pflanzen im Mittelgrund gruppiert werden. Der Vordergrund bleibt in der Regel ganz frei. Es empfiehlt sich im allgemeinen, die dichtesten Pflanzenbestände längs der Seitenscheiben und im Hintergrund anzulegen. Wir haben dann gute Arbeit geleistet, wenn unser Aquarium an ein Bühnenbild erinnert.

Ein gut eingerichtetes Aquarium wirkt wie ein Bühnenbild

So wird gruppiert

Die Anordnung der Pflanzen kann also nicht wahllos erfolgen, sondern unterliegt bestimmten Gesetzmäßigkeiten, die sich einerseits aus unserem Schönheitsempfinden, andererseits aus den Wuchsformen und Lebensansprüchen der Pflanzen selbst ergeben. Es kommt noch hinzu, daß wir in gewissem Umfang auch die Lebensweise der Fische mit berücksichtigen müssen, die wir pflegen wollen. So werden z. B. die Fragen, ob wir dicht oder weniger dicht bepflanzen sollen und ob ein großer Schwimmraum bleiben soll oder nicht, von diesem Gesichtspunkt her zu beantworten sein. Auch die Verwendung von Schwimmpflanzen oder von im Wasser frei schwimmenden Pflanzenranken wird hiervon bestimmt.

Ein buntes Durcheinander wirkt immer unschön. Es ist besser, man beschränkt sich auf wenige Pflanzenarten, denen man dafür Platz läßt, sich auszubreiten.

Die Natur ist das beste Vorbild, denn auch in den Gewässern unserer Heimat werden wir finden, daß bestimmte Bezirke immer nur von wenigen Pflanzenarten eingenommen werden, die aber dafür in größeren Beständen beieinander stehen. Ähnlich wie die Natur in freien Gewässern verfahren auch wir im Aquarium.

Groß werdende, sperrige Pflanzen stehen am besten allein, damit sie sich recht ausbreiten können. Natürlich benötigen große Pflanzen einen entsprechenden Raum; auch bei jüngeren, noch nicht entwickelten Exemplaren muß immer das künftige Wachstum berechnet werden. Das gilt übrigens für alle Pflanzen. Es hat keinen Zweck, das Aquarium von Anfang an mit Pflanzen vollzustopfen.

Ausläufer treibende Pflanzen sollen ebenfalls eine ausreichende Bodenfläche erhalten, die sie dann mit der Zeit besiedeln können. Dichte Pflanzenbestände sind bei den meisten Aquarienfreunden sehr beliebt, doch muß man sie sich auf natürliche Weise selbst entwickeln lassen.

Buschige, Seitentriebe bildende Pflanzen wirken nicht, wenn sie als Stengel allein stehen. Das gilt besonders für Gewächse mit feinfiedrigen Blättern. Man faßt solche Pflanzen am besten zu Bündeln zusammen und pflanzt sie so ein.
Die Bildung von Büschen kann beschleunigt werden, wenn man die Triebspitzen abschneidet. Es werden dann bald Seitentriebe erscheinen. Stets denke man daran, daß Geduld die Eigenschaft des Pflanzenfreundes ist, die unsere Pflanzen am meisten zu schätzen wissen.

Das Wasser kann selbst dem fortgeschrittenen Aquarienfreund so manches Rätsel aufgeben. Wenn man aber auf die Pflege und Zucht im Hinblick auf die Wasserbeschaffenheit sehr anspruchsvoller Fische und Pflanzen verzichtet, so spielt die «Aquarienchemie» keine Rolle.

Aus der Leitung oder dem Brunnen entnommen, eignet sich jedes Wasser, das trinkbar ist, für unseren Zweck. Man kann in ihm die in diesem Buch genannten Fisch- und Pflanzenarten ohne weiteres pflegen, zu einem Teil sogar züchten, wenn auch einige tropische Arten in dieser Hinsicht anspruchsvoller sind.
Achtung! Leitungswasser enthält sehr oft zur Desinfektion das auf Fische giftig wirkende Chlor, das nach einiger Zeit wieder aus dem Wasser entweicht. Normalerweise sind die Konzentrationen nur gering und daher unschädlich. Sollte das Leitungswasser aber doch einmal riechen, entnimmt man sein Wasser am besten über die Brause im Badezimmer. Dabei wird das Chlor durch die feine Verteilung des Wassers ausgetrieben. Notfalls kann man das Wasser vor dem Einfüllen auch 24 Stunden stehenlassen, das ist aber bei den benötigten Mengen für größere Aquarien sehr umständlich.

Beim Einfüllen des Wassers breitet man einen Bogen Packpapier über die gesamte Inneneinrichtung aus oder aber läßt das Wasser in eine Schale laufen, die auf einer umgestürzten Untertasse steht.
Bei kleineren Aquarien kann man das Wasser mit dem Krug einfüllen, doch halte man besser noch die Hand unter, um ein Aufwirbeln des Bodengrundes auf alle Fälle zu vermeiden. Bei größeren Aquarien stellt man einen Eimer auf den oberen Rand des Aquariumgestells und läßt das Wasser mit dem Schlauch ein.
Achtung! Man beaufsichtige das Schlauchende. Macht es sich selbständig, so kann der Wasserstrahl böse Löcher in den Bodengrund reißen. Außerdem: der Eimer kippt leicht. Man stelle ihn besser auf ein Brett, das über den Gestellrahmen gelegt wird.

Nach dem Einfüllen des Wassers wird das Packpapier usw. entfernt. Die Pflanzen werden mit einem Stöckchen aufgerichtet (soweit man nicht jetzt erst bepflanzt, was aber gewisse Nachteile hat), und das Aquarium wird mit der Deckscheibe abgedeckt. Falls Geräte vorhanden sind, werden sie in Tätigkeit gesetzt. So bleibt das Aquarium etwa eine Woche ohne Fische stehen, bis die beim Einfüllen entstandene Trübung und die zahlreichen Luftbläschen verschwunden sind.

Das Wasser wird eingefüllt

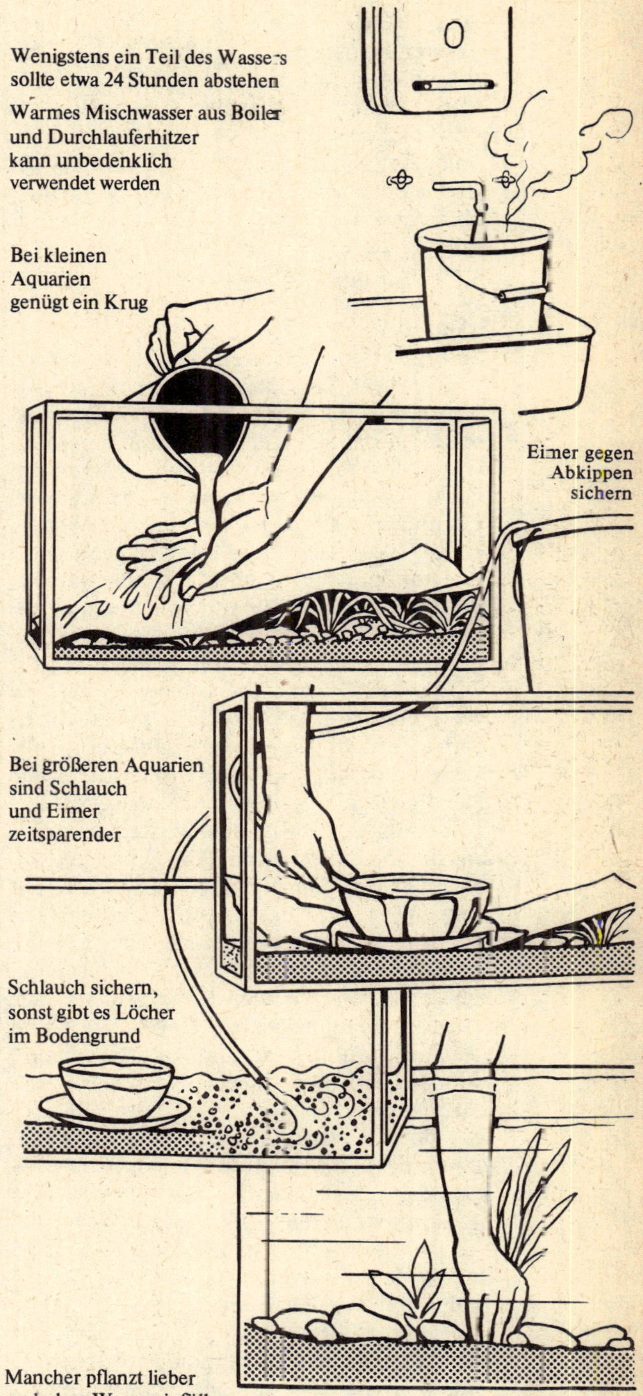

Unser Aquarium soll schön sein!

Dieser Vorsatz steht wohl am Anfang aller unserer Bemühungen. Freilich sind die Anschauungen darüber, was «schön» ist, sehr verschieden, und über den Geschmack läßt sich bekanntlich nicht streiten. Wir sprachen schon im Kapitel über die Einrichtung des Aquariums davon. Dort haben wir einige einfache Grundsätze aufgestellt, deren Befolgung die Freude am neuen Aquarium zu erhöhen vermag. Einer dieser Grundsätze ist, sich die Natur als Lehrmeisterin zu erwählen.

Soll unser Aquarium ein kleiner Naturausschnitt sein, so müssen auch die Gegenstände, mit denen wir die Unterwasserlandschaft gestalten, aus der Natur stammen. Wir wollen diese Gegenstände zusammenfassend als Dekorationsmittel bezeichnen. Es sind vor allem zu nennen: der Bodengrund, also Sand oder Kies, Steine, Holz und andere Pflanzenteile, z. B. abgestorbene Blätter oder Torf, die Rückwand des Aquariums und nicht zuletzt die lebenden Pflanzen. Als Dekorationsmittel haben alle diese Dinge den Zweck, uns bei der Gestaltung der Landschaft im Aquarium zu helfen. Es darf aber nicht vergessen werden, daß sie alle auch einen Einfluß auf unsere tierischen Pfleglinge haben, der mehr oder weniger groß sein kann. Am deutlichsten wird das bei den Wasserpflanzen. Aber auch alle anderen Dekorationsmittel können, meist auf dem Wege über das Wasser, entscheidend die Lebensverhältnisse unserer Fische verändern. Also muß selbst dieser Gesichtspunkt bei der Auswahl berücksichtigt werden. Die Frage muß lauten: Welche Gegenstände sind geeignet, unser Aquarium zu verschönern, und wie wirken sie sich auf die Lebewesen darin aus?

Es gibt in der Aquarienkunde eine bestimmte Richtung, deren Anhänger behaupten, daß die dekorative Gestaltung eines Aquariums überflüssiges Beiwerk, häufig sogar für die Fische schädlich sei. Zumindest sei es den Fischen «gleichgültig», ob ein Aquarium so oder so eingerichtet ist. Diese Meinung mag in gewissen Fällen begründet sein. Wem es Spaß macht, danach zu verfahren, dem ist dies natürlich unbenommen. Wir aber haben unsere Freude daran, mit Pflanzen, Steinen, Rohr und Wurzeln eine Landschaft zu gestalten, die wir reizvoll und schön finden und die auch unsere Angehörigen und Freunde mit Bewunderung betrachten. Denn schließlich ist es der Sinn des Aquariums, daß es uns Freude bereitet, wobei wir natürlich nie vergessen dürfen, daß Tierpflege eine Verantwortung gegenüber dem Tier einschließt.

Im übrigen sind viele Aquarienfreunde der Meinung, daß sich unsere Fische und andere Aquarientiere, da sie ja doch meist aus der Uferregion der Gewässer stammen, in einem Becken mit vielfältigen Unterschlupfen, mit Torf oder Laub am Boden, mit dichtbewachsenen Ecken oder Hintergründen, mit Wurzel- und Rohrdickichten durchaus wohl fühlen werden. Also seien wir bei der Verwendung von Dekorationsmitteln nicht zu zögernd, sondern lassen unserem Gestaltungsdrang freien Lauf.

Eines muß allerdings gesagt sein: Die Dekoration ist ein Mittel zum Zweck und soll nicht Selbstzweck werden. Im Mittelpunkt stehen die Fische oder was wir sonst für Tiere pflegen wollen und unsere schönen Wasserpflanzen. Die leblosen Gegenstände sollen deren Wirkung nur steigern helfen, sollen hervorheben und nicht verdrängen. Es gilt, mit möglichst sparsamen Mitteln eine möglichst große Wirkung zu erzielen. Meist genügen hierzu einige Steingruppen, ein paar Wurzeln und wenige Rohrstengel.

Am Anfang werden wir sicherlich bei der Auswahl der Gegenstände, die uns die Natur an Bach und Teich für die Ausschmückung unseres Aquariums anbietet, manchen Mißgriff tun. Mit der Zeit werden wir aber einen sicheren Blick dafür bekommen, was wir verwenden können und was nicht. Im übrigen geht auch hier probieren über studieren!

Auf den folgenden Seiten ist eine Auswahl unter den Dekorationsmitteln getroffen. Es soll gezeigt werden, wie die wichtigsten dieser Mittel, nämlich Sand, Steine und Holz, zu behandeln sind, damit wir vor den gröbsten Enttäuschungen bewahrt bleiben.

Künstliche Gegenstände verwenden wir nur dort, wo der Zweck es erfordert, niemals aber zur Dekoration. Für Zuchtzwecke kann man ohne weiteres Ersatzpflanzen aus Plast oder Kunstfasergarn benutzen, wenn der Zuchterfolg nicht anders zu erreichen ist, aber im normalen Zimmeraquarium haben diese Dinge nichts zu suchen.

Faulschlammzone

Der Bodengrund ist ein sehr wichtiger Bestandteil der Aquarieneinrichtung. Es sollten jedoch – entgegen häufig vertretener Meinungen – nur Sand und Kies verwendet werden, da sie sich leicht reinigen lassen und für die Ernährung der meisten Wasserpflanzen völlig ausreichen.

Schwemmsand oder Kies aus klaren, sauberen Bächen oder Flüssen sind gut geeignet, da sie sauber und abgelagert sind. Ungeeignet sind dagegen Sand oder Kies aus stark verschmutzten oder chemisch verunreinigten Gewässern. Vorsicht! Vergiftungsgefahr für Tiere und Pflanzen!

Sand oder Kies aus Gruben sind leicht von jeder Baustelle beschaffbar, haben jedoch den Nachteil, daß zu viele feine Bestandteile enthalten sind. Am besten sind die gröberen Bestandteile geeignet, die nach dem Sieben des Sandes zur Mörtelherstellung für Putzzwecke übrigbleiben. Dieser Kies hat eine unregelmäßige Körnung und wirkt deshalb sehr natürlich. Bei starken Lehm- oder Tonbeimengungen muß gründlich gewaschen werden. *Achtung!* Ungeeignet ist Kies, wenn er Kalkbeimischungen enthält, da dadurch das Wasser chemisch beeinflußt wird.

Filterkies hat eine recht einheitliche Körnung und wirkt deshalb unnatürlich. Er sollte mit Bau- oder Flußkies vermischt werden.

Porphyr- oder Basaltsplit ist scharfkantig, eignet sich aber gut zur Mischung mit Baukies, da dieser meist zu hell ist und zuviel Licht reflektiert. Der durch Mischung dunklere Bodengrund, entspricht den Gegebenheiten eines natürlichen Gewässers besser.

Marmorkies wirkt nicht nur unnatürlich, sondern beeinflußt auch die Wasserbeschaffenheit im Aquarium. Er ist nicht geeignet.

Für alle Bodengrundarten gilt, daß eine Korngröße zwischen 2 und 10 mm eine gute Wasserzirkulation ermöglicht. In zu feinem Sand entstehen leicht Fäulnisprozesse; bei zu grobem Bodengrund lagert sich kaum entfernbarer Mulm ab und führt ebenfalls zu schädlichen Einflüssen.

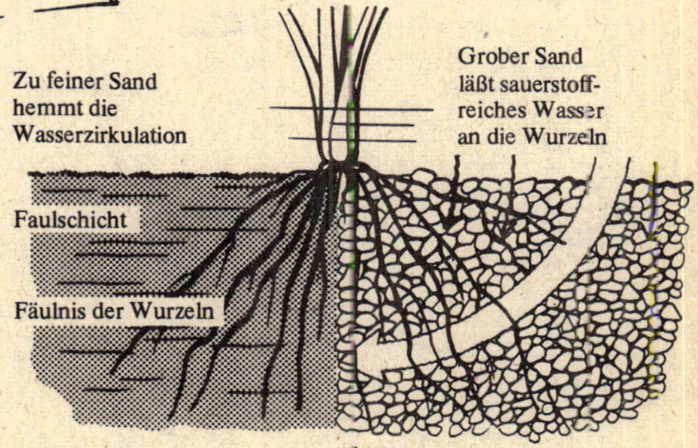

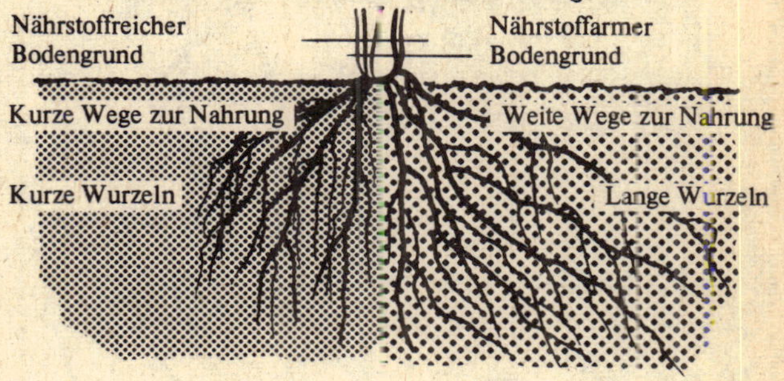

Ungeeignet als Bodengrund

Seesand Vogelsand
Erde

Die Sandwäsche

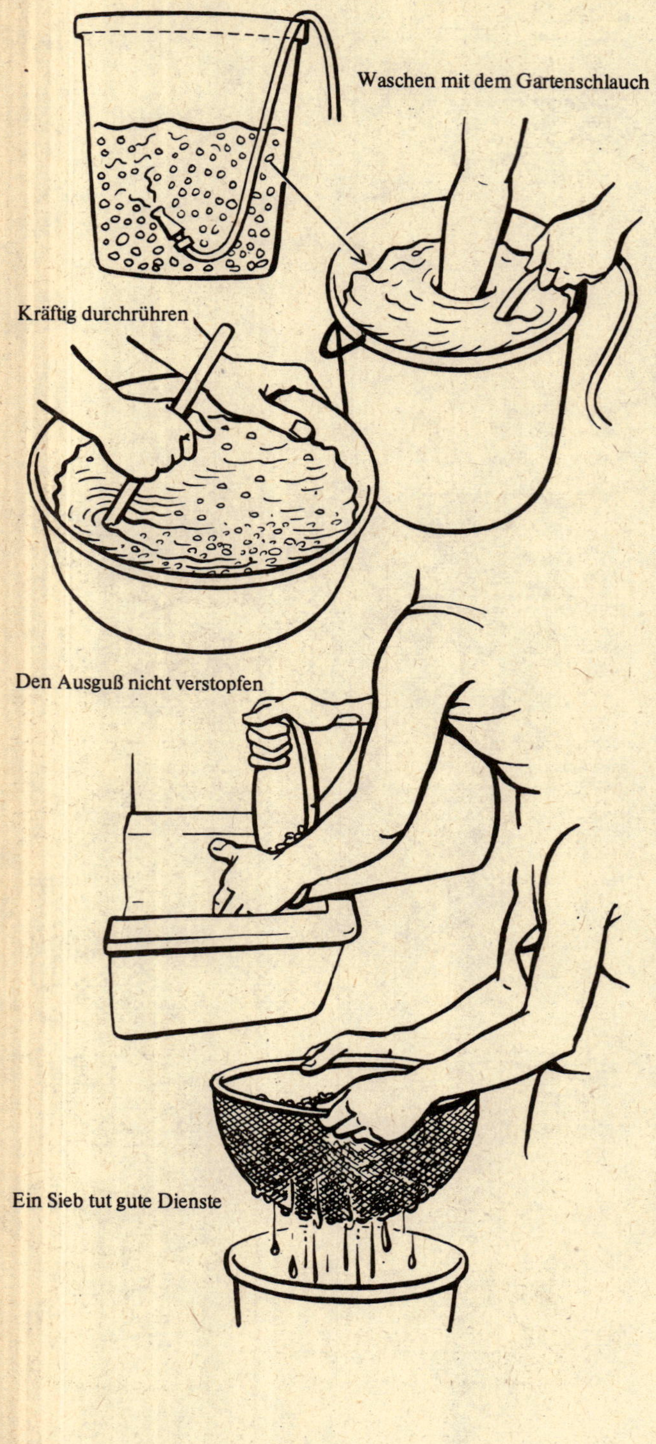

Nicht zu nährstoffreicher Bodengrund zwingt die Pflanzen zu einer stärkeren Wurzelbildung und läßt sie schneller anwachsen.
Zu nährstoffreicher Bodengrund, der den Pflanzen mehr Nährstoffe anbietet, als sie verarbeiten können, ist im Aquarium eine Gefahr! Vor allen Dingen fördert er auch den lästigen Algenwuchs. Erdmischungen sind im allgemeinen nicht anzuraten, es sei denn, man will ganz bestimmte Pflanzensorten mit hohen Nahrungsansprüchen kultivieren.

Das Reinigen des Sandes kann auf verschiedene Weise erfolgen. Am besten bringt man eine nicht zu große Menge in einen Eimer ($^1/_3$ bis $^1/_2$ voll), füllt unter der Wasserleitung oder mit dem Schlauch Wasser nach und rührt mit der Hand oder einem Stock kräftig um, wobei darauf zu achten ist, daß auch die unteren Sandschichten mit erfaßt werden. Das Umrühren mit der Hand kann wegen der im Sand enthaltenen Fremdbestandteile gefährlich sein.
Achtung! Keinesfalls dürfen zum Reinigen des Sandes Metallgefäße, z. B. Eimer aus Zink, verwendet werden!

Nach dem Umrühren läßt man etwas absetzen und gießt danach das schmutzige Wasser vorsichtig ab. Dadurch werden vor allen Dingen leichtere Bestandteile, z. B. Holz, entfernt, die sonst im Aquarium bald an der Oberfläche schwimmen würden.
Achtung! Es ist sehr unangenehm, wenn durch Sand und Schmutzteile der Ausguß der Wasserleitung verstopft wird. Man gieße daher das Schmutzwasser besser in die Toilette; am günstigsten ist es, wenn man das Sandwaschen im Freien durchführen kann!

Im Freien kann man auch den Sand mit Hilfe des Gartenschlauchs waschen, indem man die Strahldüse in den Sand einbettet und das Wasser über den Eimerrand ablaufen läßt.

Groben Kies kann man auch in einem engmaschigen Korb im Freien reinigen, indem man ihn mit dem Schlauch überspült, indessen die Schmutzbestandteile durch das Korbgeflecht hindurch mit dem Wasser abfließen.

Das Reinigen von Steinen erfolgt am besten mit einer harten Bürste. Stark verschmutzte Steine müssen zunächst gewässert und überbrüht werden.

Das gehört nicht in unser Aquarium

Der Kitsch im Aquarium spielt auch heute noch eine gewisse Rolle. Er reicht von den aus Großmutters Vitrine stammenden Wohngehäusen von Meeresschnecken und -muscheln bis zu jenen Industrieerzeugnissen, die aus unserem Aquarium eine unwirkliche und verniedlichte Unterwasser-Märchenlandschaft machen wollen.
Es sei an dieser Stelle wiederholt: Wir verwenden nur solche Dekorationsmittel, die in der freien Natur im Süßwasser auch vorkommen können. Hiervon ausgenommen sollten nur Erzeugnisse sein, die der Züchter seltener Fische verwendet (z. B. grüne Kunstfasern), um das Einschleppen von Schädlingen unter allen Umständen zu vermeiden.

Korallenstücke, Muschelschalen und Schneckenhäuser gehören in ein Meeresbecken oder in eine Sammlung, niemals aber in das Süßwasseraquarium.
Wenn Oma und Tante solche Stücke schenken wollen, so versuche man, diese Gaben mit dem Hinweis darauf abzulehnen, daß es zwar Wunderwerke der Natur seien, aber leider für unser Aquarium nicht geeignet. Freilich, wenn wir ein Meeresaquarium mit Blumentieren und Seepferdchen besäßen, dann ... So aber sei es leider ...

Burgruinen aus Tuffstein oder gebranntem Ton hat wohl noch niemand am Grunde eines Gewässers entdecken können, so schön auch die Märchen sein mögen, die von versunkenen Schlössern erzählen.
Unsere Phantasie wird sicherlich nicht ausreichen, uns unsere Fische als verwunschene Burgfräulein vorzustellen, die als Nachtgespenster traurig zwischen den Ruinen des einstigen Schlosses ihre Bahn ziehen.

Angelnde Zwerge dulden wir nicht auf dem Rande unseres Aquariums. Noch weniger haben sie im Wasser selbst zu suchen. Frösche, Molche oder Goldfische aus Zelluloid gehören in die Kinderbadewanne. Wir ersetzen sie lieber durch lebende Tiere. Pflanzen aus Glas passen bestenfalls in eine Vitrine, und bunter Sand, wie er heute z. B. in manchen Ländern Mode ist, tut unseren Augen weh.

Ausströmerfiguren wie z. B. Taucherchen, aus deren Helm die Luftblasen der Durchlüftung perlen, benötigen wir nicht, weil wir uns unserer technischen Fortschritte im Aquarium nicht schämen. Dort, wo wir Geräte benutzen müssen, zeigen wir sie frei und offen, wenn wir sie nicht mit natürlichen Mitteln verdecken können.

Steine, Steine...

Unbrauchbar
sind alle glänzenden
und auffallend bunten Steine

Brauchbar ist Geröll aus Flüssen und Bächen

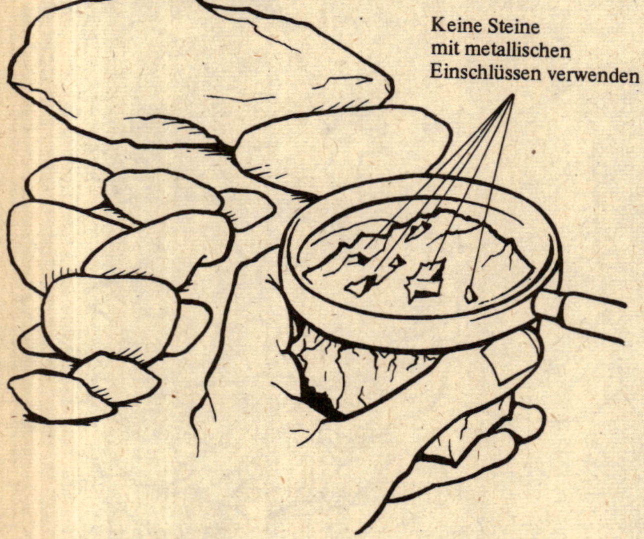

Steinhöhlen mit guten
wasserunlöslichen Klebern sichern

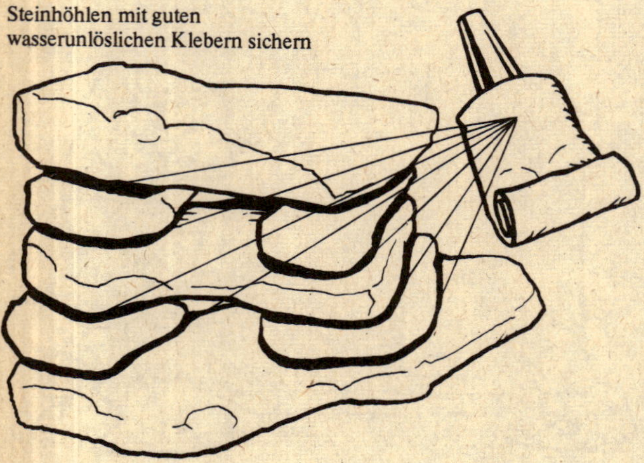

Steine im Aquarium sind Mittel zum Zweck. Sie sollten daher nur in dem Maße verwendet werden, wie es erforderlich ist, und nur in den Formen, in denen sie auch in den freien Gewässern zu finden sind.

Als Dekorationsmittel dürfen sie nicht aufdringlich sein. Sie sollen nur die Wirkung von Fisch und Pflanze hervorheben und den Charakter der Landschaft betonen, die man im Aquarium darstellen will.
Zum Charakter einer Flußlandschaft gehören abgerundete Steine; will man ein felsiges Ufer darstellen, so kann man kantiges Gestein verwenden. Die Auswahl muß nach Beantwortung der Frage getroffen werden: Aus welcher Umwelt können meine Fische kommen? Natürlich wird man hierbei nicht kleinlich verfahren dürfen, denn viele Fische kommen auch an den verschiedensten Orten vor.

Geeignet sind die meisten Urgesteine, z. B. Granit, Syenit, Basalt, je nach Zusammensetzung auch Sandstein, der sich gut bearbeiten läßt. Weniger geeignet, vor allem im Tropenaquarium, sind Kalksteine, da sie das Wasser hart machen. Ein Teil der tropischen Fische und Pflanzen liebt weiches Wasser; für die Zucht ist dieses häufig Bedingung. Wir würden also, wenn wir das Glück haben, solches Wasser beschaffen zu können, durch Kalksteine diesen Vorteil preisgeben.

Ungeeignet sind scharfkantige Steine, an denen sich die Fische verletzen können. Ferner sehr bunte oder auffallend geformte Steine oder solche, deren Vorkommen in natürlichen Gewässern unwahrscheinlich ist. Sie wirken unnatürlich und damit kitschig und lenken die Aufmerksamkeit des Betrachters von Tier und Pflanze ab. Zu warnen ist auch vor Steinen mit irgendwelchen erkennbaren metallischen Einschlüssen, von denen man nie weiß, wie sie auf die Verhältnisse im Aquarium einwirken.

Als Versteckplätze sind Steine hervorragend geeignet für alle Fischarten und Wassertiere, die Höhlenbewohner sind, wie z. B. viele Schmerlen, Barschartige, Buntbarsche, Welse und Krebse. Häufig sind solche Verstecke Voraussetzung für das Wohlbefinden der Tiere. Meist ist man überrascht zu sehen, wie schnell manche Fische die Höhlen besetzen.

Als Stützmittel sind Steine besonders beim Bau von Terrassen unverzichtbar. Sehr gut geeignet ist dafür Schiefer, möglichst in einer abgeschliffenen Form, wie man ihn in den Bächen des Schiefergebirges findet.

Die Anordnung der Steine soll möglichst nach natürlichen Vorbildern geschehen. Eine Bachlandschaft oder eine flache Uferpartie stellt man durch abgerundete, nebeneinander liegende Steine, eine steile Uferlandschaft durch kantige, aufgerichtete Steine oder durch ansteigende Terrassen dar. Im allgemeinen wirken Steine natürlicher, wenn sie waagerecht aufeinander liegen.

Kleinere Steine können oben auf den Sand aufgelegt werden. Manchmal bildet sich unter ihnen im Laufe der Zeit eine Faulschicht im Sand. Daher ist es angebracht, diese Steine bei einer oberflächlichen Reinigung des Aquariums anzuheben und die Stelle, auf der sie gelegen haben, mit einem Stöckchen etwas umzupflügen. Schwerere Steine sollte man bei solcher Gelegenheit verlagern.

Wie die Steine gelagert werden müssen, richtet sich auch nach den Lebengewohnheiten der Fische, die man zu pflegen beabsichtigt, vor allem danach, ob sie stark wühlen oder nicht.

Achtung! Manche Fischarten schaffen sich gern Unterschlupfe unter Steinen, indem sie den Sand darunter hervorwühlen. Sie werden leicht verschüttet, wenn man nicht entsprechende Vorkehrungen dagegen trifft, daß die Steine verrutschen und die Aufbauten einstürzen können.

Große Steine werden mit einer federnden wasserunlöslichen Unterlage beklebt. Dafür eignet sich am besten Silikonkautschukkleber, mit dem auf der Unterseite der Steine durch Klebertupfen kleine Auflagefüßchen geklebt werden. Größere Höhlenaufbauten sollen ebenfalls direkt auf dem Glasboden aufsitzen. Auch sie können durch Verkleben untereinander vor Einsturz gesichert werden. Besonders höhlenbewohnende Fische graben gern ihre Höhlen tiefer und werden durch diese Sicherungsmaßnahmen nicht gefährdet.

Achtung! Lege schwere Steine so, daß sie nicht gegen die Scheiben stoßen können, wenn sie umfallen sollten.

Man denke bei der Verwendung von Steinen daran, daß Gestein kalt wirkt und ein Übermaß unschön sein kann. Vor allem muß auch einkalkuliert werden, daß eine Steindekoration Platz wegnimmt. Das Aquarium soll keiner Steinwüste gleichen!

Auch unter kleinen Steinen können sich Faulschichten bilden

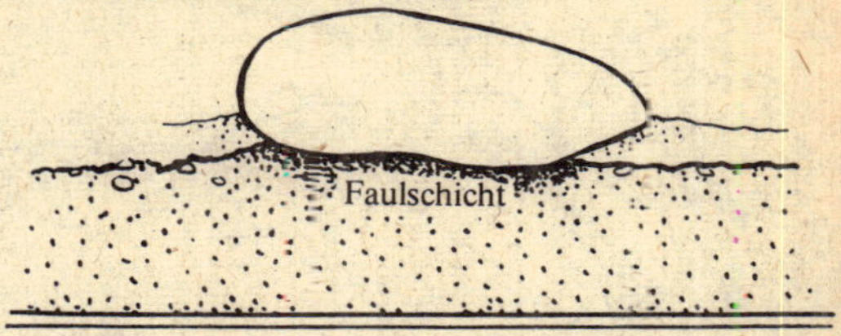

Ab und zu Steine verlegen und den Boden auflockern

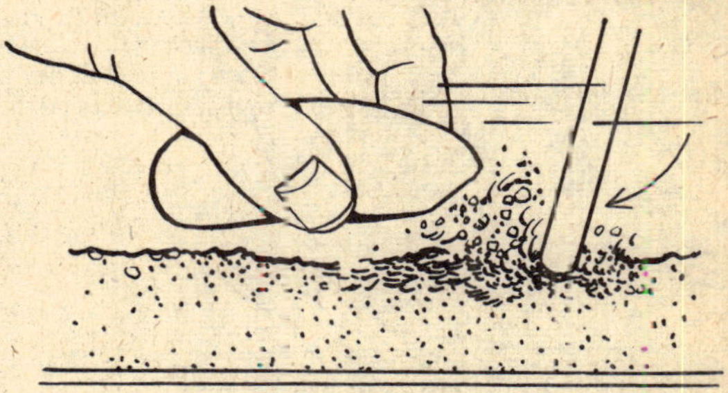

Große Steine weich auf der Glasplatte abfangen

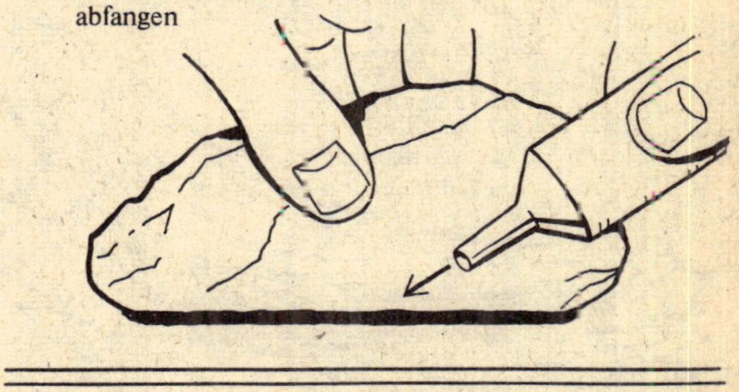

Felsaufbauten können durch wühlende Fische einstürzen, deshalb gut sichern

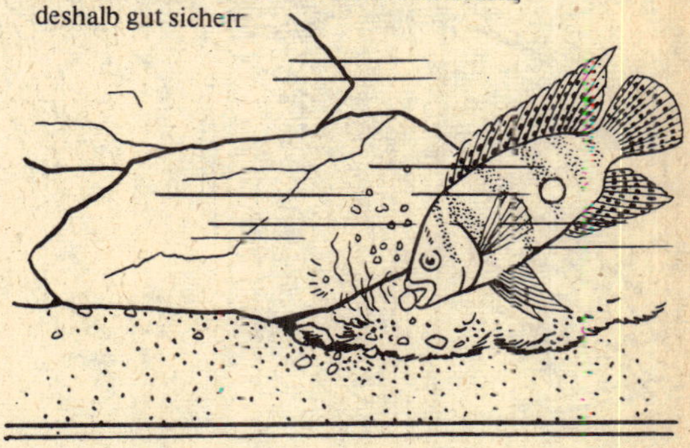

Holz für das Aquarium

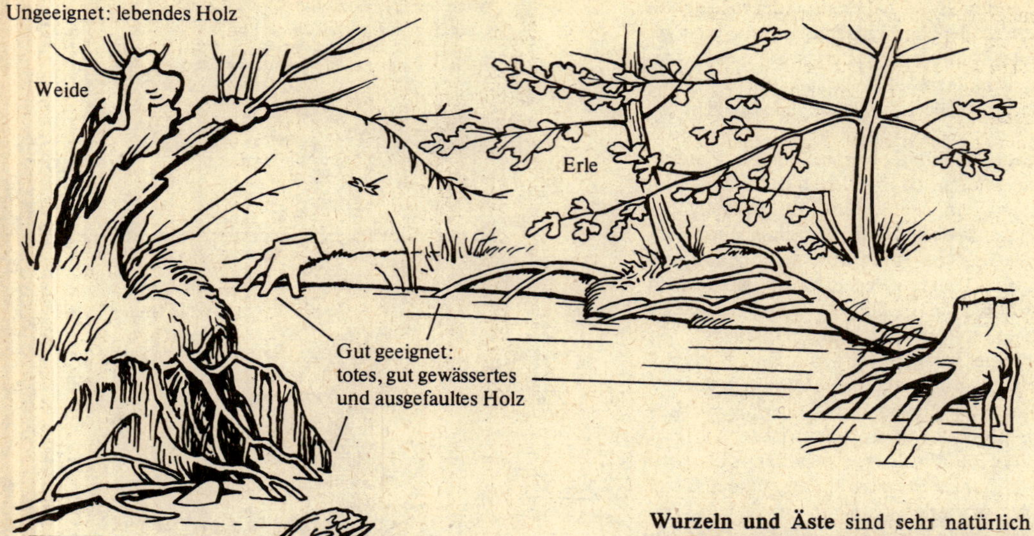

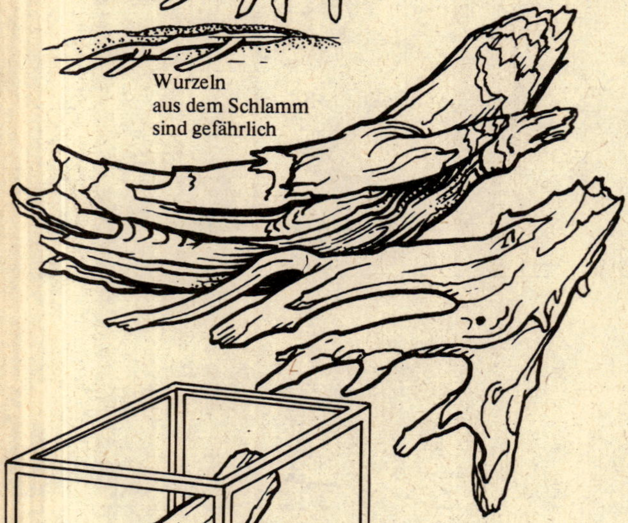

Wurzeln und Äste sind sehr natürlich wirkende Dekorationsmittel, durch die unsere Unterwasserlandschaft einen urwüchsigen Charakter erhält. *Achtung!* Holz hat den Nachteil, daß es in höherem Maße als Stein Bestandteile an das Wasser abgibt, daß es dieses mehr oder weniger braun färben kann und daß sich sehr leicht faulende Stellen bilden.

Geeignet ist totes Holz, das bereits völlig geschält ist und keine lebenden Säfte mehr enthält. Lebendes Holz ist in allen Fällen ungeeignet.

Holz von Erlen und Weiden eignet sich sehr gut. Besonders brauchbar sind abgestorbene Teile, die vom Wasser freigespült sind und zeitweise von ihm überflutet wurden.
Holz, das lange Zeit in fließendem Wasser gelegen hat, können wir ohne weiteres verwenden. Brauchbar sind meist auch Hölzer aus Torfstichen (als Moorkienholz im Handel). Unbrauchbar ist Holz, das Faulstellen aufweist, ganz besonders solches, das längere Zeit im Schlamm gesteckt hat.

Einheimisches Rohr, Bambus und Kokosnußschalen können jederzeit zur Dekoration verwendet werden.
Die Auswahl der Hölzer muß man dem persönlichen Geschmack überlassen. Sie richtet sich auch nach dem Zweck unseres Aquariums und danach, was es darstellen soll.
Man sehe sich einmal die Wurzelformen am Rande eines Gewässers an, die nach bestimmten Gesetzen gewachsen sind, um beurteilen zu können, was sich für das Aquarium eignet.

Das Haltbarmachen von Holz

Die Vorbereitung des Holzes erfordert Sorgfalt, wenn man es haltbarer machen und unangenehmen Überraschungen vorbeugen will, wie Fäulnis, übelriechendem Wasser und Schimmelbildung, die sich nur zu leicht einstellen.
Man lasse sich keinesfalls dazu verleiten, Holz, so wie man es heimträgt, ins Aquarium zu bringen. Selbst Holzteile aus klaren und fließenden Gewässern sollten wenigstens überbrüht werden, bevor man sie verwendet.

Das Auskochen des Holzes erfolgt in einem alten, entsprechend großen, emaillierten Topf. Zu große Hölzer lassen sich teilen und können später wieder mit Holzzapfen zusammengefügt werden. Hat das Holz durch die darin enthaltene Luft zuviel Auftrieb, so daß Stücke davon über das Wasser im Topf hinausdrängen, so beschwere man es mit Steinen. Es muß auf alle Fälle vermieden werden, daß Teile der Hölzer nicht mit auskochen, da diese später dem Zerfall besonders ausgesetzt sind.
Achtung! Keine Töpfe nehmen, die zum Essenkochen oder zur Wäsche verwendet werden, da sich die Rückstände des auskochenden Holzes von den Topfwänden sehr schwer entfernen lassen.
Das Auskochen soll in einer übersättigten Kochsalzlösung stattfinden und die Kochzeit mindestens eine Stunde betragen. Lieber etwas länger als zu kurze Zeit kochen lassen.
Man löse so viel Kochsalz in der benötigten Wassermenge, daß nach kurzem, kräftigem Umrühren noch ein Rest Salz ungelöst am Boden bleibt, der sich erst bei Erhitzen des Wassers löst.

Wenn das Auskochen unmöglich ist, weil sich vielleicht kein entsprechendes Gefäß im Haushalt befindet, so überbrühe man die Holzteile mehrfach mit kochender Salzlauge und lasse die Stücke jeweils etwa 10 Minuten darin stehen.

Das Wässern des Holzes ist ebenso wichtig wie das Auskochen. Eine Woche lang müssen die Holzteile nach dem Kochen im kalten Wasser liegen, das möglichst mehrmals täglich erneuert werden sollte. Dann sind die Hölzer verwendbar – wenn wir Glück haben. Eine Garantie läßt sich keinesfalls leisten, denn jedes Stück Holz wird sich je nach Holzart und Beschaffenheit anders verhalten. Totes Holz hat viel Auftrieb. Durch Kochen und Wässern werden nicht nur die Bakterien getötet, die ihm anhaften können, sondern es wird auch die Luft aus seinem Inneren vertrieben. Es wird dadurch schwerer als Wasser und sinkt unter.
Achtung! Zum Kochen und Wässern keinesfalls Metallgefäße, wie den Einkochapparat aus Zink, verwenden.

Wurzeln, Bambus, Kokosschalen

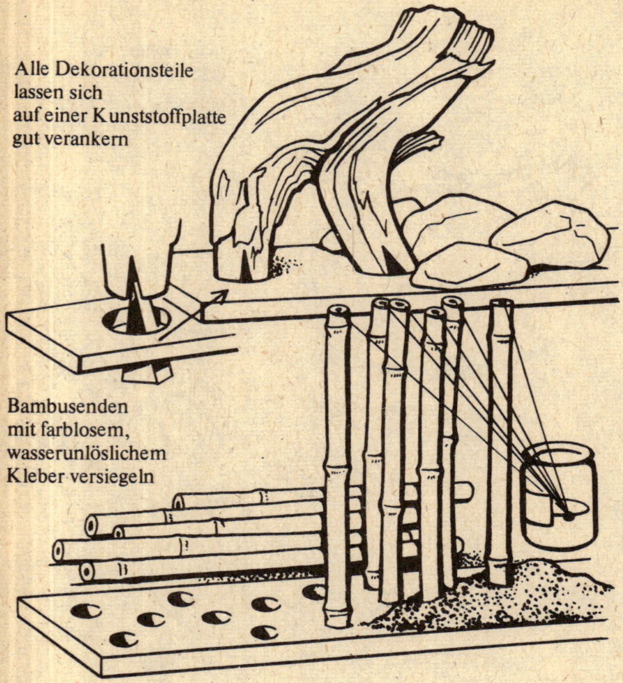

Kokosnußschalen
mit Schlupflöchern versehen

Das Befestigen von Holzteilen im Aquarium kann auf verschiedene Weise erfolgen und richtet sich nach der Größe der Hölzer und ihrer Form im Verhältnis zu den Maßen des Aquariums. Bei einem Vollglasbecken, das keinerlei Anhaltspunkte bietet, wird man anders verfahren müssen als bei einem Gestellbecken, dessen Eisenrahmen zum Befestigen dienen kann.

Durch Einklemmen in den Gestellrahmen kann man nicht zu große Hölzer jederzeit festlegen, so daß sie nicht verschoben werden können oder nach oben steigen. Die Fußenden stecken dann im Sand, die Spitzen finden am oberen Rahmen Halt. Besser ist es noch, oben eine Holzleiste in den Rahmen zu legen, gegen die die Wurzel von unten drückt. Ein Nagel oder ein Holzpflock kann die Festigkeit erhöhen.
Achtung! Keinesfalls sollen Hölzer zwischen die Scheiben geklemmt werden. Holz quillt und kann die Glasscheiben zum Zerplatzen bringen!

Durch Einlassen in eine Kunststoffplatte sind große Hölzer am solidesten festzulegen. Man beschafft sich eine solche Platte, die sich im Wasser nicht verzieht, im Bastlerladen und bohrt Löcher entsprechender Weite hinein. In diese läßt man die vorgesehenen Enden ein und befestigt sie noch mit Holzkeilen oder mit Kunststoffkleber. Die Platte samt Holzstück wird sodann auf den Aquarienboden gestellt und kann noch mit Steinen beschwert werden, bevor der Sand darauf ausgebreitet wird.

Rohr- und Bambusstengel werden gleichfalls in eine Kunststoffplatte mit Löchern entsprechender Weite eingesetzt, nachdem man die oberen und unteren Enden zum Haltbarmachen in Wasserglas oder Flüssigharz getaucht hat.
Wasserglas ist eine in Wasser gelöste Substanz, die flüssig in den Handel kommt und zum Imprägnieren verwendet wird. Man achte darauf, daß die Stengel nicht wie Soldaten in Reih und Glied stehen!

Kokusnußschalen bieten für viele Fische willkommene Versteckplätze. Sie wirken sehr natürlich und sind ungefährlicher als Steinhöhlen, die leicht einstürzen können. Naturgemäß eignen sich die Schalen besonders für das Tropenaquarium.

Torffasern und Laub sollen hier mit erwähnt sein. Der Torf wird überbrüht und ausgewaschen. Er gibt, zusammen mit einigen abgestorbenen Blättern, dem Sandboden einen dunklen Charakter und erhöht den Eindruck des Natürlichen. Am besten geeignet sind Torffasern.

Hintergründiges

Die Rückwand des Aquariums kann für den Gesamteindruck ausschlaggebend sein, ganz besonders dann, wenn das Aquarium ein dekorativer Zimmerschmuck sein soll oder wenn wir den Eindruck einer bestimmten Unterwasserlandschaft erwecken wollen. Die Gestaltung des Hintergrundes läßt unserer Phantasie besonders viel Spielraum.
Eine möglichst dunkle Rückwand hat auch noch eine andere wichtige Funktion. Sie bildet einen wirkungsvollen Kontrast zu den Farben der Fische und Pflanzen und verhindert durchscheinendes Licht. Besonders im durchscheinenden Licht gehen nämlich viele Farben unserer Fische verloren.

An der Zimmerwand müssen wir uns ebenfalls, jedoch aus einem anderen Grund, um die Gestaltung einer Rückwand bemühen. Der ganze Eindruck unseres Aquariums würde gestört, wenn wir durch das Becken auf die Muster einer Tapete blicken würden.

Die einfachste Hintergrundgestaltung besteht darin, daß wir die der Wand zugekehrte Glasscheibe von außen mit einem Anstrich versehen, der unserer Unterwasserlandschaft einen ruhigen und neutralen Abschluß gibt.

Zur Bemalung verwenden wir eine schnell trocknende Farbe, die sich leicht wieder abkratzen läßt, wenn es erforderlich sein sollte. Ein einmaliger Anstrich genügt in der Regel. Die Frage des Farbtones kann nur durch den persönlichen Geschmack entschieden werden.
Weiß oder schwarz scheiden aus, da sie tot wirken, ebenso entfallen alle grellen Farbtöne. Am besten sind gedeckte, erdige und dunkle Farben von Olivgrün bis Graubraun, von denen sich Fische und Pflanzen vorteilhaft abheben. Beim Streichen müssen wir darauf achten, daß möglichst keine Pinselstriche zu sehen sind und die Farbe nicht läuft, also «Nasen» bildet.

Ein getupfter Hintergrund ist gegenüber dem gemalten etwas lockerer. Mit einem senkrecht gestellten Pinsel setzen wir Tupfen neben Tupfen.

Eine dunkle Fondfläche stellen wir her, indem wir mattes Papier auf ein Stück Karton in der Größe der Hinterscheibe kleben. Wir können sie problemloser entfernen und verändern als Farbanstriche. Außerdem gibt es keine unschönen Pinselstriche.
Achtung! Bei allen mit Farbe gestalteten Rückwänden bemühe man sich um Neutralität und vermeide unruhige Motive. «Künstlerische» Darstellungen, die auf Pappe gemalt und hinter das Aquarium gestellt werden, wirken ebenso steril und kitschig wie die mitunter noch im Handel angebotenen Großfotos von bepflanzten Aquarien oder Unterwasserlandschaften.

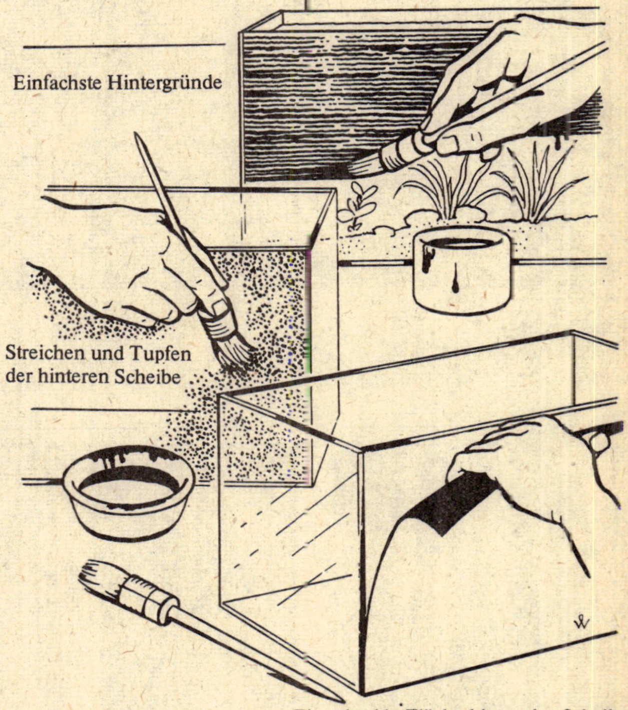

Einfachste Hintergründe

Streichen und Tupfen der hinteren Scheibe

Eine dunkle Fläche hinter der Scheibe

Ein mißverstandener Versuch eines „Heimat"aquariums

Rückwandtyp 1:
Uferlandschaft mit Steinen
Material: Steine in flachen, leicht schrägen Schichtungen, die nach oben zu in kleineres Geröll übergehen können. Sparsame Verwendung einzelner Wurzeln. Befestigung der Steine mit Gips oder Zement.

Rückwandtyp 2:
Uferlandschaft mit Rohr
Material: Schilfrohr (trocken) oder Bambus, trockenes Riedgras und trockenes Torfmoos (Sphagnum). Befestigung mit Leim.

Rückwandtyp 3:
Uferlandschaft mit Wurzeln

Material: Rinde, Wurzeln, Äste und Torffasern.
Befestigung mit Nägelchen oder Leim.

Rückwandtyp 4:
Sumpflandschaft

Material: Wurzeln, Äste, Fasertorf, einzelne Bambusstengel. Befestigung mit Nägelchen oder Leim.

Selbstbau einer Rückwand

So soll es aussehen!

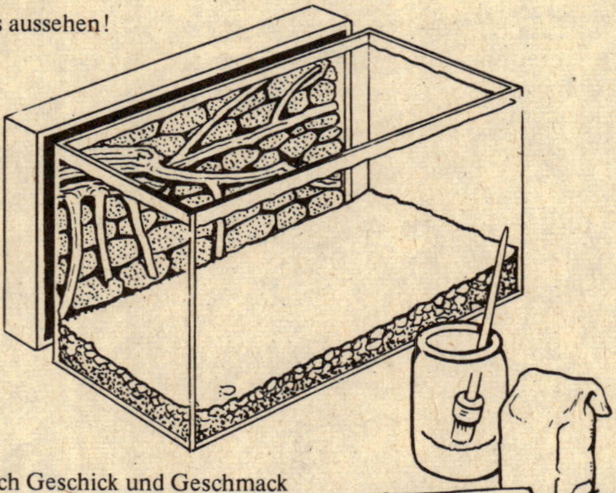

Jeder nach Geschick und Geschmack

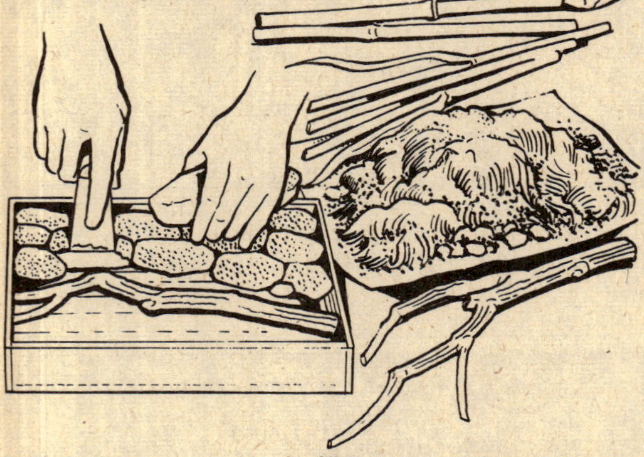

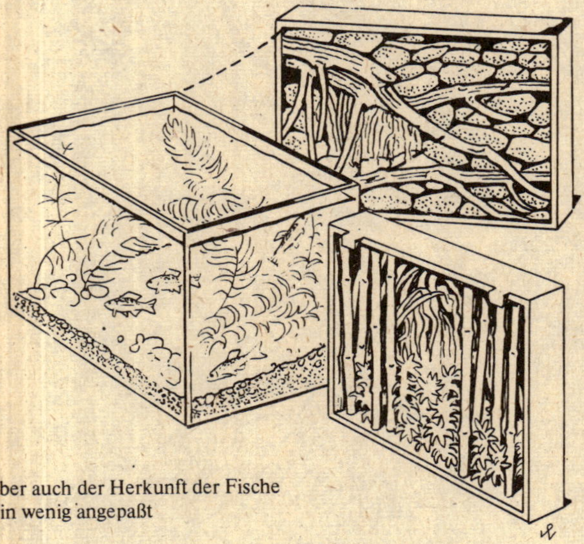

aber auch der Herkunft der Fische ein wenig angepaßt

Die beste Lösung für einen Hintergrund ist, der Landschaft im Aquarium einen zu ihr passenden, mit ähnlichen Mitteln gestalteten Abschluß zu geben, der sich außerhalb des Beckens befindet. Gegenüber Rückwänden aus Stein, die in das Aquarium selbst gestellt werden, hat das den Vorteil, daß der ohnehin beschränkte Raum im Aquarium nicht noch mehr eingeengt wird und daß die Dekorationsmittel der Rückwand keine Bestandteile an das Wasser abgeben können.

Eine verblüffende Wirkung wird durch das Aufstellen der Rückwand hinter dem Aquarium dadurch erzielt, daß die rückwärtige Aquariumscheibe in der Durchsicht noch weniger zu sehen ist als die Vorderscheibe. So entsteht zwangsläufig der Eindruck, daß sich die Hintergrundpartie im Aquarium selbst befindet bzw. daß sich die Landschaft im Becken tief nach hinten fortsetzt. Es ist erstaunlich, welch weiträumiger Eindruck sich hier durch Ausnutzung einer optischen Täuschung erzielen läßt.

Eine schwache Beleuchtung der Rückwandpartie durch ein seitlich angebrachtes Zwerglämpchen, das von einer Taschenlampenbatterie oder einem Transformator gespeist wird, kann die Wirkung noch erhöhen.

Das Herstellen einer Rückwand ist recht einfach. Wir fertigen uns einen flachen Holzkasten, genau in der Größe unseres Aquariums, den wir hinter das Becken stellen oder an seinem oberen Rand anhängen können. In diesen Kasten, dessen Rahmen je nach Wunsch 5 bis 10 cm hoch sein kann, werden Dekorationsmittel eingebaut, die dem Charakter der jeweiligen Aquarienlandschaft entsprechen.

Die Gestaltung der Rückwände erfolgt ausschließlich mit natürlichen Gegenständen. Besonders kommen in Betracht: Steine, Kies, Rindenstücke, Äste, Wurzeln, abgestorbene Ranken von Efeu oder Geißblatt, Rohrstengel, Bambus, dürre Gräser, Laub, Moos, trockenes Torfmoos und Fasertorf. Die Befestigung kann je nach dem Material mit Zement, Gips, Leim und Kunststoffkleber oder mit Nägeln, Draht und Schrauben erfolgen.

Eine vollkommene Illusion entsteht, wenn ein Teil des in der Rückwand verwendeten Materials auch im Aquarium selbst bereits Verwendung fand, wenn man also z. B. aus dem Aquarium heraus kleinere Steine, Steingruppen oder Terrassen zur steinigen Uferpartie der Rückwand ansteigen läßt.

Technische Geräte und Hilfsmittel

Man ist leicht geneigt zu vergessen, daß unser Aquarium eigentlich ein kleines Wunder ist. Die Tatsache, daß sich in diesem künstlich angelegten Kleinstgewässer Pflanzen und Tiere jahrelang halten, sich wohl fühlen und sogar vermehren, wird als etwas Selbstverständliches hingenommen. Und doch hat es langer wissenschaftlicher Forschungsarbeit bedurft, bis die physikalischen, chemischen und biologischen Zusammenhänge erkannt waren, die das Leben im Aquarium ermöglichen. Aber die Erkenntnis dieser Zusammenhänge kann wiederum nur als Voraussetzung gelten, durch gezielten Einsatz technischer Geräte all jene Faktoren zur Wirkung zu bringen, die sich in einem natürlichen Gewässer von allein einstellen. Die ständige Weiterentwicklung auf dem Gebiet der Aquarientechnik zeigt gleichzeitig, wie kompliziert es eigentlich ist, die Perfektion der Natur im Aquarium nur annähernd zu erreichen.

Zu Beginn der Aquarienkunde mußte man noch ohne die heute selbstverständlich gewordenen technischen Hilfsmittel auskommen. Durch eine sich selbst auferlegte Beschränkung, d. h. ein wohl ausgewogenes zahlenmäßiges Verhältnis zwischen Pflanzen und Tieren und entsprechend sorgfältigen und regelmäßigen Pflegemaßnahmen, haben dabei unsere Großväter sogar beachtliche Erfolge erzielt. Trotzdem kam es häufig zu Fehlschlägen, ein typisches Beispiel war das sogenannte «Herbststerben», wenn die Tage kürzer wurden und das natürliche Tageslicht für ein optimales Pflanzenwachstum nicht mehr ausreichte. Die absterbenden Pflanzen produzierten weniger Sauerstoff, und schon war der empfindliche «Gleichgewichtszustand» erheblich gestört. In der Folge verschlechterten sich die Lebensbedingungen der Fische; Verluste waren unvermeidbar.

Demgegenüber ist es doch unser Bestreben, im Aquarium einen Zustand zu erreichen, der den natürlichen Bedingungen, vor allem in den tropischen Gewässern, weitgehend nahe kommt und auch den manuellen Pflegeaufwand in Grenzen hält. Dieses Ziel ist eben nur mit den Mitteln der Technik zu erreichen. So lassen sich z. B. tropische Pflanzen und Fische eben nur mit Hilfe einer zusätzlichen, künstlichen Beheizung am Leben erhalten und am Ende auch zur Fortpflanzung bringen. Dabei reicht aber eine einfache Heizung, ganz gleich welcher Art, schon fast nicht aus. Da unsere Pfleglinge einen recht begrenzten Temperaturbereich benötigen, würde eine einfache Heizung eine häufige Temperaturkontrolle bedingen, um zu starke Erwärmungen oder Abkühlungen zu vermeiden. Wie aber soll der Aquarianer diese Kontrolle durchführen, wenn er tagsüber seinen beruflichen Pflichten nachgeht? Wieder hilft uns die Technik, indem die Heizung automatisch kontrolliert und geregelt werden kann. Wir sehen aus diesem Beispiel, daß der Einsatz der Aquarientechnik eigentlich zwei Anliegen erfüllt:

1. Wir benutzen technische Hilfsmittel, um der Natur entsprechende Verhältnisse grundsätzlich im Aquarium zu erzielen.
2. Wir benutzen weitere technische Hilfsmittel, um den Kontroll- und Pflegeaufwand auf vertretbare Grenzen zu reduzieren.

Dieses Beispiel läßt sich auf Beleuchtung, Filterung und viele andere Probleme übertragen. Dabei dürfen wir jedoch einen Faktor nicht vergessen. Allein durch die regelmäßige Fütterung wird ständig zusätzliche Biomasse oder organische Substanz dem Aquarium zugeführt, die nicht, auch nicht über den Umweg der Stoffwechselprozesse unserer Pfleglinge, vollständig und rückstandsfrei verwertet wird. Regelmäßige Pflegemaßnahmen, wie Algen- und Mulmentfernung, Entnahme abgestorbener Pflanzenteile oder Tiere, werden also stets erforderlich sein. Diese Aufgabe wird uns die Technik nicht abnehmen. Es wird insofern kein «perfektes» Aquarium geben können, das völlig ohne Eingriffe des Pflegers durch die Technik allein gewartet wird. Aber das kann weder das Ziel der Aquaristik noch der Aquarientechnik sein. Vielmehr freuen wir uns, heute über Hilfsmittel zu verfügen, an die die Aquarienfreunde vor 40, 50 Jahren noch nicht zu denken wagten. Wir müssen uns aber gleichzeitig davor hüten, in diesen Hilfsmitteln Wunderdinge zu sehen. Der Sachverstand des Pflegers und sein Wirken bestimmen letztlich den Zustand des Aquariums.

So wollen wir zum Schluß zusammenfassend feststellen: Aquarientechnik im erforderlichen Maß – ja; wir werden jedoch keine Wunder erwarten!

Technik als Helfer

Biologische Vorgänge im Aquarium, die sich aus den Wechselbeziehungen von Pflanze und Tier ergeben, werden in der Regel überschätzt. Zwar erzeugen die Pflanzen bei Licht Sauerstoff, oft aber, je nach Fischbesatzdichte, nicht in ausreichender Menge. Sie wird dadurch noch verringert, daß die grünen Pflanzen bei Dunkelheit keinen Sauerstoff erzeugen, sondern ebenfalls selbst verbrauchen. Damit ist die Sauerstofferzeugung im Aquarium stets geringer als der Verbrauch! Ferner wird vielfach angenommen, daß die von den Fischen ausgeschiedenen Stoffwechselprodukte von den Pflanzen verarbeitet werden könnten. Bevor das möglich ist, müssen aber eine Anzahl biochemischer Umwandlungsprozesse durchlaufen werden, die ebenfalls unter Sauerstoffverbrauch erfolgen. Erst nach dieser sogenannten Mineralisation können die Endprodukte des Stoffwechsels von den Pflanzen verwertet werden. Im Aquarium verläuft dieser Prozeß niemals vollständig, durch die häufigen Futtergaben, insbesondere bei dichtem Fischbesatz, fallen stets mehr Abfallprodukte an als umgewandelt und von den Pflanzen verarbeitet werden können. Ein stabiles «biologisches Gleichgewicht» kann es deshalb im Aquarium niemals geben.

Mit technischen Hilfsmitteln können die biologischen Vorgänge im Aquarium in eine erwünschte Richtung gelenkt und eventuell ergänzt, beschleunigt oder notfalls unterdrückt werden. So bewegen wir mit Hilfe des Durchlüftens das Wasser und führen ihm dadurch Sauerstoff von der Oberfläche her zu. Mit Hilfe des Filters entfernen wir Schmutzteilchen aus dem Wasser, bevor sie sich zersetzen und dadurch Schaden anrichten können.
Der beste Weg dazu, daß uns das Aquarium auf die Dauer Freude macht, besteht darin, in allen Dingen Maß zu halten: in der Besetzung mit Tieren, in der Menge der Pflanzen, in der Fütterung und in allen Pflegemaßnahmen.

Ein einigermaßen ausgewogener Zustand muß jedoch auch im Zimmeraquarium angestrebt werden. Der Pfleger muß versuchen, das Zusammenspiel oder auch das Gegeneinander aller Faktoren zu lenken und damit Schwankungen im Zustand des Aquariums möglichst zu vermeiden. Das kann schon damit beginnen, daß man im Eifer nicht in den Fehler verfällt, des Guten zuviel zu tun. Die wichtigste Entscheidung in dieser Richtung fällt schon dann, wenn man die Frage nach der Anzahl der Fische zu beantworten hat, die man gern halten möchte.

Ein fingerlanger Fisch (7–10 cm) auf 5 l Wasser, ein gesunder, gepflegter Pflanzenbestand, nicht zu reichliche Futtermengen ohne Futterreste und peinliche, hygienische Sauberkeit bei der laufenden Pflege des Aquariums tragen wesentlich dazu bei, die Verwendung technischer Hilfsmittel auf ein vertretbares Maß reduzieren zu können. Geregelter Heizer, Licht und Filter sind zuverlässige Helfer.

Das Heizen des Aquariums ist unbedingt vorzusehen, wenn man Warmwasserfische und -pflanzen pflegen will. Wer das Aquarium vom Sonnenplatz am Fenster zum Ofen tragen muß, damit sich «die Fische nicht erkälten», wird nicht viel Freude daran erleben.

Die Heizleistung hängt von einer Reihe von Faktoren ab. Entscheidend dafür, ob und wie stark man heizen muß, sind die Wärmeansprüche der Fische und Pflanzen. Es gibt exotische Fische, die verhältnismäßig wenig wärmebedürftig sind. Da genügt es, wenn wir den Heizer im Winter des Nachts (wenn das Aquarium in einer gering beheizten Stube steht) und im Sommer bei besonders kühler Witterung anstellen. Für solche Fische richten wir ein «mäßig warmes» Aquarium ein. Andere Fische und Pflanzen brauchen sehr viel Wärme; für sie ist das Warmwasseraquarium bestimmt. Wir werden dann nachheizen müssen, wenn die Temperatur unter eine bestimmte Grenze sinkt, die meist um 22 bis 21 °Celsius liegt.

Andere Faktoren sind: die Größe des Aquariums, die Jahres- und Tageszeit, die Zimmertemperatur und evtl. auch, ob das Aquarium in irgendeiner Weise gegen Wärmeverlust geschützt ist. Das ist gewöhnlich dann der Fall, wenn es in einem Schrank steht, der nur die Sichtscheibe frei läßt.

Soviel Technik ist möglich. Ist sie auch notwendig?

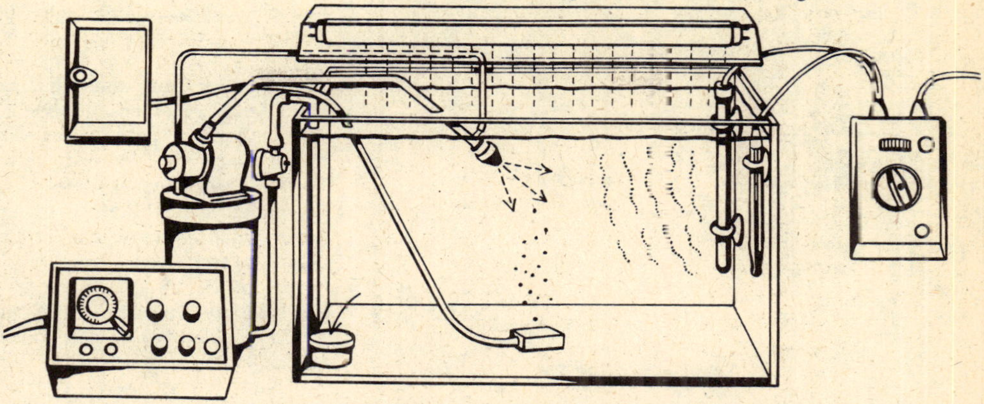

Es geht auch „ohne", aber dann ...

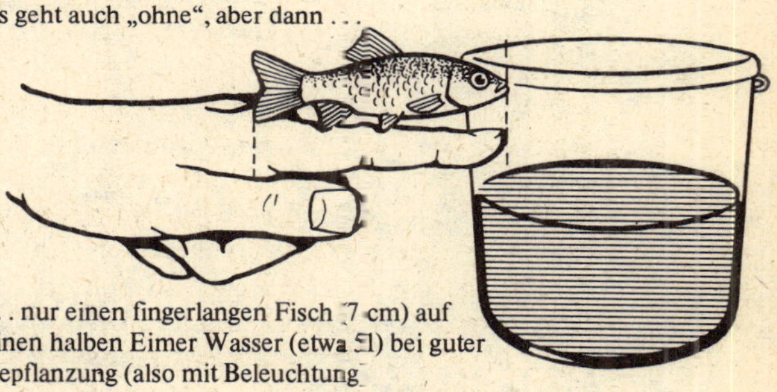

... nur einen fingerlangen Fisch (7 cm) auf einen halben Eimer Wasser (etwa 5 l) bei guter Bepflanzung (also mit Beleuchtung)

Erfahrungswerte für die Heizstärke in Watt:

Beckeninhalt in Litern	°Celsius Gewünschte Erwärmung über die Raumtemperatur hinaus								
	2	3	4	5	6	8	10	12	15
	Watt								
10	5	7	9	11	13	18	22	27	33
20	8	12	16	20	24	32	39	47	59
30	11	16	22	28	33	44	55	66	82
40	14	20	27	34	40	54	67	80	100
60	18	26	34	42	51	68	85	102	128
80	19	29	38	48	57	77	96	115	144
100	20	30	40	50	60	80	100	120	150

Die elektrische Heizung ist die billigste, bequemste und gefahrloseste, wenn man einwandfreie, den Vorschriften entsprechende Geräte wählt. Verwendet man einen Stabheizer, so muß dieser bis zum Bodengrund reichen. Besser sind wasserdichte Heizkörper, die in Bodennähe waagerecht mit Saughaltern an der Scheibe angebracht werden, da hierbei eine bessere Verteilung der Wärme im Becken erfolgt.
Wer nicht ständig die Temperatur seines Aquariums kontrollieren kann, sollte unbedingt einen automatisch gesteuerten Heizer benutzen. Das ist durchaus keine Frage der Anschaffungskosten, die Fische sind oft wesentlich teurer und außerdem Lebewesen, für die wir die Verantwortung übernommen haben!

Beachte für die benötigte Heizleistung

Temperaturansprüche von Fisch und Pflanze | Größe des Aquariums | Jahreszeit | Tageszeit | Zimmerwärme

Durchlüftung

Wasserumwälzung
schafft in allen Teilen des Aquariums
etwa gleiche Bedingungen

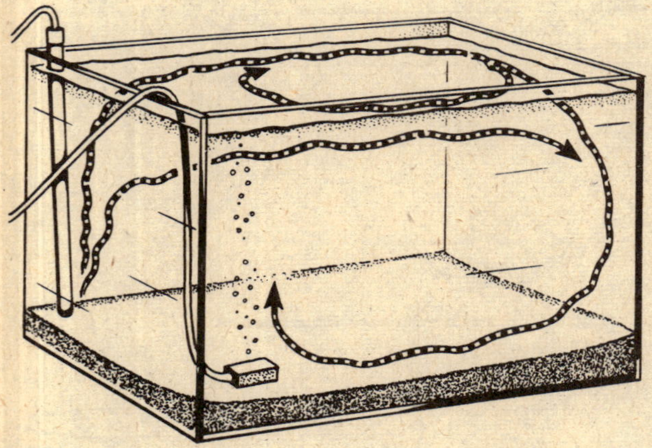

Flache Aquarien haben eine
im Vergleich zur Wassermenge
größere Oberfläche ...

... als hohe.
Hier ist Wasserumwälzung
besonders wichtig

Durchlüftung und Filterung sind heute allgemein verbreitete Voraussetzungen für eine erfolgreiche Aquarienpflege. Nur Fische mit zusätzlichen Atmungsorganen, z. B. Labyrinthfische (S. 78), können ohne Durchlüftung oder Filterung gehalten werden.

Eine Durchlüftung ohne gleichzeitige Filterung ist in Aufzuchtbecken mit hohem Fischbesatz üblich, in bepflanzten Aquarien wird aber dadurch Mulm aufgewirbelt, der sich in den feinfiedrigen Wasserpflanzen festsetzt. Besser ist in jedem Fall der Betrieb eines Filtersystems mit gleichzeitiger hoher Durchlüftungswirkung wie z. B. der abgebildete Schwammfilter.

Die Hauptfunktionen der Durchlüftung sind:
1. Umwälzung des Wassers. Dabei wird die Kontaktfläche zur Luft vergrößert und die Aufnahme von Sauerstoff von der Wasseroberfläche erleichtert.
Das ist vor allem nachts wichtig, weil in der Nacht Fische und Pflanzen Sauerstoff verbrauchen.
2. Austreiben von überschüssigen und dann schädlichen Gasen, z. B. von zu reichlichem Kohlendioxid im Wasser.

Nebenfunktionen der Durchlüftung sind: Umwälzung der verschieden erwärmten Wasserschichten bei künstlichem Beheizen, Zerstören der lästigen «Fettschicht» an der Oberfläche und Erzeugen einer Wasserbewegung, die viele Fische sehr lieben.

Die Hauptfunktionen des Filters
1. Befreiung des Wassers von schwebenden, ungelösten Schmutzteilchen. Diese Wirkung wird von allen Filtertypen erreicht. Im Kohlefilter werden vor allem eine Reihe von färbenden Bestandteilen aus dem Wasser entfernt. Als Schmutzfilter allein ist er nicht zu empfehlen.
2. Zuführen bestimmter Wirkstoffe, die der Pflege und Zucht von Fischen und Pflanzen förderlich sind, z. B. bei der Torffilterung.

Nebenfunktionen des Filters
Der Wasserstrom, der bei Benutzung eines Filters ins Aquarium gelangt, hat eine schwache Durchlüftungswirkung und erzeugt eine günstige Wasserbewegung.
Achtung! Verschmutzte Filter bewirken das Gegenteil des erwünschten Zweckes und sind eine Gefahr für die Fische. Filter müssen daher regelmäßig gereinigt werden.

Die elektrischen Membranpumpen haben sich unter allen Systemen am meisten durchgesetzt, weil sie billig im Betrieb, zuverlässig und leicht zu reparieren sind.
Es gibt sie von der kleinsten Type, die für 2 bis 3 Aquarien oder für den Betrieb von 1 bis 2 Filtern ausreicht, bis zur leistungsfähigen Doppelmembranpumpe, mit der man eine ganze Aquarienanlage mit Luft versorgen kann.
Kleine Membranpumpen arbeiten nicht immer geräuschlos, besonders wenn sie überlastet sind.
Achtung! Alle Durchlüftungspumpen müssen immer höher als das Aquarium stehen, um ein Rückfließen des Wassers bei Unterbrechung des Betriebes zu vermeiden.

Kompressoren und Kolbenpumpen sind für Großanlagen bestimmt, vor allem also für Schauaquarien, Zoohandlungen, Züchtereien usw.

Wasserumlaufpumpen saugen das Aquarienwasser durch einen Filterbehälter und fördern es gereinigt in das Aquarium zurück. Sie besitzen eine besonders hohe Umwälzgeschwindigkeit und sind deshalb vor allem für sehr große Aquarien geeignet. Die von den Umlaufpumpen erzeugte Strömung wird von manchen Fischen sehr geschätzt.

Innenfilter haben sich sehr bewährt. Sie werden in das Aquarium eingestellt, eingehängt oder mit Saughaltern an den Scheiben befestigt. Der Luftstrom zieht das Wasser durch einen mit verschiedenem Material zu füllenden Filterbehälter oder durch Schaumstoffpatronen und fördert es gereinigt zurück.

Außenfilter eignen sich vor allem dazu, mit Hilfe verschiedener Füllmaterialien ganz bestimmte Wirkungen auf das Aquarienwasser zu erzielen. Man kann z. B. zur optischen Reinigung analog zu allen anderen Filtertypen über Kies oder Schaumstoff, zu einer geringen Enthärtung und Ansäuerung über Torf oder zum Entfernen bestimmter Farbstoffe nach der Bekämpfung von Fischkrankheiten über Aktivkohle filtern. Die Reinigung von Außenfiltern ist jedoch meist recht arbeitsaufwendig.
Achtung! Bei Kohlefiltern ist nur eine eigens für Aquarienzwecke hergestellte Aktivkohle zu verwenden. Aktivkohle soll nur kurzzeitig für Spezialzwecke eingesetzt werden und ist nicht für den Dauerbetrieb geeignet. Die vielen kleinen Poren in den Kohlekörnchen setzen sich nach kurzer Zeit zu; dabei wird die Wirkung verringert und kann sogar zu negativen Reaktionen führen.

Filtertypen

Schwammfilter mit Rillenpatronen sind praktisch und leicht zu säubern

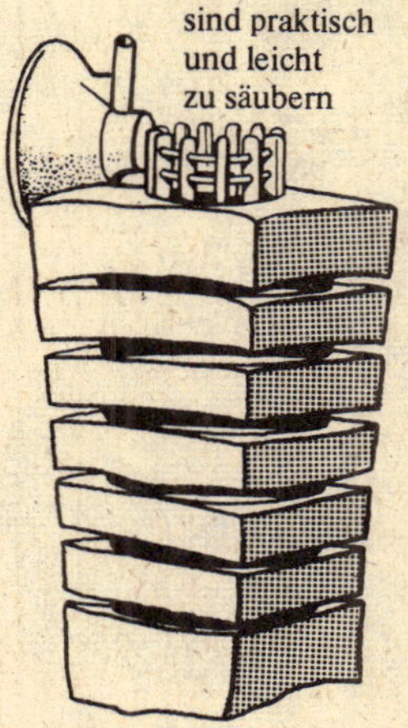

Kreisel- und Turbinenpumpen werden für stark besetzte Schaubecken empfohlen

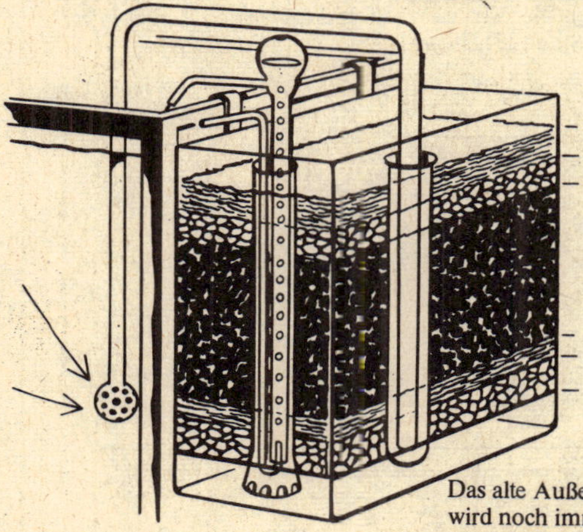

Das alte Außenfilter-Prinzip wird noch immer vielfach angewendet . . .

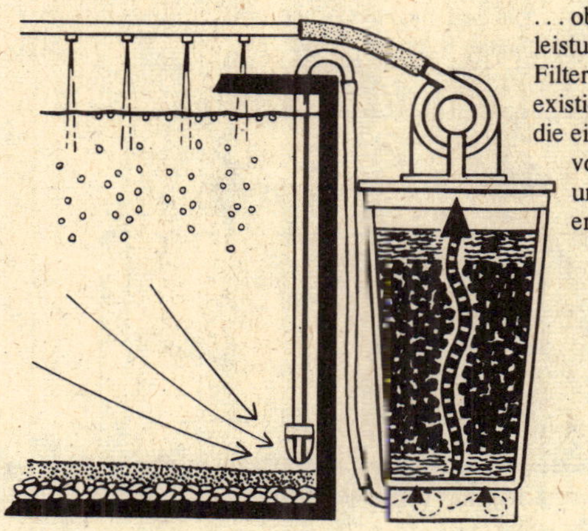

. . . obwohl heute leistungsfähigere Filtersysteme existieren, die eine Kombination von Filterung und Durchlüftung erlauben.

Beleuchtungsfragen

Belichtungsdauer

Tropische und subtropische Fische und Pflanzen benötigen mindestens 12 Stunden Licht

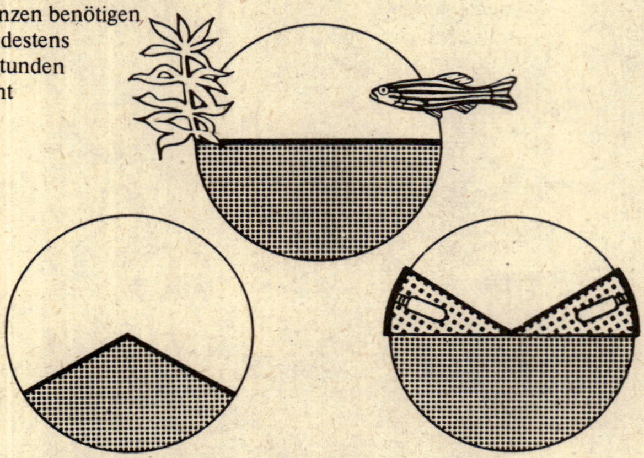

Überschätzen Sie nicht das in die Räume einfallende Tageslicht und beleuchten Sie lieber 16 Stunden. Nur wenige Wasserpflanzen kommen mit 8 Stunden Licht aus

Lampentypen

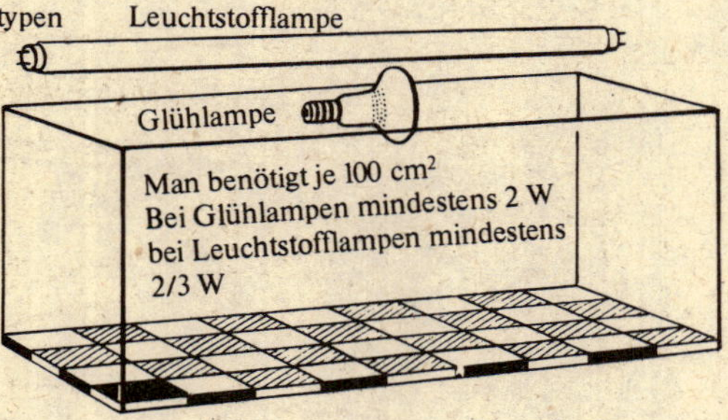

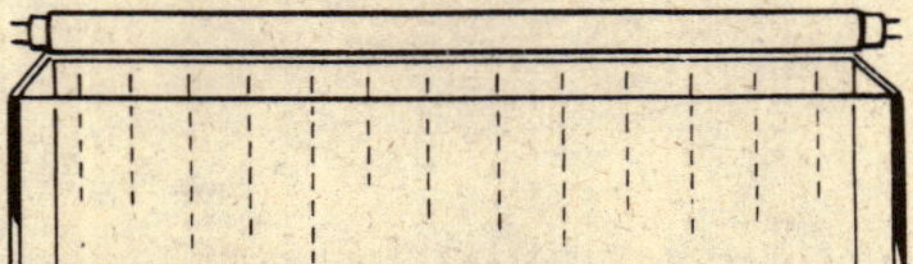

Leuchtstäbe erhellen das Aquarium gleichmäßig

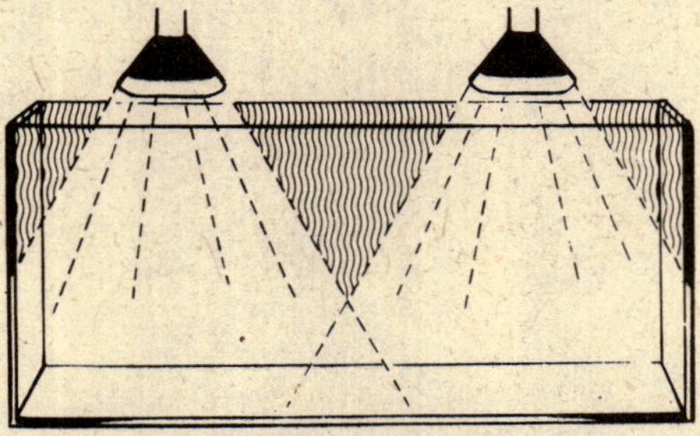

Glühlampen überstreichen nur begrenzte Räume

Die Beleuchtung des Aquariums ist sehr wichtig, da nur ausreichendes Licht die Existenz der Wasserpflanzen ermöglicht, deren Lebenstätigkeit eine Voraussetzung für gesunde Lebensverhältnisse in unserem Aquarium ist. Genügend Licht ist in vielen Fällen auch für das Wohlbefinden der Fische und anderer Wassertiere erforderlich, soweit sie nicht ein Leben in der Dämmerung oder Dunkelheit führen. Der biologische Zweck kann heute besser mit künstlicher Beleuchtung erzielt werden. Natürliches Licht, gedämpft durch Doppelfenster, Stores und Übergardinen, reicht, zumal bei seitlichem Auffall, einfach nicht aus.

Die künstliche Beleuchtung gestattet es, den kurzen Tag in den Wintermonaten auf das für die Pflege des Tropenaquariums notwendige Maß von 14 bis 16 Stunden täglich zu verlängern. Außerdem ermöglicht sie es uns, das Aquarium und seine Bewohner auch in den Abendstunden zu betrachten. Sie ist daher besonders für den Berufstätigen von Wert, der erst zum Abend Zeit findet, sich mit seinem Aquarium zu befassen.

Dreierlei muß durch eine künstliche Beleuchtung erreicht werden:
1. das Aquarium genügend auszuleuchten, so daß man alle Vorgänge verfolgen kann;
2. die Farben der Fische und Pflanzen möglichst wirkungsvoll hervortreten zu lassen;
3. das Wachstum und Gedeihen der Wasserpflanzen zu gewährleisten.

Achtung! Bilden sich bei starker Beleuchtung Algen, so ist das ein Zeichen von gelösten Abfallstoffen im Aquarienwasser. Nicht das Licht allein fördert Algenwuchs, sondern Licht plus gelöster Schmutz!

Die Lichtquellen können normale Glühlampen und Leuchtstofflampen sein. Beide haben ihre Vor- und Nachteile.

Normale Glühlampen sind günstig für den Pflanzenwuchs und lassen die Farben einigermaßen zur Geltung kommen. Normale Glühlampen können vor allem zum Ausleuchten kleinerer Aquarien dienen. Beim Beleuchten größerer Aquarien muß man berücksichtigen, daß normale Glühlampen den weitaus größten Teil der elektrischen Energie in Wärme umsetzen, daß sie also im Dauerbetrieb teurer werden.

Achtung! Für Aquarien mit einheimischen Fischen und Wassertieren sind normale Glühlampen nicht angebracht, da sie zuviel Oberflächenwärme erzeugen.

Anbringen der Beleuchtung

Leuchtstofflampen sind für Aquarienbeleuchtung am besten geeignet, wenn man unter den vorhandenen Typen die richtige Auswahl trifft. Sie sind vor allem im Dauerbetrieb für größere Aquarien brauchbar, da ihre Lichtausbeute bei geringer Wärmeerzeugung sehr hoch ist. Sie sind also im Betrieb billiger als normale Glühlampen, obwohl die Anschaffungskosten höher liegen. Es ist empfehlenswert, über einem Aquarium Röhrentypen verschiedener Lichtfarbe anzubringen, um eine möglichst vielseitige Lichtzusammensetzung zu erreichen, die für das Wachstum der Pflanzen von Wichtigkeit ist.
Achtung! Bei Leuchtstofflampen werden je Röhre ein Glimmzünder und eine Drosselspule benötigt. Bei 110 Volt wird außerdem ein Transformator gebraucht, der die Spannung auf 220 Volt bringt.

Das Anbringen der Lichtquellen ist entscheidend für den Nutzeffekt der Lampen. Folgendes ist dabei zu berücksichtigen:
1. Die Lichtquelle soll so nahe als möglich über der Wasseroberfläche angebracht sein.
2. Die Lichtstrahlen sollen von oben und vorn ins Aquarium fallen; eine seitliche Beleuchtung kann nur zusätzlich erfolgen, läßt aber die Farben der Fische gut zur Geltung kommen.
3. Die Lichtquellen sollen sich in gut strahlenden Reflektoren befinden, die den Beschauer nicht blenden.
4. Die Lichtquellen sollen nicht zu nahe über der Deckscheibe stehen, da die Gefahr des Springens der Scheibe besteht, vor allem, wenn normale Glühlampen verwendet werden.
Achtung! Alle stromführenden Teile müssen vom Fachmann einwandfrei gegen Feuchtigkeit und Schwitzwasser abgeschirmt sein. Lebensgefahr! Vor allem muß ein über dem Aquarium befindlicher Lichtkasten mit seinen elektrischen Strom führenden Teilen gut gegen die Wasseroberfläche hin durch eine Glasscheibe abgeschirmt sein.

Die Beleuchtungsstärke wird wesentlich höher als früher gewählt, weil dekorativer und reichlicher Pflanzenwuchs heute sehr geschätzt wird. Die Leistung der Leuchtstoffröhren soll der Länge des Aquariums in cm entsprechen. Nur bei großen Becken über 40 cm Tiefe oder Höhe wird mit 1,5 bis 2 Watt Lichtleistung pro cm Länge gerechnet.
Glühlampenlicht hat nur zusätzlich veredelnden Wert für das Spektrum, die Wattzahl kann vernachlässigt werden, da der größte Teil der Energie in Wärme umgesetzt wird.

Leuchtstablängen gut ausnutzen

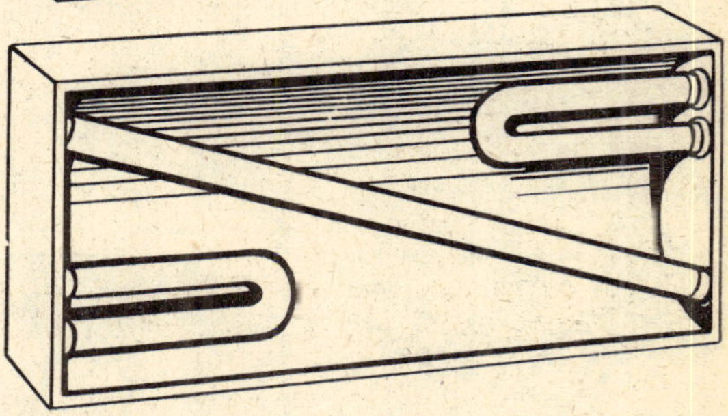

Notfalls die Diagonale
mit U-Lampen kombinieren

Lichtkästen müssen abgesichert sein
und fest auf dem Aquarium ruhen

Aquarientypen

Kalt- oder Warmwasseraquarium?

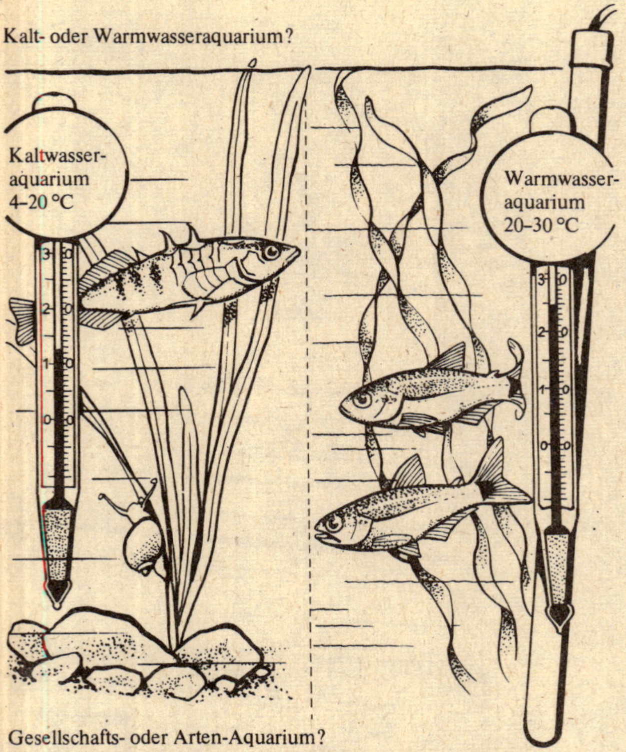

Gesellschafts- oder Arten-Aquarium?

Das Gesellschaftsaquarium ist in erster Linie Zimmerschmuck

Das Artenaquarium erlaubt genauere biologische Beobachtungen

Bereits nach Studium des ersten Kapitels haben wir gelernt, daß unser Aquarium nicht zu klein sein soll. Dennoch wird die Anschaffung eines Beckens meist einen Kompromiß zwischen dem vorhandenen Raum, den Lebensansprüchen unserer Fische und unserem Geldbeutel darstellen. Aber wir müssen auch, je nach unserer Entscheidung über die zu pflegenden Tiere, überlegen, ob nicht mitunter mehrere kleine Spezialaquarien zweckmäßiger sind als ein großes Gesellschaftsaquarium. Danach richtet sich letztlich auch der erforderliche technische Aufwand. Die Frage nach dem «Aquarientyp» fordert von uns die Entscheidung, in welcher Weise wir Aquarienpflege betreiben wollen. Damit stehen wir vor einer ganzen Reihe von Fragen, die nach Beantwortung drängen.

Kaltwasser- oder Warmwasseraquarium?

Das ist gewöhnlich die erste Frage, die gestellt wird. Sie zu beantworten fällt nicht immer leicht. Beide Aquarientypen haben ihre Schönheit, beide ihre Freunde.

Zunächst: Das Schulaquarium wird oft ein Kaltwasseraquarium sein, denn hier kommt es vor allem darauf an, Lebensvorgänge an Objekten aus der heimatlichen Natur zu studieren. Nur wenn es der Lehrplan verlangt, wird man auch ein Warmwasseraquarium aufstellen.

Das Kaltwasseraquarium mit Pflanzen und Tieren der Heimat oder der gemäßigten Zonen anderer Erdteile wird fälschlicherweise oft unterschätzt und als «Anfängersache» angesehen. Das ist es aber durchaus nicht! Im Gegenteil, es ist weitaus schwieriger, den Rhythmus der Natur der gemäßigten Zonen im Zimmeraquarium aufrechtzuerhalten. Wie einfach kann man doch mit einer automatischen Heizung ein tropisches Warmwasseraquarium auf der gewünschten Temperatur halten. Welch aufwendige Technik ist jedoch erforderlich, ein Kaltwasseraquarium unter den Bedingungen einer zentral beheizten Wohnung entsprechend zu kühlen. Andererseits liegt aber der große Wert dieses Aquarientyps darin, weil er unmittelbar zur Kenntnis der Heimat beiträgt und es ermöglicht, die Lebensverhältnisse der von uns meist selbst an Ort und Stelle gesammelten Tiere und Pflanzen in der freien Natur zu studieren und sie auf unser Aquarium zu übertragen.

Die Entscheidung für ein Kaltwasseraquarium ist deshalb besonders schwer und erfordert ein hohes Maß an Verantwortung. Nicht umsonst werden Schulaquarien deshalb oft nur über einen begrenzten Zeitraum betrieben.

Das Warmwasseraquarium bietet uns nun allerdings eine weit größere Auswahl an farbenfrohen und interessanten kleinen und größeren Fischen und an Wasserpflanzen. Allein die Vielfalt möglicher Brutpflegeformen bei tropischen Fischen, die leichte Züchtbarkeit vieler Arten und die mit Hilfe technischer Mittel leichter realisierbaren Pflegebedingungen sind Vorteile, die zu der heute überall vorherrschenden Beliebtheit des Warmwasseraquariums geführt haben.
Die ohnehin erforderliche Beheizung des Tropenaquariums gestattet darüber hinaus den Bau einer wärmeisolierenden Verkleidung bzw. den Einbau in Schrankwände oder andere Möbelstücke. Dabei wird nicht nur eine Abkühlung verhindert und Energie gespart, sondern gleichzeitig das Aquarium zum Bestandteil einer modernen Wohnraumkultur integriert. Besonders in solchen Aquarien wirkt der herrliche Farbkontrast der bunten Fische zum verschiedenartigen Grün der Wasserpflanzen um so mehr, da alles den Betrachter störende technische Beiwerk innerhalb der Verkleidung versteckt werden kann. Die nebenstehenden Abbildungen zeigen eine Reihe vorbildlicher Lösungen. Dem Geschick und der Phantasie des einzelnen sind keine Grenzen gesetzt.
In den nun folgenden Kapiteln dieses Buches sind, bedingt durch die Temperaturansprüche der Fische und Pflanzen, die Abschnitte, die das Warmwasseraquarium und seine Bewohner behandeln, nochmals unterteilt. Hierdurch soll dem unerfahrenen Aquarienfreund die nicht immer leichte Auswahl zusammen passender Fische und Pflanzen etwas leichter gemacht werden.

Mäßig warm bedeutet, daß die Pflanzen und Tiere eine Vorzugstemperatur von 18–21 °C beanspruchen, wobei sie zeitweise mehr oder auch etwas weniger vertragen. Es handelt sich dabei hauptsächlich um Pfleglinge der subtropischen Randzonen. In der Praxis heißt das, daß wir nur dann zusätzlich beheizen müssen, wenn das Aquarium im Winterhalbjahr in unbeheizten Räumen steht. In zentral beheizten Wohnungen ist meist für Aquarien mit solchen Fischen keine Zusatzheizung nötig. Das bedeutet natürlich nicht, daß die unter dieser Rubrik aufgeführten Fische und Pflanzen nicht auch gelegentlich für höhere Wärmegrade empfänglich wären, aber diese treten im Sommer von ganz allein auf.

Warm aber heißt, daß Tiere und Pflanzen größere Wärmeansprüche stellen, die dann je nach Art zwischen 20 und 30 °C liegen können, und daß wir – mit Ausnahme weniger heißer Sommertage – immer heizen müssen.

Gesellschafts- oder Artenaquarium?
So lautet die nächste und letzte Frage, die uns gestellt wird. Um sie zu entscheiden, lesen wir die Abhandlungen auf den Seiten 49 ff. und 71 ff. durch. Danach wird uns der Entschluß leichter werden.

Raumteiler und Schrankwände

In Schrankwänden und als Raumteiler haben modern gestaltete und gut gepflegte Aquarien Eingang in die Wohnraumgestaltung gefunden

Was soll es sein?

In den nun folgenden Kapiteln machen wir eine Reihe von Vorschlägen für die Besetzung von Gesellschafts- und Artenaquarien und empfehlen Pflanzen und Fische, die auch für Anfänger gut geeignet sind.

Das Gesellschaftsaquarium, seine Schönheit und seine Berechtigung sowie die Gesichtspunkte, die bei der Auswahl von Pflanzen und Tieren zu berücksichtigen sind, werden dem Leser auf Seite 49 vor Augen geführt.
Daran anschließend finden wir folgende Einzelkapitel:

Das Artenaquarium und seine Notwendigkeit wird auf Seite 71 geschildert. Daran anschließend finden sich folgende Einzelkapitel:

Das Gesellschaftsaquarium

ist eine Form des Aquariums, bei der in entsprechend großen Becken eine mehr oder weniger große Zahl von Fischen verschiedener Arten gemeinsam gepflegt wird. Es kommt dem Besitzer dabei weniger darauf an, spezifische Verhaltensweisen einer Art zu beobachten oder eine Fischart zu züchten, als vielmehr einen schönen Zimmerschmuck sein eigen zu nennen.
Das Gesellschaftsaquarium hat durchaus seine Daseinsberechtigung. Es bringt vielen Menschen die Freude, die mit der liebevollen Pflege lebender Tiere und Pflanzen verbunden ist. Das Gesellschaftsaquarium soll in erster Linie schön sein, aber dennoch sollte man bei der Zusammenstellung der Fisch- und Pflanzengesellschaft nicht wahllos verfahren. Vor allem vereine man nicht Pflanzen, Fische und andere Tiere miteinander, die auf Grund ihrer gänzlich anderen Lebensansprüche und Verhaltensweisen schlecht oder gar nicht zueinander passen. Es ist selbstverständlich, daß sich Raubfische und Friedfische nicht vertragen, ebensowenig wie sehr ruhige und sehr bewegliche Fische zueinander passen. Auch die Ernährungsweise der Fische muß einigermaßen übereinstimmen, und Fische und Pflanzen müssen sich in ihren Temperaturansprüchen ähnlich sein.
Es gibt aber noch eine Reihe feinerer Gesichtspunkte, die man berücksichtigen muß. So sind beispielsweise die meisten Salmler und Barben Schwarmfische, lieben also die Geselligkeit innerhalb der Art. Deshalb wäre es falsch, von jeder Art nur ein Paar pflegen zu wollen, da die Tiere sich dann nicht wohl fühlen und unter Umständen blaß und schwimmunfreudig zwischen den Pflanzen stehen. Besser ist es, von jeder Art einen kleinen Schwarm zu halten und lieber auf einige Arten zu verzichten. Demgegenüber lassen sich revierbildende Fische, wie die meisten unserer Buntbarsche, nicht in größerer Individuenzahl im Gesellschaftsbecken halten. Diese können vielmehr nur mit Fischen zusammen gepflegt werden, die ein völlig anderes Verhalten zeigen.

Kein buntes Allerlei soll also unser Gesellschaftsaquarium beherbergen, sondern eine wohlüberlegte Gesellschaft von Tieren und Pflanzen. Die Frage muß lauten: Welche Tiere und Pflanzen stimmen in ihren Lebensansprüchen überein und ergänzen sich in ihrer Lebensweise so, daß man sie gemeinsam pflegen kann?

Zur Erleichterung der Antwort sind auf den folgenden Seiten eine ganze Reihe von Beispielen zusammengestellt. Es werden unter Voranstellung der Temperaturansprüche – kalt, mäßig warm, warm – Fisch- und Pflanzengesellschaften vorgeschlagen, die nach den aufgezählten Hauptgesichtspunkten miteinander harmonieren, gleichzeitig aber auch dem Wunsch nach dekorativer Wirkung des Aquariums gerecht werden.
Es handelt sich dabei, wohlgemerkt, nur um Vorschläge, nach denen es jedem Leser unbenommen bleibt, die Auswahl zu erweitern, Umstellungen vorzunehmen oder gänzlich andere Gesichtspunkte walten zu lassen.
Bei der Zusammenstellung wurde auch versucht, die Tatsache zu berücksichtigen, daß sich viele Fische in einer bestimmten Zone des Wassers vorzugsweise aufhalten, z. B. unter der Oberfläche, in Wassermitte oder am Grunde. Wenn man dies berücksichtigt, können die Fische der Oberfläche und des Grundes ohne weiteres ruhig, die in den mittleren Wasserschichten aber lebhaft sein, ohne sich gegenseitig zu stören. In einem größeren Aquarium, in dem sich die Tiere aus dem Wege gehen können, werden solche abgegrenzte Lebensbereiche natürlich eher zu verwirklichen sein als in einem kleinen Becken.
Außerdem wurde versucht, die Herkunft der Fisch- und Pflanzenarten zu berücksichtigen, insbesondere auch den Gewässertyp, den sie in ihren Heimatgebieten vermutlich vorzugsweise bewohnen, so z. B., ob es sich um Fischgesellschaften des Baches, des Grabens, des Tümpels o. ä. handelt.

Es sei aber ausdrücklich darauf hingewiesen, daß hier sehr verallgemeinerte Annahmen des Verfassers zugrunde liegen, lediglich dazu bestimmt, dem Aquarienfreund die einigermaßen richtige Einrichtung seines Aquariums zu erleichtern.

Einheimische Fische aus dem Graben und dem Teich

Fische und Pflanzen aus stehenden bis langsam fließenden Gräben und aus dem Teich sind in der Regel recht gut haltbar, besonders wenn es sich um flache, von der Sonne erwärmte Gewässer handelt. Die hier lebenden Fische sind vorübergehender, auch höherer Erwärmung des Wassers gut angepaßt und nicht übermäßig sauerstoffbedürftig.

Pflanzen: Die Auswahl an geeigneten einheimischen Pflanzen ist recht groß. Bei der Wahl von feinfiedrigen Pflanzen, wie Tausendblatt, Hornkraut oder Wasserpest, müssen wir jedoch beachten, daß die Fische zum Teil stark gründeln und dementsprechend ein leistungsstarker Filter betrieben werden muß. Pflanzen mit flächigen Blättern wie Pfennigkraut, Berle, Unterwasserformen von Pfeilkraut und Froschlöffel, Graskalmus oder Laichkräuter sind besser geeignet. Sehr dekorativ wirken neben dem sattgrünen Pfennigkraut die rötlich-braunen Blätter des Krausen Laichkrautes. Für größere Aquarien sind die großblättrigen, jungen Stöcke der Gelben Seerose (Mummel) lange als Unterwasserform zu halten. Oberflächenpflanzen sind Froschbiß oder Wasserlinsen.

Tiere: Da wir ständig mit größeren Erwärmungen und Sauerstoffknappheit rechnen müssen, soll das Aquarium nicht zu dicht besetzt werden. Ein 6–7 cm langer Fisch auf 5 Liter Wasser. Es eignen sich Moderlieschen, Rotfeder, Karpfen, Karausche, Schlei und Schlammpeitzker bis zu einer bestimmten Größe.

An Kleintieren kann man unter Beachtung der Natur- und Artenschutzbestimmungen alle pflegen, die der Teich anzubieten hat: Schnecken, Muscheln, Krebse sowie Wasserinsekten und ihre Larven.

Lebensansprüche: Obwohl die empfohlenen Arten nicht sehr empfindlich sind, müssen klares Wasser, ausreichender Sauerstoffgehalt und im Winterhalbjahr kühlere Temperaturen (5–12 °C) gesichert sein. Im Sommerhalbjahr werden Temperaturen um 25 °C vertragen, solange kein Sauerstoffmangel (Luftschnappen) auftritt. Lebend- und Trokkenfutter sowie pflanzliche Beikost.

Dekoration: Vorbild ist die flache, sonnenbeschienene Teichbucht mit ihren Rohrbeständen. Möglichst dunkler, mittlerer bis grober Sand, der durchgehend gut gewaschen sein muß. Wenige Wurzeln und Rohrstengel. Rückwand 2.

Geräte: Eine Filterung mit gleichzeitiger Belüftungswirkung ist zweckmäßig.

Diese Fische können wieder etwas höhere Ansprüche an den Pfleger stellen als die Fische aus Teich oder Graben. Man muß sich also schon mehr Mühe geben, um sie längere Zeit im Aquarium zu halten. Immerhin ist die Beschaffenheit des Herkunftsgewässers mit ausschlaggebend; auf alle Fälle muß mit größerer Sauerstoffbedürftigkeit gerechnet werden.

Pflanzen: Es kommen alle die Pflanzen in Betracht, die wir beim Teichaquarium empfahlen. Wiederum ist anzuraten, nicht zu dicht zu bepflanzen, möglichst nur so, daß in den Ecken und an den Seiten Pflanzen stehen, während die Mitte für die sehr schwimmlustigen Fische frei bleibt.

Tiere: Wir rechnen einen 5–10 cm langen Fisch auf 5 Liter Wasser. Es eignen sich Rotfeder, Rotauge (Plötze), Aland (vor allem als Goldorfe), Jugendformen aller möglichen anderen «Weißfische», vor allem auch der Ukelei, der im Aquarium nicht gar so groß wird. Es ist besser, nur wenige Arten, dafür von jeder Art einen kleinen Schwarm zu pflegen. Da sich diese Fische vorzugsweise in der Nähe der Oberfläche und in der Wassermitte aufhalten, können wir noch einige Gründlinge einsetzen, um auch die Bodenregion zu beleben. Man wird alle diese Fische von Zeit zu Zeit gegen kleinere Exemplare austauschen müssen, da sie ziemlich groß werden können. Rotfedern kann man jahrelang halten, die anderen Arten werden nur vorübergehende Gäste im Aquarium sein. Als niedere Tiere können Schnecken und Dreikantmuscheln vergesellschaftet werden.

Lebensansprüche: Klares, sauerstoffreiches Wasser, wegen der unausbleiblichen schnellen Erwärmung im Aquarium ist ein häufiger Teilwasserwechsel Bedingung. Temperatur 5–20 °C, im Winterhalbjahr 5–12 °C. Lebend- und Trockenfutter sowie pflanzliche Beikost.

Dekoration: Uferzone mit viel Schwimmraum. Mittlerer Sand, einige flache Steine, im Hintergrund Rohr, evtl. auch Steine, die nach hinten zu Terrassen bilden und in die Rückwand 1 oder 4 überleiten. Auch ein Wurzelstock kann den Übergang bilden.

Geräte: Bei der angegebenen Besatzdichte ist ein Filter mit guter Belüftung vorzusehen.

Aquarium für einheimische Barsche

Ein solches Aquarium hat einen ganz anderen Charakter als die Gesellschaftsbecken, die wir bisher geschildert haben. Barsche sind durchweg ruhig und gemessen in ihren Bewegungen. Es sind Raubfische, die nur bei der Fütterung größeres Temperament entwickeln, dennoch aber durchaus nicht langweilig sind. Besonders junge Tiere, die für das Aquarium ausschließlich in Betracht kommen, können ziemlich lebendig sein.

Pflanzen: Da die Fische ruhig schwimmen und nicht wühlen, können wir auch feinfiedrige Pflanzen neben all den Gewächsen verwenden, die wir in den bisherigen Beispielen nannten. Vor allem kommen Kanadische Wasserpest, Hornkraut und Tausendblatt in Betracht, von denen die Wasserpest auch im Winter schön grün bleibt. Die Pflanzen sollen stellenweise in dichten Büschen stehen, um den Fischen Versteckplätze zu bieten. Die Wasseroberfläche können wir mit Froschbiß zum Teil abdecken.

Tiere: Wir rechnen einen 7–10 cm langen Fisch auf 10 Liter Wasser. Es eignen sich Flußbarsch, Kaulbarsch und Zander. Man wird die Fische von Zeit zu Zeit gegen kleinere Exemplare austauschen müssen, da sie ziemlich groß werden können. Wenn die Ernährung im Winter Schwierigkeiten bereitet, Tiere im Herbst wieder aussetzen!
Achtung! Tiere dürfen nur in das gleiche Gewässer ausgesetzt werden, aus dem sie entnommen wurden! Folgende Kleintiere können vergesellschaftet werden: Schnecken, Dreikantmuschel, Krebs.

Lebensansprüche: Klares, sauerstoffreiches Wasser, 5–20 °C (im Höchstfall!); an heißen Tagen ist ein Teilwasserwechsel notwendig. Bei anhaltenden heißen Tagen im Sommer ist der Teilwasserwechsel täglich durchzuführen. Die künstliche Beleuchtung (keine Glühlampen!) ist so zu installieren, daß eine Aufheizung des Wassers weitgehend verhindert wird. Nur lebende, kräftige Nahrung. Um Wasserverschlechterungen vorzubeugen, darf nur soviel gefüttert werden, wie sofort gefressen wird.

Dekoration: Vorbild ist die Rohrzone eines Gewässers. Mittlerer bis grober Sand, einige Steine, die auch eine Terrasse bilden können. In einer Ecke Rohrstengel. Rückwand 2 oder 4.

Geräte: Eine Filterung mit guter Belüftungswirkung ist auf alle Fälle zu betreiben.

Ein solches Aquarium ist etwas für den Liebhaber ruhiger Fische. Sonnenbarsche schwimmen verhältnismäßig wenig, sie stehen, wenn sie sich wohl fühlen, fast immer mit weitgespreizten Flossen zur Schau. Sie lieben in ihrer Heimat ruhige klare Gewässer mit Sand- oder Steingrund. Einige durch Liebhaber ausgesetzte Tiere haben sich stellenweise in Deutschland eingebürgert.

Pflanzen: Die Bepflanzung sollte ähnlich dem Barsch-Aquarium erfolgen. Die Auswahl können wir ergänzen durch die schönen Ludwigia-Arten, durch aus Nordamerika stammende, untergetaucht lebende, grasförmige Pfeilkräuter und durch die Sumpfschraube, die auch als Vallisnerie bekannt ist. Wasserklee, Graskalmus und Japanisches Schaumkraut eignen sich ebenfalls für dieses Aquarium.

Tiere: Bei der Auswahl der Fische ist entscheidend, ob wir ein kleineres oder größeres Aquarium besitzen. Für ersteres kommen Diamant- und Scheibenbarsche in Betracht; wir rechnen hier einen 4–8 cm langen Fisch auf mindestens 5 Liter Wasser. Für ein großes Aquarium können wir neben den genannten Arten auch alle größeren Sonnenbarsche wählen, meist aber den Gemeinen Sonnenbarsch. Mindestens 10 Liter Wasser pro Fisch ansetzen. Diese Angaben sind die äußerste Grenze. Wenn wir das interessante Revier- und Brutpflegeverhalten beobachten wollen, nur wenige Fische halten! Zwei Pärchen Sonnenbarsche in einem Meterbecken sind mehr als genug. Für Kleinstaquarien ist der Zwerg- oder Schwarzbarsch geeignet. Die nur 3,5 cm langen Fischchen können wir schon in einem Vollglasbecken halten und züchten.

Lebensansprüche: Klares, sauerstoffreiches Wasser, 10–22 °C, doch vertragen die Fische zeitweise höhere Wärmegrade. Überwinterung am besten bei 10–15 °C, zeitweise auch weniger. Es wird nur lebende Nahrung genommen; bei kühler Überwinterung ist der Nahrungsbedarf sehr gering.

Dekoration: Stellt eine felsige Uferpartie dar. Mittlerer bis grober Sand. Aus Steinen werden Terrassen gebaut. Rückwand 1. Bei kleineren Aquarien kann auch eine Rohrdekoration zu empfehlen sein.

Geräte: Da die Tiere während der Brutpflege Gruben ausheben, ist ein Filter mit entsprechender Belüftungswirkung notwendig.

Dieses Aquarium ist für Fische aus Bächen Indiens und Südostasiens bestimmt, die mit mäßigen Wärmegraden vorliebnehmen.

Pflanzen: Wir wählen Pflanzenarten aus, die gleich den hier in Betracht kommenden Fischen nur geringe Temperaturansprüche stellen. Da vor allem die Prachtbarben gern gründeln, beschränken wir uns auf Gewächse mit nicht zerteilten Blättern. In erster Linie sind das: Indischer Wasserstern, Graskalmus und Sumpfschraube, Bepflanzung nicht zu dicht, da die Fische lebhafte Schwimmer sind und hierzu Raum brauchen.

Tiere: Wir rechnen ohne Durchlüftung einen 4 bis 6 cm langen Fisch auf 3 l Wasser, mit Durchlüftung einen Fisch auf 2 l. Es eignen sich: Prachtbarben, Zebrabärbling und Kardinalfisch. Alle drei Arten sind Fische, die sich meist in Wassermitte aufhalten, gelegentlich aber auch den Grund oder die Wasseroberfläche aufsuchen.
An Kleintieren kommen nur tropische Wasserschnecken in Betracht.

Lebensansprüche: Sauberes und klares, nicht zu altes Wasser. Wenn auf die Zebrabärblinge verzichtet wird, kommt man mit normaler Zimmertemperatur aus. Dann genügen 18 bis 21 °C, zeitweise (unter Sonne oder im Sommer) mehr, zeitweise aber auch bis 12 °C absinkend, wenn auch nicht für dauernd. Nehmen wir aber die Zebrabärblinge mit hinzu, so müssen wir auf diese Rücksicht nehmen, und die Temperatur darf nicht unter 18 °C absinken. Sonne oder ausreichend Kunstlicht. Lebend- und Trockenfutter, zusätzlich einige aufgequollene Haferflocken oder Algen.

Dekoration: Bachlandschaft oder Ausschnitt aus einem Graben. Mittlerer Kies mit einigen flachen Steinen. Im Hintergrund einige Rohrstengel. Rückwand 1. Es empfiehlt sich, die oberste Deckschicht des Bodengrundes sehr sauber auszuwaschen, um einer Trübung des Wassers durch gründelnde Fische vorzubeugen.

Geräte: Durchlüftung oder Filter sind nur bei stärkerer Besetzung notwendig. Ohne die Zebrabärblinge kann im gut durchwärmten Zimmer auf Heizung verzichtet werden, ansonsten ist eine zusätzliche Beheizung für alle Fälle angebracht.

Aquarium für verschiedene südamerikanische Fischarten
Mäßig warm

Dieses Aquarium bietet die Möglichkeit, eine vielseitige Fischgesellschaft miteinander zu vereinigen, die geringe Wärmeansprüche stellt.

Pflanzen: Verzichten wir auf die Panzerwelse, so können auch Pflanzen mit feinzerteilten Blättern Verwendung finden, z. B. Haarnixe und Tausendblatt. Andernfalls wählen wir lieber Gewächse mit mehr oder weniger flächigen Blättern aus, z. B. Ludwigia, vor allem aber die Amazonas-Zwergschwertpflanze und die grasähnlichen Unterwasserformen amerikanischer Pfeilkräuter. Die dem Licht zugewandte Seite des Aquariums (falls es am Fenster steht) oder die Seiten (falls es künstlich beleuchtet ist) können mit einigen Büschen der Argentinischen Wasserpest bepflanzt werden, an der Oberfläche Riccia und Zwergwasserschlauch. Die drei letztgenannten Pflanzenarten benötigen reichlich Licht.

Tiere: Wir rechnen ohne Durchlüftung einen der 2,5 bis 5 cm langen Fische auf 3 l Wasser, mit Durchlüftung auf 1,5 l.
Wir wählen: Guppys (jeweils 2 bis 3 Männchen auf 1 Weibchen), Scheckenkärpflinge, Rote von Rio (paarweise oder die Männchen etwas in der Überzahl), Neonsalmler und Punktierte Panzerwelse. Die Guppys halten sich vor allem in der Wassermitte und unter der Oberfläche auf, die Roten von Rio in Wassermitte, die Neonsalmler mehr in den unteren Wasserschichten und die Panzerwelse am Grunde.
An Kleintieren kommen nur tropische Wasserschnecken in Betracht.

Lebensansprüche: Sauberes, nicht zu altes Wasser, 20 bis 22 °C. Temperatur nicht längere Zeit unter 18 °C. Einige Fische lieben Licht oder Sonne, andere benötigen Schatten- und Versteckplätze. Die Wasserwärme kann ohne weiteres auch höher steigen. Lebend- und Trockenfutter; die Welse nehmen die Nahrung am liebsten vom Boden!

Dekoration: Gewässerbucht. Mittlerer, oben sehr sauber gewaschener Sand, mit Torffasern abgedeckt, in denen die Welse gern gründeln. An der dunkelsten Stelle eine Wurzel oder eine Steinhöhle als Versteckplatz für die Welse. Rückwand 3 oder 4.

Geräte: Durchlüftung und Filter bei mäßiger Besetzung nicht unbedingt nötig, Heizung für kühlere Tage erforderlich.

Die Fische dieses Aquariums stammen aus fließenden Gewässern und Seen Südamerikas, von Trinidad bis Argentinien. Es sind durchweg anspruchslose Fische, sowohl was die Ernährung als auch die Wärmeansprüche betrifft.

Pflanzen: Eine reiche Auswahl von Wasserpflanzen steht zur Verfügung, doch empfiehlt es sich, nicht zu dicht zu bepflanzen, da die Fische durchweg sehr lebhafte Schwarmfische sind, die Platz zum Ausschwimmen benötigen. Die feingliedrigen Wasserpflanzen wie z. B. Haarnixe und Argentinische Wasserpest lassen wir lieber weg, falls wir Panzerwelse halten wollen. Geeignet sind ferner: Zwergschwertpflanze, Schmalblättrige Amazonas-Schwertpflanze, Unterwasserformen von Pfeilkräutern.

Tiere: Wir rechnen ohne Durchlüftung einen Fisch von 5 bis 8 cm Länge auf 4 l Wasser, mit Durchlüftung einen Fisch auf 2 bis 3 l. Geeignet sind: Rotflossensalmler, Zwergdrachenflosser, Rautenflecksalmler, Talerfisch, Rotaugen-Moenkhausia. Wenn man will, kann man noch den Goldstreifenpanzerwels hinzugesellen, der am Grunde lebt, während die übrigen Fische die mittleren Wasserschichten bevölkern, gelegentlich auch die Oberfläche aufsuchen. Haltung paarweise oder mit einem geringen Überschuß von Männchen.
An Kleintieren kommen lediglich tropische Wasserschnecken in Betracht.

Lebensansprüche: Klares, sauerstoffreiches Wasser, 20–23 °C, eher mehr als weniger. Mindesttemperatur von 18 °C nicht über längere Zeiträume, die Fische werden sonst blaß und schwimmunlustig. Lebend- und Trockenfutter mit pflanzlicher Beikost (abgestandener Salat, Frostspinat, Haferflokken). Insbesondere die Rautenflecksalmler sind Pflanzenfresser und vergreifen sich bei ungeeigneter Ernährung auch an den feingliedrigen Wasserpflanzen, deren Triebspitzen sie abweiden.

Dekoration: Mittlerer bis grober Sand, einige flache Steine, sparsame Verwendung von Rohr und einigen Wurzeln. Rückwand 2. Die Dekoration kann stark zurücktreten, da es vor allem darauf ankommt, dem Fisch reichlich Schwimmraum zu bieten.

Geräte: Durchlüftung und Filter können, ein Heizer muß vorgesehen werden.

Aquarium für südostasiatische Karpfenfische — Mäßig warm

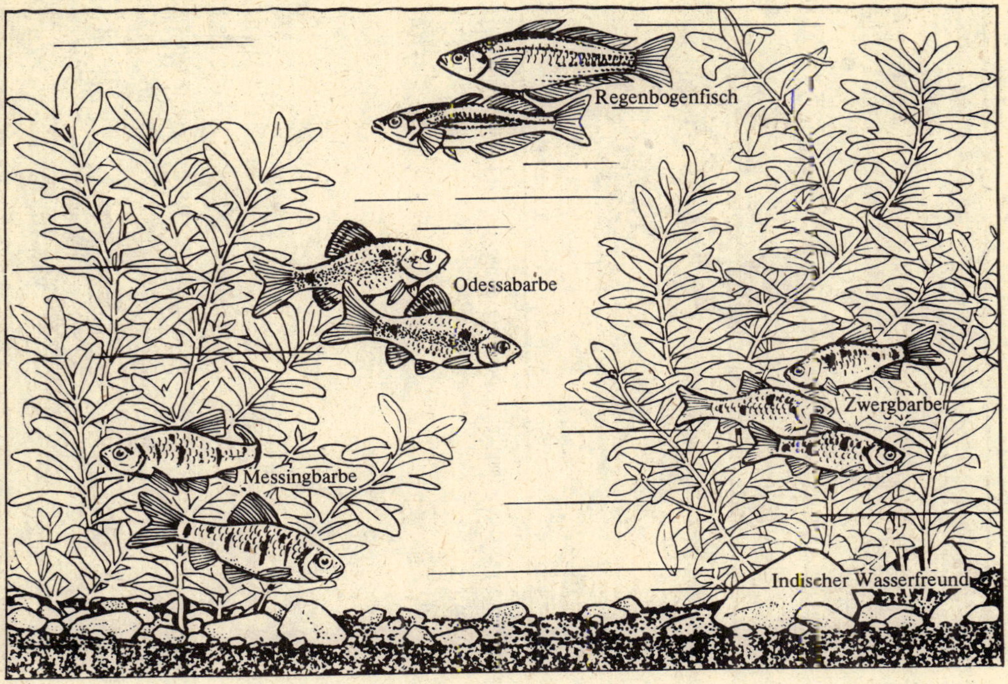

Die Fische dieses Aquariums stammen aus Bächen und Gräben Südostasiens von Indien bis China. Eine Art, der nicht zu den Karpfenfischen, sondern zu den Ährenfischen zählende Regenbogenfisch, kommt aus Australien.

Pflanzen: Da einige Fischarten gern gründeln, keine feingefiederten Pflanzen verwenden. Wir können Arten auswählen, die gleich den hier in Betracht kommenden Fischen keine großen Wärmeansprüche stellen: Sumpfschraube, Graskalmus, Indischer Wasserstern. Auch die Krause Wasserähre ist geeignet. Nicht zu dicht bepflanzen, damit für die sehr beweglichen Fische genügend Schwimmraum bleibt.

Tiere: Wir rechnen ohne Durchlüftung einen 4 bis 6 cm langen Fisch auf 3 l Wasser, mit Durchlüftung auf 2 l. Es eignen sich: Odessa-Barbe, Gelibarbe, Zwergbarbe, Messingbarbe und Regenbogenfisch. Die Fische leben im Schwarm, schwimmen in Wassermitte, am Bodengrund (in dem sie gern gründeln) oder an der Wasseroberfläche. Haltung paarweise oder mit einem Überschuß an männlichen Tieren. Eifersuchtskämpfe wirken sich günstig auf die Färbung aus. An Kleintieren: tropische Wasserschnekken.

Lebensansprüche: Klares, nicht zu altes, für einen Teil der Fische auch sauerstoffreiches Wasser, etwa 20 bis 23 °C. Da die Mindesttemperaturen bei den genannten Arten nicht einheitlich sind, Temperatur nicht unter 18 °C absinken lassen. Sonne ist erwünscht, kann jedoch durch Kunstlicht ersetzt werden. Lebend- und Trockenfutter, zusätzlich Pflanzennahrung (abgestandener Salat, Frostspinat, überbrühte Haferflocken, Algen).

Dekoration: Mittlerer bis grober Kies, einige flache Steine, Deckschicht des Bodengrundes besonders gut gewaschen, um Trübungen zu vermeiden. Auflage von überbrühtem und ausgewaschenem Torf. Rohrstengel an den Seiten oder im Hintergrund. Rückwand 2.

Geräte: Falls feinfiedrige Pflanzen verwendet werden, ist eine Filterung erforderlich. Ein Heizer ist unbedingt vorzusehen.

Von den in Süd- und Mittelamerika beheimateten Lebendgebärenden Zahnkarpfen sind einige Arten zu ständigen Aquarienfischen geworden. Von vielen Arten gibt es sehr schön gefärbte Zuchtformen.

Pflanzen: Es können Pflanzen ausgewählt werden, die dichte Bestände bilden, zwischen denen die Jungfische Schutz vor den Nachstellungen der erwachsenen Tiere finden. Es eignen sich: Argentinische Wasserpest, Haarnixe, Sumpfschraube, Zwergschwertpflanze. Die Oberfläche kann mit Schwimmfarnen und Riccia abgedeckt werden. Als Versteck für die Jungfische ist auch Zwergwasserschlauch geeignet, der unter der Wasseroberfläche schwimmt. Die Bepflanzung soll nur an den Lichtseiten dichter sein. Es muß Schwimmraum für die bewegungslustigen Fische bleiben. Will man keine Jungfische großziehen, so kann die dichte Bepflanzung ganz wegfallen.

Tiere: Wir rechnen ohne Durchlüftung einen der 4 bis 6 cm langen Fische auf 3 l Wasser, mit Durchlüftung auf 2 l, vorausgesetzt, daß es sich nicht um sehr große Exemplare von Schwertträgern o. ä. handelt.
Es eignen sich
a) Zwergkärpfling – Guppy;
b) Poecilia-Arten (Mollinesien, Limia) – Schwertträger und ihre Zuchtformen – Platys und ihre Zuchtformen
c) Scheckenkärpfling – Goldgambuse – Guatemalakärpfling.

Die Fische bewegen sich in allen Wasserschichten. Wir pflegen, wenn wir unerwünschte Kreuzungen verhüten wollen, nur Männchen, oder wir halten die Fische paarweise, nach Arten getrennt. Zu viele Männchen bedrängen die Weibchen zu stark.
Kleintiere: Tropische Schnecken.

Lebensansprüche: Gut haltbar bei Temperaturen von 20–26 °C, insbesondere die Limia-Arten und unsere Black-Mollys brauchen viel Wärme. In Wasser mit zu geringem Salzgehalt (meist in Gebirgsgegenden) ist eine Aufsalzung mit Kochsalz (etwa eine Handvoll auf 100 Liter Wasser) erforderlich, wenn die Tiere mit angelegten Flossen «schaukeln». Kleines Lebend- und Trokkenfutter, unbedingt pflanzliche Beikost (Algen, abgestandener Salat, Haferflocken).

Dekoration: Mittelfeiner Sand, Wurzeln und Rohr. Rückwand 2.

Geräte: Durchlüftung und Filter können vorgesehen werden, Heizung ist, mindestens zeitweise, unbedingt erforderlich.

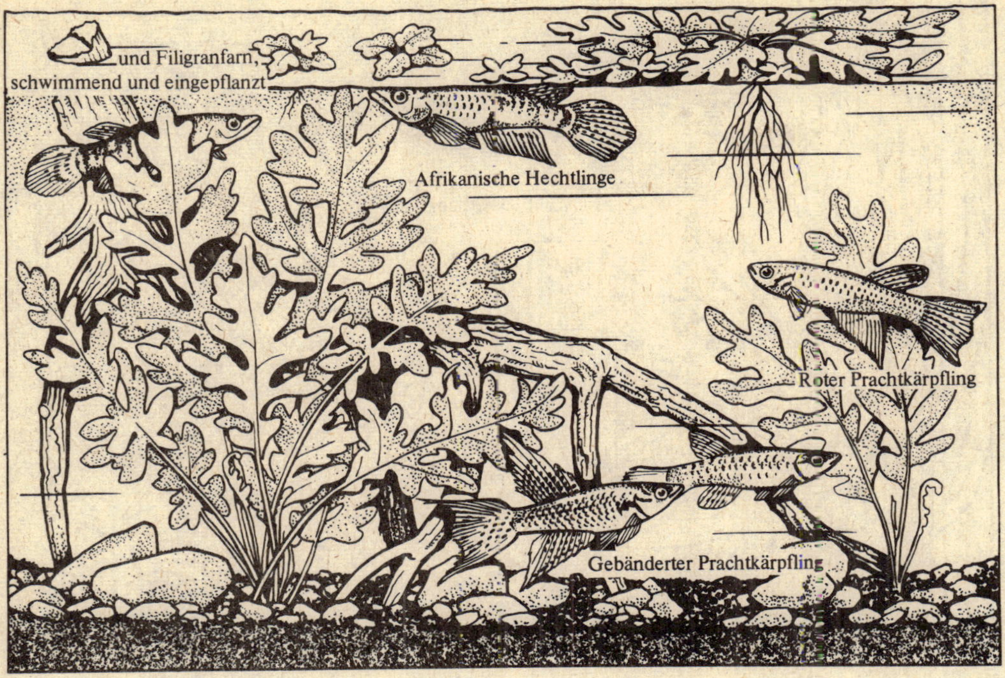

Dieses Aquarium hat den Charakter eines flachen, pflanzenreichen, zum Teil beschatteten Kleingewässers.

Pflanzen: Wir wählen Pflanzen aus, die keine übermäßige Wärme beanspruchen, aber auch mit unterschiedlichen Lichtverhältnissen auskommen. Vor allem eignen sich: Indischer Wasserstern, Zwergschwertpflanze, Härtels Wasserkelch; an die helleren Stellen pflanzen wir Wasserähren und Indischen Wasserwedel. Bei zu heller Belichtung decken wir die Oberfläche zum Teil mit Schwimmfarnen ab, um beschattete Partien im Aquarium zu schaffen. Nicht zu dicht bepflanzen, sondern auch die Dekorationsmittel (Holz) zur Geltung kommen lassen.

Tiere: Wir rechnen ohne Durchlüftung einen der 4 bis 6 cm langen Fische auf 3 l Wasser, mit Durchlüftung auf 2 l.
Es eignen sich: Prachtkärpfling «Kap Lopez», Gebänderter Prachtkärpfling, Rotsaum-Prachtkärpfling, Roter Prachtkärpfling und andere friedliche Arten der gleichen Gattung, ferner der Querbandhechtling und der Kubabachling. Die Fische halten sich vornehmlich in den mittleren Wasserschichten auf oder in der Nähe des Bodens, der Querbandhechtling bevorzugt die oberen Wasserschichten, und der Bachling ist ein ausgesprochener Oberflächenfisch, der auch gern auf den Schwimmpflanzen aufliegt. Haltung am besten paarweise. Kleintiere: Tropische Schnecken, vor allem die Turmdeckelschnecken.

Lebensansprüche: Klares, aber nicht zu frisches Wasser, 20–24 °C. Bei stärkerer Belichtung muß für Schattenplätze gesorgt werden. Lebendfutter, vor allem Mückenlarven.

Dekoration: Feiner bis mittlerer Sand mit einer Auflage aus überbrühtem und ausgedrücktem Torf. Einige Wurzeln verstärken den dunklen Gesamtcharakter des Beckens, auch können Wurzeln einer Monstera, ins Aquarium geleitet, sehr wirkungsvolle Motive ergeben. Der Bodengrund kann terrassenartig nach hinten ansteigen. Rückwand 3 oder 4.

Geräte: Durchlüftung und Filter sind nicht dauernd erforderlich, können aber vorgesehen werden. Heizung ist auf alle Fälle notwendig.

Aquarium für kleine südasiatische Bärblinge

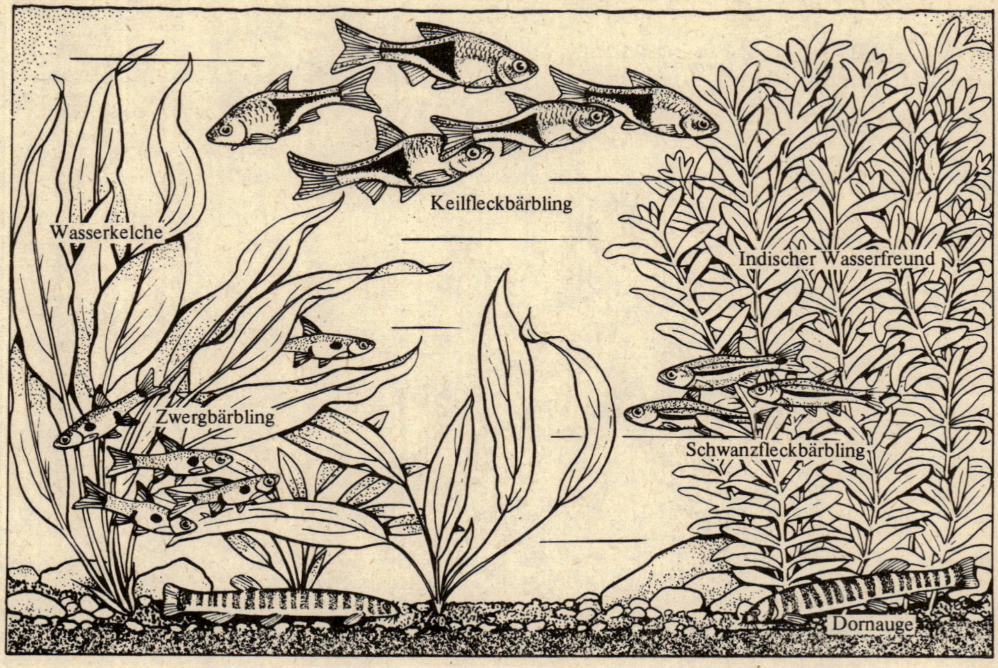

Hier kommen wir mit kleinen bis mittleren Aquarien gut aus. Sie können den Charakter eines tropischen Grabens mit dunklem Untergrund tragen.

Pflanzen: Wir wählen wärmeliebende Pflanzen aus, da es auch die Fische recht warm haben wollen. Gut eignen sich Wasserkelche verschiedener Arten. Am besten gedeihen diese, wenn sie von unten her Wärme erhalten. Da sie keine übermäßigen Lichtansprüche stellen, können wir ihnen den lichtabgewandten Platz im Aquarium geben. Besser belichtete Stellen bepflanzen wir mit: Indischem Wasserstern, Unterwasserfarn, Sumpffreund; letzteren in dichtem Busch. An der Oberfläche Schwimmfarn.

Tiere: Wir rechnen ohne Durchlüftung einen der 2 bis 3 cm langen Fische auf 2 l Wasser, mit Durchlüftung auf 1 l.

Wir wählen: Keilfleckbärbling, Zwergbärbling und Schwanzfleckbärbling. Diese Fische bevorzugen die Wassermitte. Wenn wir wollen, können wir noch den zierlichen Madrashechtling als Oberflächenfisch hinzunehmen und den Grund mit einigen der hübschen tropischen Dornaugen beleben.

An Kleintieren kommen nur tropische Schneckenarten in Betracht, vor allem Turmdeckelschnecken, die viel Wärme lieben.

Lebensansprüche: Klares, sauerstoffreiches, aber nicht zu frisches Wasser, 23 bis 28 °C; die Temperatur soll nicht dauernd unter 21 °C sinken. Gelegentlich Sonne ist erwünscht, eine übermäßige Bestrahlung aber nicht. Gegen zu starke Belichtung sollte die Oberfläche mit Schwimmpflanzen abgedeckt werden. Kleines Lebend- und Trockenfutter; die Dornaugen fressen auch gern vom Boden.

Dekoration: Feiner bis mittlerer Sand, darauf eine Schicht von überbrühtem und ausgedrücktem Torf. Ein paar flache Steine, einige Wurzeln oder Rohrstengel schaffen schattige Winkel und Verstecke. Rückwand 4.

Geräte: Durchlüftung und Filter können vorgesehen werden, sind aber bei angemessener Besetzung nicht unbedingt notwendig. Ein Heizer ist unter allen Umständen erforderlich und muß mit Ausnahme der heißen Tage immer in Betrieb sein.

Aquarium für Ziersalmler und Panzerwelse **Warm**

Dieses Aquarium mit Fischen aus dem tropischen Südamerika kann den Charakter einer Uferlandschaft mit Rohr und Gras tragen.

Pflanzen: Wir wählen Pflanzen aus, die teils Wärme und Licht lieben, teils aber auch im Schatten gedeihen. Es stehen uns zur Verfügung: Unterwasserformen von Pfeilkräutern, Haarnixe, die schmalblättrige Amazonas-Schwertpflanze und die Amazonas-Zwergschwertpflanze. Die Haarnixen können in Büschen stehen und so den Fischen Versteckplätze bieten, die sie gelegentlich gern benutzen. Die Oberfläche kann zum Teil mit dem Südamerikanischen Froschbiß abgedeckt werden.

Tiere: Wir rechnen ohne Durchlüftung einen der 3 bis 6 cm langen Fische auf 3 l Wasser, mit Durchlüftung auf 2 l.
Wir wählen: Ziersalmler, Roter Ziersalmler oder andere Arten aus der Gruppe der Ziersalmler, dazu Schrägsteher, Neonsalmler und einige kleinere Panzerwelse und Bachlinge. Die Ziersalmler schwimmen meist in den mittleren Wasserschichten, die Schrägsteher bevorzugen die mittleren und oberen Wasserschichten, die Welse halten sich am Grunde auf, und die Bachlinge stehen dicht unter der Oberfläche oder liegen sogar auf den Schwimmpflanzen in der Sonne oder in der Wärme der Glühlampe. Kleintiere: tropische Schnecken.

Lebensansprüche: Klares, nicht zu frisches Wasser, 23 bis 26 °C; die Temperatur soll nicht dauernd unter 21 °C sinken. Gelegentliche Sonne ist erwünscht, kann aber auch durch ausreichend Kunstlicht ersetzt werden. Durch die Abdeckung mit Schwimmpflanzen kann für Halbschatten gesorgt werden. Sehr kleines Lebend- und Trockenfutter; die Schrägsteher fressen nicht mehr, was zu Boden gesunken ist, die Welse fressen am liebsten vom Grunde.

Dekoration: Feiner bis mittlerer Sand. Ein kleiner Wurzelstock und einige Rohrstengel im Hintergrund bzw. an den Seiten. Ersterer oder ein Stück altes Holz am Boden können Unterschlupf für Welse bieten. Rückwand 3 oder 4.

Geräte: Durchlüftung und Filter können vorgesehen werden, sind aber bei angemessener Besetzung nicht unbedingt notwendig. Ein Heizer ist jedoch erforderlich.

Dieses Aquarium kann den Charakter der flachen, pflanzenbestandenen Bucht eines größeren Gewässers tragen, die teilweise von der Sonne beschienen wird, teilweise im Schatten von Schwimmpflanzen und überhängenden Uferpflanzen liegt.

Pflanzen: An Pflanzen wählen wir eine der zierlichen Sumpffreund-Arten, deren fein zerteilte Blätter in schönen Rosetten stehen. Sie werden in einer Ecke im dichten Busch eingesetzt und können die Wurzelpartie flankieren, die Versteckplatz für den Blaubarsch ist. In unmittelbarer Nähe kann ein Exemplar des vielgestaltigen Indischen Wasserwedels stehen, doch muß berücksichtigt werden, daß diese Pflanze bei günstigen Lichtverhältnissen viel Platz beansprucht.
An der gegenüberliegenden Schmalseite können dichte Bestände des Unterwasserfarnes stehen, der auch Geweihfarn oder, in einer Form mit zerschlissen wirkenden Blättern, Sumatrafarn genannt wird. In der Mitte des Beckens können Wasserkelche eine Gruppe flacher Steine flankieren. Es eignen sich besonders Nevills Wasserkelch und Härtels Wasserkelch. Die Oberfläche kann mit Schwimmfarnen abgedeckt werden.

Tiere: Wir rechnen ohne Durchlüftung einen der 3 bis 8 cm langen Fische auf 4 l Wasser, mit Durchlüftung auf 2 bis 3 l. Die mittleren Wasserschichten werden vornehmlich von einigen der schwimmgewandten Barben Indiens, Indonesiens oder Ceylons beherrscht. Wir wählen solche Arten aus, die ruhige pflanzenbestandene Gewässerteile lieben. Dies sind: Gürtelbarben, Purpurkopfbarbe, Ceylonbarbe, Bitterlingsbarbe.
An einer Seitenwand des Beckens gönnen wir dem einsiedlerisch lebenden Blaubarsch ein Höhlenversteck. Die Oberfläche beleben wir mit einigen der grün- und goldglänzenden Streifenhechtlinge. Es entspricht durchaus natürlichen Verhältnissen, wenn wir bei genügender Größe des Aquariums noch ein Paar Spitzschwanzmakropoden oder Fadenfische in diese Gesellschaft bringen.

Lebensansprüche: Die Pflanzen dieses Aquariums lieben viel Licht, doch können wir mit Schwimmpflanzen das Übermaß abdecken und den Halbschatten schaffen, den viele der Fische schätzen, die hier vorgeschlagen sind. Fische und Pflanzen lieben Wärme. Die günstigste Temperatur liegt bei 24 bis 26 °C, kann aber auch bis 30 °C an-

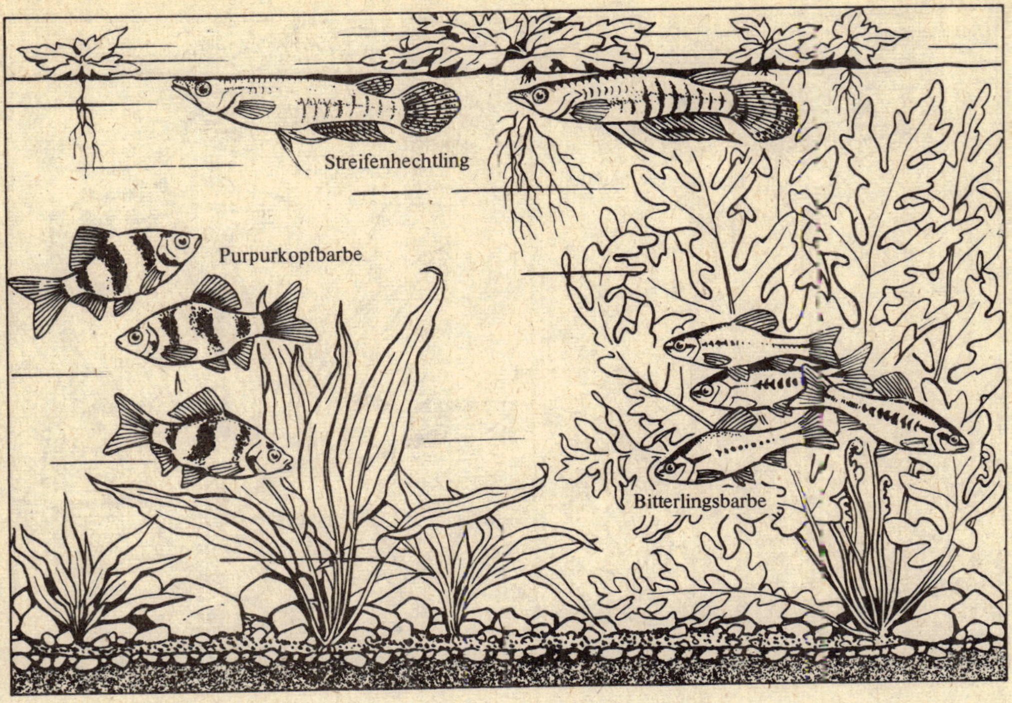

steigen. Das Wasser möchte klar und nicht zu frisch, aber auch nicht zu alt sein. Es empfiehlt sich, monatlich einmal ein Viertel des Wassers abzuziehen und durch Frischwasser zu ersetzen. Die Ernährung der Barben ist nicht schwierig. Sie nehmen im Wechsel jedes Lebend- und Trockenfutter entsprechender Größe. Etwas mehr Mühe müssen wir uns mit dem Blaubarsch und dem Streifenhechtling sowie mit den Spitzschwanzmakropoden und den Fadenfischen geben. Der Blaubarsch nimmt nur lebendes Futter, die anderen Arten bevorzugen es zum Teil. Wir müssen darauf achten, daß die flinken Barben den anderen Fischen nicht alles wegschnappen. Gegebenenfalls müssen Futtertiere, die nicht umherschwimmen, in die Nähe der Standplätze dieser Fischarten gebracht werden. Der Hechtling liebt große Bissen, sehr gern nimmt er Fliegen und andere Insekten.

Dekoration: Als Bodengrund nehmen wir nicht zu feinen Sand, den wir in der oberen Schicht gut auswaschen und mit überbrühten und ausgedrückten Torffasern belegen. Dadurch schaffen wir einen dunklen Untergrund, der dem Charakter der Landschaft entspricht. Die Barben gründeln sehr gern darin, ohne bei Torfabdeckung das Becken zu verschmutzen. Eine Wurzel und evtl. eine Kokusnußschale schafft den Blaubarschen das notwendige Versteck, in dem sie ihr Sonderleben führen können. Stellenweise kann dicht bepflanzt werden, doch muß für die Barben auch genügend Raum zum Schwimmen bleiben.
Rückwand 3 oder 4.

Geräte: Durchlüftung und Filter können vorgesehen werden, wenn das Becken stark besetzt ist; eine Heizung ist unbedingt erforderlich.

Aquarium für südamerikanische Salmler aus Waldgewässern

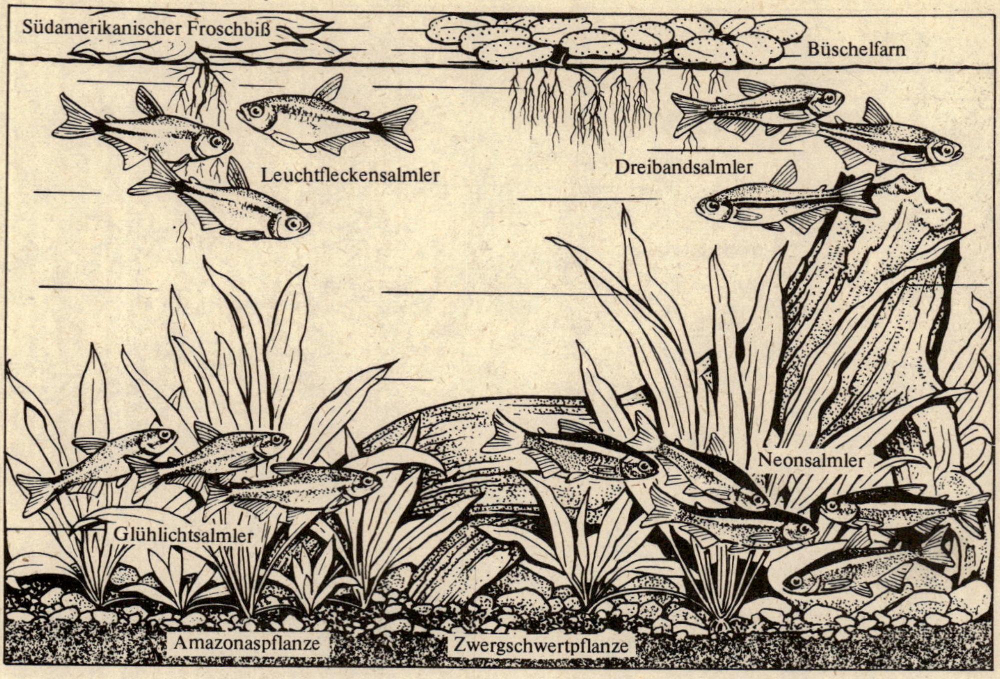

Dieses Aquarium vereint alle die Salmlerarten, die aus dunklen, überschatteten Gewässern des Regenwaldes stammen und Leuchtflecken o. ä. tragen.

Pflanzen: Die Bepflanzung muß Rücksicht auf die nicht zu starke Beleuchtung nehmen. Besonders gut geeignet ist die sehr anpassungsfähige Amazonas-Zwergschwertpflanze. Auch verschiedene Arten von Wasserkelchen (die zwar südasiatischer Herkunft sind) können Verwendung finden, da sie zwar Wärme benötigen, aber geringe Lichtansprüche stellen. Zu starker Lichteinfall kann evtl. durch Schwimmfarne und Südamerikanischen Froschbiß abgedämmt werden. Nicht zu dicht bepflanzen, besser die Wirkung der Dekorationsmittel zur Geltung bringen. Es muß Platz zum Ausschwimmen bleiben.

Tiere: Wir rechnen ohne Durchlüftung einen der 3 bis 4 cm langen Fische auf 3 l Wasser, mit Durchlüftung auf 2 l.
Wir wählen: Leuchtfleckensalmler, Karfunkelsalmler, Neonsalmler, Glühlichtsalmler und Dreibandsalmler. Lieber mehr Tiere einer Art als zuviel verschiedene Arten nehmen, da die Leuchtfarben der Tiere dann besser hervortreten!
Die Fische bewegen sich in allen Wasserschichten, vornehmlich aber in Wassermitte. Lediglich die Neonsalmler halten sich gern in Bodennähe auf. Haltung paarweise oder mit einem Überschuß männlicher Tiere.
Kleintiere: Tropische Schnecken.

Lebensansprüche: Klares, sauerstoffreiches, nicht zu frisches, aber auch nicht zu altes Wasser, 21 bis 25 °C, nicht zuviel Licht, evtl. mit Schwimmpflanzen Halbschatten schaffen. Feines Lebend- und Trockenfutter im Wechsel, auch etwas Pflanzennahrung (Algen, abgestandener Salat, Frostspinat).

Dekoration: Mittelfeiner Sand. Der Bodengrund kann nach hinten terrassenförmig ansteigen. Terrassensteine: Schiefer oder Steinholz. Einige Wurzeln können den dunklen Gesamtcharakter des Bodens wirkungsvoll unterstützen. Es können auch Luftwurzeln von Monstera ins Becken geleitet werden. Rückwand 3.

Geräte: Durchlüftung und Filter können vorgesehen werden, Heizung ist unbedingt erforderlich.

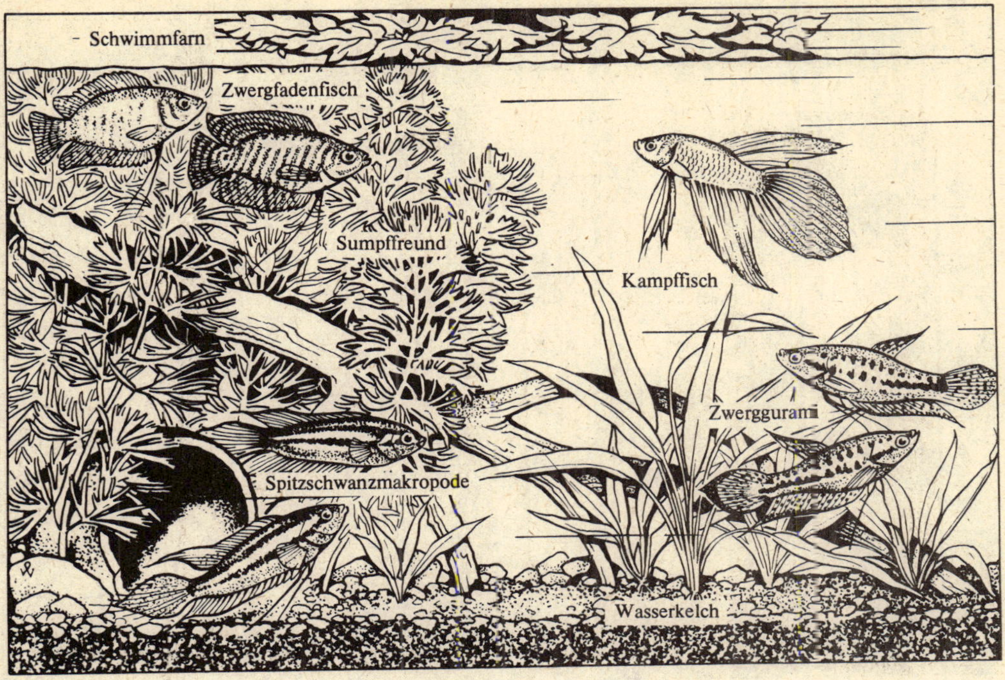

Dieses Aquarium kann den Charakter eines flachen sonnendurchwärmten tropischen Tümpels besitzen. Wir kommen mit kleineren Behältern aus.

Pflanzen: Wir wählen solche Gewächse, die Licht und Wärme lieben. Sie können eine Wildnis bilden. Wir lassen sie wachsen und beschneiden nur, wo es unbedingt notwendig ist. Günstig sind Unterwasserfarn, sowohl die breitblättrige Form als auch der sogenannte Sumatrafarn mit seinen fein zerteilten Blättern, sowie Sumpffreund und verschiedene Wasserkelche. Auch Indischer Wasserstern und, in größeren Aquarien, Riesenwasserstern und Indischer Wasserwedel sind gut geeignet. Die Oberfläche kann mit Schwimmfarnen abgedeckt werden.

Tiere: Wir rechnen einen der 3 bis 6 cm langen Fische auf 2 l Wasser. Durchlüftung ist unnötig, da es sich bei diesen Fischen um Oberflächenatmer handelt (Labyrinthfische). Es eignen sich: Zwergfadenfisch, Knurrender Zwerggurami, Roter Spitzschwanzmakropode, Kampffisch. Die Fische schwimmen in allen Wasserschichten; Haltung am besten paarweise. Es ist möglich, daß es zu Kämpfen kommt, das muß erprobt werden.

Wer ein größeres Aquarium besitzt, der kann dieser Fischgesellschaft auch noch die größeren Fadenfische, z. B. Punktierter Fadenfisch, Blauer Fadenfisch, Dicklippiger Fadenfisch u. a. zugesellen. Auch der Blaubarsch paßt zu den genannten Fischen. Kleintiere: keine.

Lebensansprüche: Klares Wasser, nicht zu frisch. Die Fische sind wärmebedürftig: 23 bis 26 °C oder mehr. Sonne ist erwünscht, doch kann man sich ersatzweise mit künstlicher Beleuchtung helfen. Vor allem Lebendfutter; Trockenfutter zusätzlich.

Dekoration: Feiner bis mittlerer Sand, mit einer Auflage von überbrühtem und ausgedrücktem Torf. Ein Wurzelstock oder einige Wurzeln können den Eindruck der Urwüchsigkeit verstärken. Auch hier können wir die Wurzeln eines Philodendron ins Wasser leiten, die sich schnell reich verzweigen. Rückwand 4.

Geräte: Durchlüftung und Filter sind nicht selten überflüssig, da die Fische von der Oberfläche Luft aufnehmen. Heizung ist unbedingt erforderlich.

Dieses Aquarium kann den Charakter einer mit viel Wurzelwerk und Versteckmöglichkeiten versehenen Uferregion eines Urwaldbaches besitzen.

Pflanzen: Mit kräftigen Pflanzen wie der Amazonas-Schwertpflanze, aber auch mit Gruppen robuster Stengelpflanzen wie den Sumpffreund-Arten oder Ludwigien werden vorwiegend die Reviergrenzen markiert. Um eine gute Deckung der Reviere zur Wasseroberfläche hin zu erreichen, lassen sich gut gewässerte Äste und Wurzeln mit Schwarzwurzelfarn dekorieren, indem man diesen mit durchsichtiger dünner Angelsehne aufbindet. Das eigentliche Revier der Fische bleibt weitgehend pflanzenfrei und übersichtlich. Im Zentrum wird ein flacher Stein (Offenbrüter) gelagert oder eine Höhle (Höhlenbrüter) gestaltet.

Tiere: Die Besatzdichte wird durch das ausgeprägte Revierverhalten der Fische bestimmt. Ein Paar beansprucht mindestens eine Grundfläche von 30 mal 50 cm. Es eignen sich:

a) Offenbrüter: Gebänderter Zwergbuntbarsch, Tüpfelbuntbarsch, Schmetterlingsbuntbarsch,

b) Versteck- oder Höhlenbrüter: Gelber Zwergbuntbarsch, Kakadu-Zwergbuntbarsch, Buntschwanz-Zwergbuntbarsch, Weinroter Prachtbarsch, Schachbrett-Buntbarsch, Gabelschwanz-Tanganjikabuntbarsch.

Da alle Zwergbuntbarsche vorwiegend die Bodenregionen beanspruchen, können die oberen Wasserschichten mit größeren Salmlern oder lebendgebärenden Zahnkarpfen bevölkert werden. Kleintiere: keine.

Lebensansprüche: Die Bedingungen für südamerikanische und westafrikanische Zwergbuntbarsche sind weitgehend ähnlich. Sie benötigen salzarmes und sauberes Wasser. Dagegen fühlen sich die Zwergbuntbarsche aus dem Tanganjikasee erst in salzhaltigerem Wasser wohl. Die Fische sind wärmebedürftig: 24–26 °C. Kräftige Ernährung mit Lebendfutter erforderlich. Trockenfutter möglichst nur vorübergehend geben.

Dekoration: Feiner bis mittlerer, dunkler Kies, Höhlen aus Steinaufbauten oder Kokosnußschalen. Viele Wurzeln und Versteckmöglichkeiten. Rückwand 3.

Geräte: Durchlüftung und Filterung sind bei sparsamem Besatz überflüssig, bei zusätzlicher Besetzung mit Beifischen zweckmäßig. Heizung ist unbedingt erforderlich.

Aquarium für Malawi-Maulbrüter

Dieses möglichst große Aquarium vereint maulbrütende Buntbarsche aus dem Malawisee und soll den Charakter einer Felsküste (Geröllzone) besitzen.

Pflanzen: Normalerweise sind Wasserpflanzen in diesem Biotop nicht vorhanden, aus Dekorationsgründen können im Aquarium sehr harte Arten wie Speerblätter oder Stufenfarn so zwischen den Steinen gepflanzt oder angebracht werden, daß sie von den Fischen nicht herausgerissen werden können. Die Wasseroberfläche decken wir mit Muschelblume oder Schwimmfarn ab.

Tiere: Im Gegensatz zu fast allen anderen Buntbarschen soll bei Malawi-Maulbrütern möglichst kein Paar, sondern eine kleine Gruppe jeder Art gepflegt werden. Ein Weibchenüberhang ist empfehlenswert, damit die brütenden Weibchen nicht ständig von den Männchen gejagt werden. Wir rechnen einen der 10–12 cm langen Fische (kleinere Arten) auf 10 Liter Wasser. Das bedeutet, daß man in einem 100-l-Becken maximal zwei Arten zu je einer Gruppe von fünf Tieren halten kann. Daraus ist erkennbar, daß ideale Aquarien für Malawi-Maulbrüter wesentlich größer sind. Empfehlenswerte Arten sind: Türkisgoldbarsch, Chamaeleon-Maulbrüter, Malawi-Schmalbarsch, Prachtmaulbrüter, Spitzkopfmaulbrüter. Kleintiere: keine.

Lebensansprüche: Klares, mittelhartes Wasser bei Temperaturen zwischen 23–28 °C. Kräftiges Lebend- und Kunstfutter, bewährt hat sich als Ersatzfutter eine Mischung von Rinderherz, Weizenkeimen und Weizenkeimöl, die mit Gelatine eingedickt wird und im Kühlschrank bis zu einer Woche gehalten werden kann. Die recht robusten Fische haben einen entsprechend hohen Stoffumsatz, bei Verfütterung von Kunstfutter können zusätzlich durch Futterreste Wasserverunreinigungen entstehen. Eine leistungsfähige Filterung des Wassers ist unumgänglich.

Dekoration: Feiner bis mittlerer Kies, Steinaufbauten bis zur Wasseroberfläche mit vielen Schlupflöchern, Spalten und anderen Versteckmöglichkeiten (Gewicht beachten!). Es sollen mehr Höhlen vorhanden sein als Fische im Aquarium! Durch diese Aufbauten entfällt in der Regel eine besondere Rückwandgestaltung, sonst Rückwand 1.

Geräte: Leistungsstarker Injektorfilter, bei größeren Aquarien ein über Kreiselpumpe betriebener Filter sowie eine Heizung sind unbedingt erforderlich.

Noch viele andere Möglichkeiten bestehen, bunte und doch wohlüberlegte Fischgesellschaften zusammenzustellen. Wir konnten auf den vorhergehenden Seiten nur eine kleine Auswahl treffen. Der aufmerksame Leser wird gewiß bemerkt haben, daß wir uns bemühen, dabei auch geographische Gesichtspunkte zu berücksichtigen. Wir haben mit dem Heimataquarium angefangen, und daraus ergab sich das fast zwangsläufig. Läßt man jedoch die geographische Herkunft von Tieren und Pflanzen außer acht, so erweitern sich die bestehenden Möglichkeiten noch beträchtlich. Nachstehend folgen noch einige allgemeinere Vorschläge, die die Auswahl von Fischen und Pflanzen erleichtern sollen.

Schwarmfische

1. Aquarientyp
Das Aquarium hat den Charakter eines nur wenig mit Pflanzen bestandenen Baches, der Uferzone eines Flusses oder einer Bucht in einem See.

Dekoration: Bodengrund mittelfeiner bis grober Sand, einige runde, flache Steine in Gruppen, Rohr oder Bambus als Dekorationsmittel, Rückwand 2.

Kleinere Fische: Zebrabärbling, Schillerbärbling, Tüpfelbärbling o. ä., Flugbärbling, längsgestreifte Rasbora-Arten, Zwergbarbe, Prachtbarbe und ähnliche Arten.
Rotflossensalmler, Rotmaulsalmler, Kupfersalmler, Brillantsalmler, Costellosalmler, Zwergdrachenflosser, Beilbäuche.

Etwas größer werdende Fische: Everetts Barbe, Schwarzbandbarbe, Malabarbärbling, Devariobärbling; dazu Regenbogenfische, Saugschmerlen.

Lebensansprüche: Die meisten dieser Fische lieben klares, sauerstoffreiches, nicht zu altes Wasser, Sonne (ersatzweise ausreichend Kunstlicht) und viel Raum zum Schwimmen. Die Bepflanzung soll daher nicht zu dicht sein. Dekorationsmittel werden nur sparsam verwendet. Temperaturen am besten zwischen 22 und 24 °C; die Ansprüche in dieser Hinsicht sind nicht ganz übereinstimmend. Ernährung durchgängig mit Lebend- und Trockenfutter entsprechender Größe, zusätzlich auch mit pflanzlicher Kost (abgestandener Salat, Frostspinat, Algen, überbrühte Haferflocken).

Geräte: Ein Filter mit einer guten Durchlüftungswirkung ist anzuraten, da diese Arten nur im Schwarm ihre optimale Färbung und ihr natürliches Verhalten zeigen und deshalb eine gewisse Überbesetzung bei Vergesellschaftung mehrerer Arten kaum zu umgehen ist. Insbesondere Barben gründeln gern, und ohne Filter würden die feinfiedrigen Wasserpflanzen schnell mit Mulm durchdrungen sein. Unter allen Umständen muß geheizt werden.

2. Aquarientyp
Das Aquarium hat den Charakter pflanzenreicher Gräben, Buchten oder von Seitenarmen größerer Gewässer. Das Wasser steht oder fließt langsam. Holzeinlagerungen und dichte Pflanzenbestände, die mit freien Stellen wechseln, bieten Versteckmöglichkeiten.

Dekoration: Bodengrund mittelfeiner Sand, mit einer Auflage von überbrühtem Torf, einige runde flache Steine in Gruppen. Als Dekorationsmittel können vor allem Wurzeln und Rohr verwendet werden. Rückwand 2 oder 4.

Fische: Keilfleckbarbe, verschiedene Gürtelbarben, Ceylonbarbe, Eilandbarbe, Purpurkopfbarbe, Bitterlingsbarbe, Brokatbarbe,

Gelibarbe, Spritzsalmler, Blutsalmler, Schmucksalmler, Neonsalmler, Dreibandsalmler, Karfunkelsalmler, Schwanzstreifensalmler, Ziersalmler verschiedener Art, Schrägsteher.
Trauermantelsalmler, Roter von Rio, Gelber Salmler, Schönflossensalmler, Sternflecksalmler, Leuchtfleckensalmler.
Diese Fischgesellschaft läßt sich etwas abwechslungsreicher gestalten, indem man einzelne Fische hinzugesellt, die vor allem die Oberfläche und den Bodengrund etwas beleben. Das können sein: Panzerwelse, Dornaugen, Saugschmerlen, vereinzelte lebendgebärende Zahnkarpfen, Hechtlinge und Bachlinge.

Lebensansprüche: Die meisten dieser Fische lieben klares, durch wöchentliche Frischwassergaben aufgebessertes Wasser. Sie schätzen zwar reichlich Licht, doch wollen sie auch Versteckmöglichkeiten und Schattenplätze haben.
Die Bepflanzung kann stellenweise recht dicht sein, es muß aber auch ausreichend Platz zum Schwimmen gelassen werden. Ernährung wiederum mit Lebend- und Trokkenfutter entsprechender Größe und mit Pflanzenkost. Die Temperaturansprüche liegen bei vielen der genannten Fische zwischen 22 und 26 °C.

Geräte: Ein Filter mit Durchlüftungswirkung muß vorgesehen werden; es ist unbedingt zu heizen.

Nicht im Schwarm lebende Fische

3. Aquarientyp
Das Aquarium hat den Charakter eines flachen, warmen, reich mit Pflanzen bestandenen Tümpels.

Dekoration: Bodengrund mittelfeiner Sand, mit einer Schicht überbrühter und ausgedrückter Torffasern. Kleine Wurzeln und Holzteile liegen auf dem Boden auf. In einer Ecke ein Wurzelstock, der auch etwas über die Wasseroberfläche hinausragen kann, in der anderen Ecke Bambus oder Rohr. Der Bodengrund kann nach hinten zu mäßig ansteigen. Als Dekorationsmittel dienen vor allen Dingen Wurzeln, Rohr, Kokosschalen,

Rückwand 3. Bepflanzung stellenweise dicht; sie kann sehr abwechslungsreich sein.

Kleinere Fische: Zwergfadenfisch, Knurrender Zwerggurami, Spitzschwanzmakropode, Roter Spitzschwanzmakropode, Dicklippiger Fadenfisch, Kampffisch (möglichst ein Männchen und zwei bis drei Weibchen), Indischer Glasbarsch
oder:
friedliche Arten von Prachtkärpflingen, Leuchtaugenfische, Madrashechtling, Javakärpfling, Querbandhechtling
oder:
Schmetterlingsbuntbarsch, Gelber Zwergbuntbarsch, Glänzender Zwergbuntbarsch, Afrikanischer Schmetterlingsbuntbarsch.

Etwas größer werdende Arten: Gestreifter Fadenfisch, Mondscheinfadenfisch, Küssender Gurami, Mosaikfadenfisch, Punktierter Fadenfisch und seine Zuchtformen
oder:
Tüpfelbuntbarsch, Maronibuntbarsch, Zwergbuntbarsch, Purpur-Prachtbarsch, Gabelschwanz-Tanganjikabuntbarsch.

Lebensansprüche: Die meisten dieser Fische lieben klares, durch wöchentliche Frischwassergaben aufgebessertes Wasser. Sie beanspruchen durchgängig eine reich gegliederte, versteckreiche Unterwasserlandschaft, die auch Schatten bietet. Die Ernährung erfolgt im allgemeinen mit Lebend- und Trockenfutter, das der Größe der Tiere entsprechen muß und recht abwechslungsreich sein soll. Die Temperaturen können zwischen 22 und 25 °C liegen, die Fadenfische und verwandten Arten lieben auch noch höhere Wärmegrade.

Geräte: Eine Durchlüftung ist für die Fadenfische überflüssig, da diese über ein zusätzliches Atemorgan (Labyrinth) verfügen, mit dessen Hilfe sie atmosphärischen Sauerstoff aufnehmen können. Bei maßvoller Besetzung kann auch ein Filter entfallen.
Demgegenüber ist eine Filterung mit Durchlüftungseffekt bei der Haltung der Buntbarsche auf jeden Fall angebracht.
Es muß unbedingt geheizt werden; die Kärpflinge stellen die geringsten (22 bis 24 °C), die Barsche mittlere (23 bis 26 °C) und die Fadenfische die höchsten Wärmeansprüche (23 bis 30 °C).

Pflanzen für Aquarientyp 1 bis 3
Indischer Wasserstern, Riesenwasserstern, Indischer Wasserwedel, Unterwasserfarn, Sumpfschraube, Riesenvallisnerie, Amazonas-Schwertpflanzen, Zwergschwertpflanze, Argentinische Wasserpest, Krause Wasserpest, Unterwasserformen von Pfeilkräutern, Haarnixe, Wasserfreund (bei Karpfenfischen, die stark gründeln, nicht nehmen!), Wasserkelche, Wasserähren; an der Oberfläche Südamerikanischer Froschbiß, Riccia, Büschelfarn und Schwimmfarn.

Das Artenaquarium

ist ein Aquarientyp, der es erlaubt, eine Fischart in allen ihren Lebensäußerungen zu beobachten.

Schön und dekorativ kann natürlich ein solches Aquarium ebenfalls sein. Während aber das Gesellschaftsaquarium in erster Linie Zimmerschmuck ist, tritt dieser Gesichtspunkt hier etwas zurück. Schon die Fische werden nach anderen Grundsätzen ausgewählt. Da es in vielen Fällen weniger sind, fallen sie dem Beschauer nicht in dem Maße ins Auge, wie es im Gesellschaftsaquarium der Fall ist.

Das Kennzeichen des Artenaquariums ist, daß es in der Regel nur Fische ein und derselben Art enthält und daß man sich auch in bezug auf deren Zahl eine größere Beschränkung auferlegt.

Was bedeutet Artenhaltung? Das ist die Frage, die wir uns zunächst vorlegen wollen. Es heißt zunächst keineswegs, daß die Fische immer nur einzeln oder paarweise gehalten werden müssen.

Ist das Aquarium geräumig genug, so kann man auch mehrere Paare der gleichen Art pflegen. Voraussetzung dazu ist natürlich, daß der Charakter der Tiere das zuläßt, was durchaus nicht immer der Fall ist. Fische, die in der freien Natur im Schwarm oder in kleinen Gesellschaften leben, können auch im Artenaquarium in entsprechender Zahl vereinigt werden. Hier und da wird man sogar, genügend Raum vorausgesetzt, zwei oder drei verschiedene Arten gemeinsam pflegen können, ohne darum den Gedanken der Artenhaltung aufzugeben. Die Entscheidung darüber ist von der Überlegung abhängig, ob die betreffenden Arten auch in der freien Natur nebeneinander vorkommen können.

Die Haltung im Artenaquarium stellt bis auf ganz wenige Ausnahmen für fast alle Fischarten das Optimum dar. So kann man auch die in unseren Vorschlägen zur Gesellschaftshaltung aufgezählten Fischarten im Artenaquarium besser halten, beobachten und züchten, denn jede Vergesellschaftung stellt in dem begrenzten Lebensraum Aquarium mehr oder weniger eine Kompromißlösung dar. Unabhängig davon sollen auf den folgenden Seiten jedoch Fischarten genannt werden, die sich nur sehr bedingt für eine Vergesellschaftung eignen und deshalb auf jeden Fall «artgerecht» gehalten werden sollen. Maßgebliches Kriterium für die Pflege im Artenaquarium ist dabei immer das besondere Verhalten der Fischart, sei es das Revierverhalten, das Freßverhalten, ein besonderes Fortpflanzungsverhalten oder v. a. m.

Die Einrichtung des Artenaquariums unterscheidet sich kaum von den Vorschlägen, die wir bereits für die Einrichtung von Gesellschaftsaquarien machten. Es würde daher eine unnütze Wiederholung bedeuten, die Vorschläge hier zu erneuern. Es genügt vielmehr, wenn wir jeweils auf einen entsprechenden Aquarientyp unter Nennung der Seitenzahl verweisen. Ähnliches gilt für Lebensansprüche und Bepflanzung. Wir können uns daher auf die Beschreibung der Fische oder Fischgruppen beschränken, wobei es besonders darauf ankommt, dem Leser deren biologische Besonderheiten vor Augen zu führen.

Ein Versuch lohnt! Es soll demjenigen, der seine bunte Fischgesellschaft liebt, keinesfalls die Freude daran genommen werden, doch sei auch ihm der Rat erteilt, es einmal mit der Pflege eines Artenaquariums zu versuchen. Anfangs mag man vielleicht das bunte Vielerlei des Gesellschaftsaquariums vermissen, doch bald wird man bemerken, daß das Artenaquarium vieles bieten kann, was jenes dem Pfleger vorenthält.

Man lernt beobachten und den Dingen auf den Grund gehen. Meist wird man erst einige Zeit in Ruhe vor dem Aquarium verweilen müssen, bevor sich das Leben in ihm den Blicken ganz enthüllt. Aber das ist eher ein Vorteil als ein Nachteil, denn man gewöhnt sich daran, schärfer hinzusehen und mehr auf jede Einzelheit zu achten, als es sonst der Fall war. Man schaut sich jeden einzelnen Fisch genau an. Die Tiere selbst bewegen sich ganz anders; man glaubt ihnen anzumerken, daß sie sich ungestört fühlen. Sie haben den Raum im Aquarium aufgeteilt, bekämpfen oder umspielen sich, und die Geschlechter umwerben einander.

Besonders reizvoll ist es, wenn dem Pfleger einmal ein kleiner Zuchterfolg beschieden ist, ohne daß es dabei irgendwie auf das zahlenmäßige Ergebnis ankommt. Schon zwei oder drei «Selbstgezogene» können viel Freude bereiten.

Stichlinge kalt

Stichlinge sind die interessantesten Aquarienfische unserer Heimat. Geringe Größe, ansprechende, in der Laichzeit prächtige Färbung, geringe Lebensansprüche und eine bemerkenswerte Fortpflanzung: das sind alles Vorzüge, die diese Fische auch den teuersten Exoten gleichwertig machen.
Es gibt in den Süßgewässern unserer Heimat zwei Arten, den Dreistachligen und den Neunstachligen Stichling, die beide auf der Farbtafel dargestellt sind. Wir fangen uns die Fische im zeitigen Frühjahr selbst oder lassen sie uns durch einen Händler besorgen. Besitzen wir nun ein kleineres Becken, so begnügen wir uns mit 1 Männchen/2 Weibchen; in einem größeren Aquarium kann man auch mehrere Männchen mit einer größeren Zahl von Weibchen zusammen halten.
Das Aquarium stellen wir nicht zu sonnig, damit es sich nicht allzusehr erwärmt (21 bis 22 °C als Sommertemperatur). Dekoration: nicht zu grober Sand, einige flache Steine, kleine Wurzeln und Rohrstengel, Rückwand 4. Pflanzen: Pfennigkraut, Tausendblatt, Wasserpest, Hornkraut und andere. Einige Stellen können als Versteckplätze dicht bepflanzt werden, es muß aber auch genügend freier Raum bleiben. Durchlüftung, auch Filterung sind anzuraten, weil einheimische Arten sehr sauerstoffbedürftig sind.
Allerdings verlangen Stichlinge lebendes Futter, wobei sie durchaus nicht wählerisch sind. Notfalls kann man ihnen auch einmal ein kleines Stück Schabefleisch oder mageren, gekochten Schinken reichen. Mit Trokkenfutter sind sie nicht zu ernähren, oft beachten sie es überhaupt nicht.
Im Frühjahr, bei 17 oder 18°, legen die Männchen ihr Hochzeitskleid an, und die Weibchen sind am stärkeren Leibesumfang leicht als laichreif zu erkennen. Jedes Männchen besetzt nun einen Platz und beginnt alsbald mit dem Nestbau. Der Dreistachlige Stichling errichtet sein Nest aus Pflanzenteilen im Boden, der Neunstachlige hängt es frei zwischen Pflanzen auf. Steht das Männchen eifrig fächelnd am Nest, dann schenken wir den Weibchen die Freiheit. Wir freuen uns des reizvollen Bildes, wenn die kleinen Stichlinge eines Tages unter der Obhut des Vaters Nahrung suchend umherschwimmen. Wenn sich nach einiger Zeit das Männchen nicht mehr um die Jungen

kümmert, dann können wir es dorthin tragen, wo wir es gefangen haben, und können versuchen, einige der kleinen Stichlinge großzuziehen.

Scheibenbarsch und Diamantbarsch kalt

Scheibenbarsch und Diamantbarsch sind die bekanntesten der nordamerikanischen Sonnenbarsche. Sie werden nicht zu groß; in Aquarien von 40, 50 cm Länge kann man sie schon recht gut unterbringen. Beide Fische haben viel Gemeinsames, sie können deshalb auch an dieser Stelle zusammen behandelt werden.
Wer ruhige Fische liebt, wird an beiden Arten seine helle Freude haben. Immer stehen die Tiere mit gespreizten Flossen zwischen den Pflanzen oder ziehen langsam und majestätisch durch das freie Wasser.
Der Scheibenbarsch wirkt durch die vornehme Farbzusammenstellung von Schwarz und Silber; nur die ersten Stacheln der Rükkenflosse, der Afterflosse und der Bauchflosse sind rot. Die Geschlechter sind nur schwer zu unterscheiden. Der Diamantbarsch trägt normalerweise kein übermäßig auffallendes Farbkleid, aber in der Laichzeit ist der Körper des Männchens zart rot überhaucht, und viele metallisch glänzende Pünktchen sind auf Körper und Flossen verteilt.
Die beiden Barsche sind Bewohner ruhiger, klarer Gewässer in Nordamerika. Das Aquarium kann so eingerichtet werden, wie wir es auf Seite 54 schilderten, auch die Lebensansprüche sind dort behandelt. Wichtig ist, daß die Tiere nicht zu warm überwintern, da sie sonst sehr anfällig sind. Im Frühjahr beginnen schon bei 16, 17° die Brutvorbereitungen. Die Männchen heben im Sand, der deshalb nicht zu grob sein sollte, flache Gruben aus, meist am Fuße von Pflanzen. Das Weibchen wird lebhaft umworben; anschließend schwimmen beide Fische zur Laichgrube, wo sie mit gespreizten Flossen im Kreise umein-

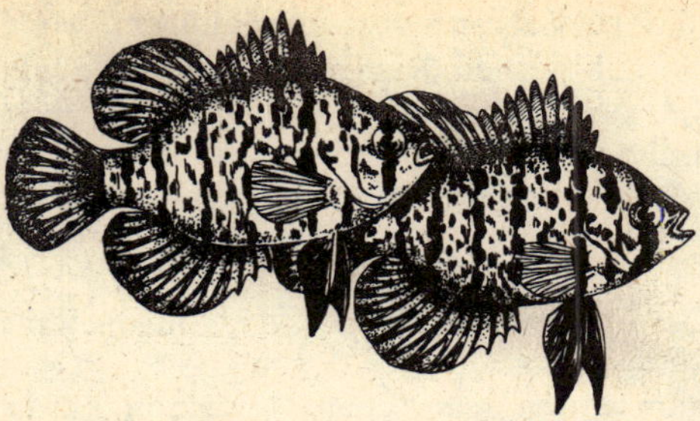

ander schwimmen und die Eier ablegen. Diese werden vom Männchen betreut, bis die Jungen schlüpfen, Allerdings ist die Brutpflege nicht sonderlich intensiv. Die jungen Barsche sind recht hübsche Tiere, insbesondere kleine Scheibenbarsche bieten einen entzückenden Anblick. Die Tierchen sind im jugendlichen Alter auch noch verhältnismäßig lebhaft. Die beiden Arten sind etwas empfindlich gegen Wasserverschlechterungen, natürlich sind sie als Kaltwasserfische relativ sauerstoffbedürftig. Es empfiehlt sich daher, Filter und Durchlüftung vorzusehen. Diamantbarsche können etwas schreckhaft sein. Eine gewisse Vorsicht bei Annäherung an das Aquarium ist daher immer am Platze.

Der Zwergsonnenbarsch kalt

ist der kleinste der Sonnenbarsche und wirklich ein allerliebstes, munteres und interessantes Fischchen. Er ist für Haltung in Gesellschaft kaum geeignet, sondern wirkt unter seinesgleichen am besten. Im kleinen Aquarium hält man ihn paarweise, besser ist es, ein etwas größeres Becken zu nehmen, dann aber mehrere Paare gleichzeitig zu halten.
Man bietet den wenige Zentimeter langen Fischen ein dicht mit Tausendblatt, Sumpfschrauben oder anderen Kaltwasserpflanzen bestandenes Becken, das aber, vor allem im Mittelteil, noch genügend freien Raum aufweisen soll. Der Bodengrund möchte nicht zu grob sein; zur Dekoration verwendet man kleine Steingruppen, vielleicht auch Rohr oder einige Wurzeln, die aber gegenüber der Bepflanzung zurücktreten und keinesfalls die Hauptrolle spielen sollen. Eine Torfauflage ist empfehlenswert.
Die Wasserwärme kann zwischen 10 und 25 °C schwanken. Im Winter soll man das Aquarium im ungeheizten Zimmer, aber frostfrei unterbringen, um die Fische nicht zu verwöhnen. Sie sind dann in der wärmeren Jahreszeit wesentlich munterer und widerstandsfähiger. Der Zwergsonnenbarsch nimmt nur lebendes Futter, das natürlich im Hinblick auf die geringe Größe der Tiere ausgesiebt werden muß. Sie sind aber mit gehacktem Tubifex, Enchyträen und gelegentlich einigen Cyclops leicht über den Winter zu bringen, zumal sie bei niedrigen Temperaturen nicht sehr viel fressen.
Sind mehrere Männchen im Aquarium, so besetzt jedes einen bestimmten Platz, an dessen Grenzen sich viele, immer harmlos verlaufende Kämpfe zwischen den Revierbesitzern abspielen. Die Männchen sind dann schön blauschwarz mit vielen leuchtenden Flecken auf Körper und Flossen. Sie bewegen sich wie die Schmetterlinge umeinander oder werben um die Weibchen, wobei die flatternden Flossen schön gespreizt getragen werden.
Ist das Aquarium geräumig und dicht bepflanzt, so werden sich bald zwischen den Pflanzen, hier und da auch im freien Wasser davor, die Jungfischchen zeigen, von denen immer einige groß werden, selbst wenn sich der Pfleger nicht sonderlich darum bemüht. Die Eltern pflegen die Brut nicht, stellen ihr aber auch nicht nach.
Der Zwergsonnenbarsch ist dem Liebhaber ruhiger Fische sehr zu empfehlen. Infolge seiner geringen Größe und seiner Anspruchslosigkeit ist er ein idealer Zierfisch für diejenigen, die beruflich stark in Anspruch genommen sind und wenig Raum haben.

Der Makropode mäßig warm

Der Makropode ist der exotische Aquarienfisch, der als erster nach Deutschland gelangte, wenn man vom Goldfisch absieht. Wenn er heute etwas aus der Mode gekommen ist, so wird seine südländische Schönheit doch immer wieder Freunde finden. Jedem, der einmal Makropoden gepflegt hat, prägt sich das Bild dieser prächtigen Fische ein.

Der Makropode stammt aus Südchina. Hier bewohnt er flache Gewässer aller Art, vor allem auch die Reisfelder. Er ist anderen Fischen gegenüber etwas unverträglich; am besten hält man ihn paarweise allein. Das Aquarium kann den Charakter eines seichten tropischen Tümpels erhalten. Den Schlammgrund imitiert man mittels einer Schicht von überbrühtem und ausgedrücktem Torf. Zur Dekoration kann man Wurzeln und Rohrstengel verwenden. Die Bepflanzung soll stellenweise sehr dicht sein, um dem Weibchen vor der oft sehr derben Werbung des Männchens Schutz zu bieten. Die Wärmeansprüche des Makropoden sind durchaus mäßig, 20 bis 23 °C, vorübergehend auch bis 15 °C absinkend, reichen im allgemeinen aus. Das bedeutet, daß eine ständige Heizung überflüssig ist, insbesondere, wenn das Aquarium einen sonnigen Stand hat und im regelmäßig geheizten Zimmer steht. Die geringe Empfindlichkeit dieses Fisches gegen niedrigere Temperaturen besagt natürlich nicht, daß er Wärme nicht doch zu schätzen wüßte. In der Laichzeit kann die Wasserwärme, zumal unter Sonnenbestrahlung, ruhig auf 30 °C ansteigen. Zur Bepflanzung können Wasserpflanzen ausgewählt werden, die ebenfalls nicht zu wärmebedürftig sind. Als solche können genannt werden: Graskalmus, Sumpfschraube, Indischer Wasserstern, Dichtblättrige Wasserpest. Die Oberfläche soll mit Schwimmpflanzen abgedeckt werden, in deren Schutz die Fische ihr Schaumnest errichten. Makropoden bevorzugen ein kräftiges lebendes Futter, verschmähen aber auch Trockenfutter nicht. Natürlich kann man sie damit nicht ausschließlich ernähren.
Bemerkenswert ist die Fortpflanzung der Fische. Das Männchen baut an der Oberfläche ein Nest aus Schaumblasen, möglichst in Anlehnung an Schwimmpflanzen. Das Weibchen wird vom Männchen unter Entfaltung höchster Farbenpracht umworben, zum Nest gelockt und dort umschlungen, wobei die zahlreichen Eier austreten. Diese und die zwei Tage später schlüpfenden Jungfische werden vom Männchen behütet; das Weibchen wird nach dem Ablaichen am besten entfernt.

Der Florida-Kärpfling mäßig warm

stammt aus dem Süden Nordamerikas, aus Florida, wie schon sein Name besagt. Er ist ein äußerst genügsamer Fisch, der mit flatternder Beweglichkeit durch das Aquarium schwimmt. Das Männchen ist, vor allem in der Laichzeit, sehr schön grünglänzend gefärbt, während jede Schuppe hochrot umrandet ist. Das Weibchen trägt ein schachbrettartiges Muster und einen dunklen Fleck in der Rückenflosse.
Dieser hübsche Kärpfling nimmt auch mit kleineren Behältern vorlieb. Anderen Fischen gegenüber gilt er als etwas unverträglich, besonders dann, wenn er im kleinen Aquarium einen Brutplatz zu verteidigen hat, und das ist in der warmen Jahreszeit eigentlich immer der Fall. Im größeren Aquarium kann er aber als einigermaßen friedlich gelten. Das Aquarium erhält einen Bodengrund aus nicht zu grobem Sand, in dem das Männchen zur Laichzeit gern wühlt. In die Ecken pflanzt man dichte Büsche möglichst feingefiederter Pflanzen. Hierzu eignen sich die Karolinasche Haarnixe, die Dichtblättrige Wasserpest, die Sumpfschraube, die Ludwigia und andere Pflanzen, die keine hohen Temperaturen beanspruchen, aber Licht lieben. Die Pflanzenbestände müssen dem Weibchen Schutz gegen die allzu zudringliche Werbung des Männchens gewähren.
Die Wärmeanspüche dieses Fisches sind mäßig, am besten zwischen 20 und 22 °C. Man hüte sich aber vor zu großen Temperaturstürzen. Auch bei zu hohen Wärmegraden erweist sich der Florida-Kärpfling als hinfällig. Man muß also bei kleinen Behältern etwas vorsichtig sein, vor allem zuviel Sonne abschirmen. An die Ernährung werden keinerlei Ansprüche gestellt, es sei denn, man betrachtet das Bedürfnis nach pflanzlicher Nahrung, insbesondere an Algen, als solche. Ein blitzblank geputztes Aquarium ist daher nichts für unseren Kärpfling.
Die Fische werden am besten paarweise gehalten. Zur Laichzeit ist es äußerst fesselnd, die Tiere zu beobachten. Das Männchen umflattert das Weibchen, treibt es auch

manchmal ziemlich heftig, um endlich mit ihm in den Pflanzenbüschen zu verschwinden. Nach der Eiablage verteidigt das Männchen den Brutplatz, allerdings ist die Brutpflege nicht allzu intensiv. Um die soeben geschlüpften Jungen kümmern sich die Eltern nicht, auch nicht, um sie zu verspeisen. Die Kleinen können mit staubfeinem Lebendfutter, mit Eigelb, Trockenfutter, Frostspinat und Algen unschwer aufgezogen werden.

Salmler und Karpfenfische warm

Alle die Salmlerarten, Barben und ähnliche Schwarmfische, die wir für die Gesellschaftshaltung empfahlen, lassen sich natürlich auch im Artenaquarium pflegen. Da es sich meist um Fische handelt, die auch in der freien Natur in Schwärmen auftreten, wird man, dem Sinn des Artenaquariums entsprechend, immer eine gewisse Anzahl der Tiere miteinander vereinen. Die Zahl richtet sich nach der Größe des Aquariums. Meist wird man bald feststellen, daß eine solche natürlich zusammengesetzte Fischgesellschaft schöner ist als das Sammelsurium verschiedener Arten, das man vielleicht bisher besaß, und daß sich die Fische im Schwarm ganz anders benehmen. Neonsalmler und Keilfleckbärblinge z. B. kommen in wenigen Exemplaren unter anderen Fischen kaum zur Geltung. Wie prächtig leuchten und funkeln ihre Farben dagegen, wenn ihrer viele sind.

Hat man nur ein kleines Aquarium zur Verfügung, so erwerbe man möglichst nicht nur ein Paar, sondern zwei Männchen und ein Weibchen. Die Fische sind dann lebendiger, und ihr Verhalten ist vielseitiger. Die Männchen fechten untereinander kleine Eifersuchtskämpfe aus oder werben gemeinsam um das Weibchen. Unter günstigen Umständen kann es auch zum Ablaichen kommen; laichreife Paare finden sich übrigens auch im größeren Aquarium aus dem Schwarm heraus zusammen. Freilich wird man dabei in der Regel darauf verzichten müssen, eines Tages junge Fischchen im Becken schwimmen zu sehen, denn die Eier werden von den anderen Fischen und oft auch von den Eltern sofort gefressen.

Will man einmal die Zucht versuchen, was nur empfohlen werden kann, so muß man die meisten dieser Schwarmfische «zur Zucht ansetzen», wobei besondere Vorkehrungen gegen das Gefressenwerden der Eier zu treffen sind (Glasroste, Kieselschicht, Pflanzenteppich). Eine gelungene Zucht macht wirklich Freude und bringt eine Menge interessanter Beobachtungsmöglichkeiten mit sich. Es kommt dabei nicht darauf an, sehr viele Jungfische großzuziehen, sondern vor allem auf die Lebensvorgänge, die sich dabei vor unseren Augen abspielen.

Die Einrichtung von Artenbecken für Salmler und Karpfenfische weicht in nichts von der ab, die im Kapitel «Gesellschaftsaquarien» auf den Seiten 54 bis 57 als für diese Fische geeignet empfohlen wurde.

Der Spritzsalmler warm

Dieser aus dem tropischen Südamerika stammende Fisch unterscheidet sich durch seine Fortpflanzungsweise so sehr von allen übrigen Salmlern, daß wir ihm eine besondere Beschreibung widmen wollen. Der Spritzsalmler läßt sich natürlich ohne weiteres in Gesellschaft anderer Salmler halten; will man aber Paarung und Brutpflege beobachten, so empfiehlt es sich, ihm ein gesondertes Becken herzurichten.

Die Fische sind durchaus nicht anspruchsvoll. Die Einrichtung des Aquariums kann so sein, wie wir es unter Gesellschaftsaquarien für südamerikanische Salmlerarten auf den Seiten 55 und 56 beschrieben haben. Das Aquarium sollte nicht zu klein sein, etwa 50 cm Länge ist das mindeste, was in

Betracht kommt. Es ist wichtig, daß zwischen der Deckscheibe und dem Wasserspiegel ein freier Raum von etwa 6 bis 8 cm bleibt. In den Ecken bepflanzen wir recht dicht, und die Oberfläche kann zum Teil mit Schwimmfarnen abgedeckt sein. Die Fische benötigen etwa 24 bis 26°C, etwas mehr oder weniger schadet nicht. An Futter wird alles das genommen, was auch die anderen Salmler zu fressen pflegen: nicht zu großes Lebendfutter aller Art oder ein gutes Trockenfutter.

Vor dem Laichakt sucht das Männchen aufgeregt das Aquarium nach einem geeignet erscheinenden Laichplatz ab. Ist das Weibchen laichreif, so begibt sich das Paar nach dieser nun bereits ausgewählten Stelle. Hier steigt es in engster Berührung zur Oberfläche auf, springt nach kurzem Halt gemeinsam aus dem Wasser und bleibt unter enger Umschlingung mit den Flossen entweder an der Deckscheibe, an der Seitenscheibe oder an einem überhängenden Blatt haften. Man darf dabei nicht die Geduld verlieren, da zunächst Scheinpaarungen stattfinden, die stundenlang andauern können. Später werden an dem gleichen Laichplatz, also außerhalb des Wassers, die Eier abgelegt. Dieser Vorgang wiederholt sich so lange, bis der Laichvorrat des Weibchens erschöpft ist.

Dann übernimmt das Männchen seine Wächterrolle. Es erscheint etwa aller 20–30 Minuten unter dem Eigelege und bespritzt es mit Hilfe kräftiger Schläge der Schwanzflosse mit Wasser. Dies währt etwa 36 Stunden; danach schlüpfen die Jungen und werden mit dem Spritzwasser ins Aquarium gespült. Man kann sie mit staubfeinem Lebend- und Kunstfutter großziehen.

Eierlegende Zahnkarpfen warm

sind fast durchweg kleinbleibende, äußerst farbenprächtige Aquarienfische, die schon Generationen von Aquarianern begeistert haben. Nur wenige Vertreter wie die Leuchtaugenfische Afrikas und die Reisfische Südostasiens sind echte Schwarmfische. Die meisten Arten eignen sich jedoch nur für eine Haltung im Artenaquarium, das nicht zu hell stehen darf und ausreichende Versteckmöglichkeiten in Form von Wasser- und Schwimmpflanzen besitzen soll.

Die oft auch als «Killifische» bezeichneten Eierlegenden Zahnkarpfen lassen vom Körperbau her deutlich zwei Gruppen erkennen: Die einen verfügen über eine mehr oder weniger hechtähnliche Gestalt und sind typische Oberflächenfische, die anderen sind höher und seitlich kräftig zusammengedrückt und bewohnen vorwiegend die mittleren und unteren Wasserschichten.

In ihren Heimatgebieten, den Tropen und Subtropen Asiens, Afrikas und Amerikas – einige Arten dringen sogar bis in die USA und nach Südeuropa vor – besiedeln diese Fische kleinere bis kleinste Gewässer und Wasseransammlungen. Schattige Urwaldbäche und -tümpel, sogar nur zeitweilig mit Wasser gefüllte Pfützen und Wagenspuren zählen zu den Lebensräumen einiger Arten. Lebensweise und Fortpflanzung haben sich in Abhängigkeit von diesen Lebensräumen entwickelt, und wir müssen deshalb zwei Gruppen unterscheiden:

a) Die Arten, die in periodisch austrocknenden Gewässern leben, sind in ihrem Lebenslauf diesem Rhythmus angepaßt. Diese Fische sind sehr kurzlebig; nach dem Ende der Regenzeit trocknet die Pfütze aus, und die Fische sterben ab. Die hartschaligen, recht widerstandsfähigen Eier überdauern jedoch im Schlamm die Trockenzeit, ja, sie benötigen diese Trockenzeit sogar zu ihrer Entwicklung. Beim Wiedereinsetzen der Regenzeit schlüpfen sehr schnell die Jungfische, die nach wenigen Wochen bereits voll erwachsen und wieder fortpflanzungsfähig sind. Typische Vertreter dieser sogenannten

«annuellen» Arten sind die Prachtgrundkärpflinge Ostafrikas und die Fächerfische aus Südamerika.
b) Demgegenüber gibt es auch nichtannuelle Arten aus den ständig wasserführenden Gewässern, deren Eier sich in kürzerer Zeit im Wasser entwickeln. Dazu gehören vor allem die Hechtlinge aus Südasien oder die Bachlinge Südamerikas.
Zwischen beiden Gruppen existieren alle möglichen Übergänge; besonders bei den Prachtkärpflingen Westafrikas sind sowohl annuelle als auch nichtannuelle Arten bekannt.
Meist sind die Eierlegenden Zahnkarpfen recht kurzlebig. Sie werden kaum älter als ein Jahr. Durch zu hohe Temperaturen wird die Kurzlebigkeit noch gesteigert. Die Temperaturansprüche sind je nach Vorkommensgebiet nicht einheitlich, sollten aber immer genaue Beachtung finden.
Die paarweise Haltung ist in recht kleinen und flachen Aquarien möglich, auf begrenztem Platz lassen sich dadurch eine ganze Reihe von Arten pflegen. Über Lebensansprüche, Beckeneinrichtung usw. siehe auch Seite 59.

Günthers Prachtgrundkärpfling warm

Obwohl es eine reine Frage des persönlichen Geschmackes ist, auf welchen der farbenprächtigen Prachtgrundkärpflinge Ostafrikas die Wahl fällt, wollen wir stellvertretend für diese Gattung Günthers Prachtgrundkärpfling von der Insel Sansibar vorstellen. Er war gleichzeitig der erste Vertreter dieser interessanten Gruppe, der nach Europa importiert wurde und die Aquarianer vor fast unlösbare Nachzuchtprobleme stellte, bis das Geheimnis erkannt wurde, daß die Eier eine fast trockene Ruheperiode von einem Vierteljahr benötigen, die der Dauer der natürlichen Trockenzeit entspricht.

Zur Haltung der Fische und Beobachtung der Paarung pflegt man ein Pärchen in einem etwa 30–40 cm langen Aquarium, dessen Bodengrund 2 cm hoch aus Torf besteht. Um die Eintönigkeit des braunen Bodengrundes aufzulockern, kann man das Becken mit an Steinen befestigtem Javamoos oder Schwarzwurzelfarn dekorieren. Eventuell nach einigen Tagen auf der Wasseroberfläche schwimmender Torf wird entfernt.
Bei etwa 24°C kann man sehr bald den interessanten Laichakt verfolgen, wenn die Tiere vorher kräftig gefüttert wurden.
Das Männchen balzt das Weibchen mit gespreizten Flossen an. Dann überschwimmt es seine Partnerin und drückt mit seiner Kehle auf ihren Nacken (sogenanntes «Reiten»). Das Weibchen sucht einen geeigneten Laichplatz, an dem es plötzlich verharrt und seitlich abkippt. Das Männchen rutscht nun an seine, dem Bodengrund abgewandte Seite und legt dabei seine Rücken- und Afterflosse um das Weibchen. Dabei befinden sich die Fische unmittelbar über der Torfschicht, bzw. der Hinterleib der Tiere wird sogar in den Bodengrund gedrückt. Beide Fische krümmen sich S-förmig und erzittern, wobei das Ei in den Torf geschleudert wird.
Da die Fische täglich über eine Periode hinweg laichen, setzt man das Paar nach etwa zwei Wochen in einen anderen Behälter, zieht vorsichtig das Wasser ab und überführt den Torf nebst Eiern im ausgedrückten, noch leicht feuchten Zustand in einen Plastbeutel, der bei Zimmertemperatur 3–4 Monate aufbewahrt wird. Nach dieser Zeit wird der Torf «aufgegossen», indem man ihn in einem kleinen Becken mit Frischwasser von 15–18 °C gut durchwirbelt und dann die Temperatur langsam auf 24–25 °C bringt. Nach wenigen Stunden bis zu zwei Tagen schlüpfen die Jungfische, die man am besten abschöpft und in einem Aufzuchtbecken ohne Bodengrund mit feinstem Staubfutter aufzieht. Nach zwei Wochen sind die Jungfische schon 10 mm groß, nach vier bis sechs Wochen lassen sich bereits die Geschlechter unterscheiden.

Panzerwelse warm

Wer einmal junge Panzerwelse im Rudel eilfertig durch ein Aquarium schwimmen sah oder wer die immer etwas steif wirkenden, erwachsenen Welse mit ihrem dann so aufgeregten Gebaren bei der Paarung beobach-

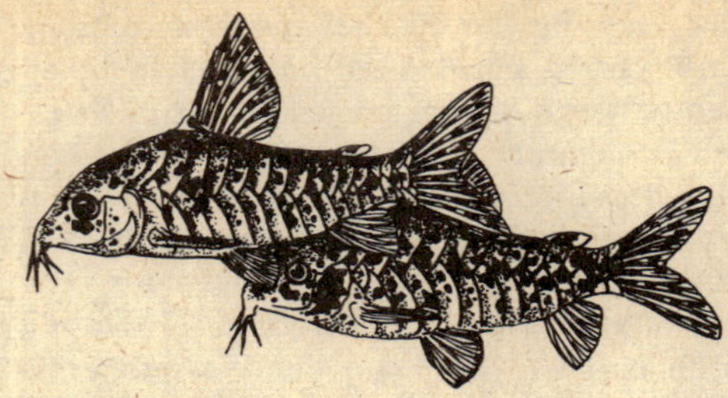

tete, wird diese «Straßenkehrer des Aquariums» nicht mehr missen wollen.
Es lohnt sich durchaus, Panzerwelse einmal im Artenaquarium gesondert zu pflegen. Dazu nimmt man ein Weibchen und zwei bis drei Männchen, die meist an der schlankeren Gestalt leicht zu erkennen sind.
Der Punktierte Panzerwels, der am häufigsten im Handel angeboten wird, ist nicht sehr wärmebedürftig (18 bis 22 °C); da aber heute auch viele wärmeliebende Arten zu haben sind, wollen wir die Panzerwelse insgesamt an dieser Stelle behandeln. Die Tiere benötigen keine sehr großen Behälter. Den Boden deckt man mit einer Schicht ganz sauber gewaschenem Kies ab, da sie gern gründeln. Ferner empfiehlt es sich, einige Versteckplätze aus Steinen oder Wurzeln zu schaffen, auch etwas Fasertorf kann man zum Abdecken des Bodengrundes einbringen. Feinfiedrige Pflanzen empfehlen sich nicht, da der aufgewirbelte Mulm sich in ihnen festsetzt (siehe auch S. 55 und 61).
In der Ernährung sind die Panzerwelse gar nicht wählerisch. Sie fressen alles Futter entsprechender Größe, das vor ihren «Schnauzbart» gerät. Gern nehmen sie natürlich die Nahrung vom Boden auf. Eigenartig ist die Fortpflanzung der Panzerwelse. Will man hierbei einen Erfolg verbuchen, so empfiehlt es sich allerdings, das Aquarium nicht zu klein zu wählen. Wenn die Männchen beginnen, ein Weibchen stürmisch vor sich her zu treiben, säubert dieses bald die ihm geeignet erscheinenden Laichplätze an Steinen oder an der Aquarienscheibe mit dem Maul. Das Weibchen laicht nacheinander mit mehreren Männchen ab. Während diese es festhalten, gleiten einige Eier in eine Tasche, die aus den Bauchflossen des Weibchens gebildet wird. Danach klebt dieses den Laich an eine der zuvor gesäuberten Stellen an. Es empfiehlt sich, die Eltern nach dem Ablaichen aus dem Aquarium herauszunehmen, falls man Wert darauf legt, einige der jungen Welse aufzuziehen.

Da Panzerwelse, wenn sie erwachsen sind, sich meist am Boden aufhalten, eignen sie sich natürlich stets sehr gut zur Belebung der Bodenpartie in Gesellschaftsaquarien.

Labyrinthfische warm

Die Labyrinthfische sind im allgemeinen für das Artenaquarium besonders gut geeignet. Ihr ganzes Verhalten ist abwechslungsreich. Einige Arten, z. B. die Fadenfische der Gattung Colisa, können zwar etwas scheu sein, aber die Mehrzahl läßt sich in ihrer ruhigen, gemessenen und häufig sehr geschmeidigen Bewegungsweise kaum stören, vor allen Dingen während der Brutperiode nicht.
Das besondere Kennzeichen dieser Fischfamilie ist ein «Labyrinth» genanntes zusätzliches Atmungsorgan, das den Fischen auch den Aufenthalt in sehr sauerstoffarmen Gewässern gestattet. In ihren Heimatgebieten im tropischen Asien und Afrika bewohnen diese Fische deshalb häufig flache, sonnige pflanzenreiche Kleingewässer, Sümpfe, Gräben, Tümpel, Reisfelder usw.
Labyrinthfische kann man paarweise halten. Je nach Größe – es gibt schon Fischzwerge von 3 cm Länge in dieser Familie, während die größten der für das Zimmeraquarium geeigneten Arten 10 bis 12 cm Länge erreichen – hat man die Wahl vom kleinsten Behälter bis zum Aquarium von einiger Größe. Dann kann man natürlich auch einige Paare miteinander vereinigen. Allerdings muß man damit rechnen, daß es insbesondere zur Laichzeit zwischen den männlichen Tieren zu nicht immer harmlosen Auseinandersetzungen kommen kann.
Die Einrichtung eines Aquariums für Labyrinthfische wurde auf den Seiten 65 und 69 geschildert. Im allgemeinen sollte der Wasserstand nicht zu hoch sein. Die meisten Arten sind etwas wärmebedürftig. Die Temperaturen können bei 24 bis 25 °C liegen, aber auch auf 30 °C und mehr steigen.

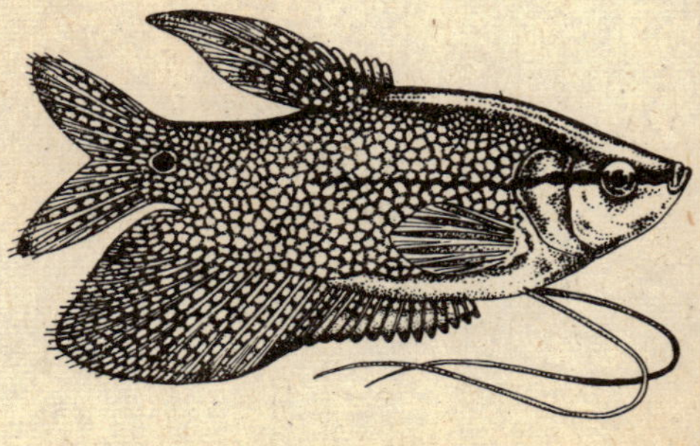

Bemerkenswert ist die Fortpflanzung der Labyrinthfische. Die meisten Arten bauen an der Oberfläche ein Nest aus Schaumblasen, in der Regel in Anlehnung an feste Gegenstände oder unter Schwimmpflanzen, so wie wir bereits auf S. 73f. bei der Schilderung der gleichfalls zu dieser Familie zählenden Makropoden nachlesen konnten.
Es ist darauf zu achten, daß das Aquarium feststeht, da etwaige Schwankungen des Wasserspiegels das Schaumnest zerstören können. Außerdem ist das Becken gut abzudecken, einesteils, weil die Luft über dem Wasserspiegel feuchtwarm sein muß, um Erkältungen der Fische beim Luftholen zu verhüten, andernteils, weil viele Labyrinthfische gern springen.

Kampffische warm

sind Fische von häufig unbeschreiblicher Farbenpracht. Aus der an sich schon recht hübschen Stammform haben thailändische Züchter und Fischfreunde in aller Welt Formen herausgezüchtet, die durch ihre herrlichen Farben und ihre stark vergrößerten Flossen das Entzücken jedes Betrachters erregen.
Wenn schon Labyrinthfische im allgemeinen für eine Haltung im Artenaquarium gut geeignet sind, so gilt dies für Kampffische in ganz besonderem Maße. Am besten ist es, ein Männchen mit mehreren Weibchen zu pflegen.
Diese Fische sind bekannt durch ihr kämpferisches Temperament. In ihrer Heimat, insbesondere in Thailand, werden die Tiere zu Schaukämpfen benutzt, die sich großer Beliebtheit erfreuen. Es ist unmöglich, zwei Kampffisch-Männchen in einem Aquarium zu halten. Sie würden sich aufsuchen, und sich so lange bekämpfen, bis eines der Tiere auf der Strecke bleibt.
Kampffische haben keine besonders lange Lebensdauer. Auf der Höhe ihres Lebens jedoch – so etwa zwischen 8 und 18 Monaten – sind sie temperamentvoll und erfreuen den Pfleger, wenn sie paarweise gehalten werden, durch ihre phantastischen Formen und herrlichen Farben. Hier und da ist es auch üblich geworden, innerhalb eines Aquariums zwei Männchen durch eine Glasscheibe zu trennen und sie auf diese Weise ständig in Erregung zu halten. Das empfiehlt sich nicht; die Tiere mühen sich nur unablässig ab, zueinander zu gelangen, die zarten Flossen zerreißen infolge der dauernden Beanspruchung, und bald ist die ursprüngliche Schönheit dahin. Wohl kann man gelegentlich, wenn man etwa einem Besucher die Fische in ihrer vollen Schönheit vorführen will, durch einen vorgehaltenen Spiegel die Erregungspose hervorrufen. Vor einem Zuviel sei aber gewarnt, auch wirkt dieser Trick dann bald nicht mehr.
Bei der Einrichtung des Aquariums kann man sich nach den Vorschlägen richten, die auf Seite 65 gemacht wurden. Es empfiehlt sich, das Aquarium besonders dicht zu bepflanzen, um dem Weibchen Versteckmöglichkeiten zu bieten, wenn es vom Männchen gar zu sehr bedrängt wird. Auch sind Kampffische, vor allem die Schleierkampffische, besonders wärmebedürftig (26 bis 30°). Die Zucht ist an sich nicht schwierig, aber es bedarf besonderer züchterischer Erfahrung, wenn man Tiere mit vorbildlichem Flossenbehang erzielen will.

Buntbarsche warm

oder Cichliden sind, mit Ausnahme der gesondert beschriebenen Zwergcichliden, ausschließlich Pfleglinge für solche Aquarienfreunde, die über größere Behälter verfügen. Becken von etwa 80 cm Länge sind das mindeste, was man den Fischen bieten sollte. Wer aber ein solches Aquarium besitzt, dem kann nur angeraten werden, es einmal mit diesen interessanten Tieren zu versuchen.

Die meisten Buntbarsche stammen aus Afrika und aus Süd- und Mittelamerika. Sie können recht groß werden, wenigstens im Verhältnis zu anderen Aquarienfischen. Wir müssen mit etwa 8 bis 15 cm Länge bei erwachsenen Tieren rechnen. Schon aus diesem Grund wird ein gewisser Raum benötigt. Es kommt noch hinzu, daß die Cichliden während der Laichzeit ein Brutrevier besetzen, das sie gegen andere Fische, vor allem gegen Artgenossen, hartnäckig verteidigen. Ist nun das Aquarium zu klein oder befinden sich mehrere Fische darin, vor allem solche der gleichen Art, so kommt es in der Regel zu heftigen Kämpfen, die mit schweren körperlichen Schäden oder gar dem Tode der schwächeren Exemplare enden können.
Man hält also Buntbarsche im Zimmeraquarium am besten paarweise. Da sich aber nun durchaus nicht jedes Paar miteinander verträgt, erwirbt man mehrere Jungtiere, zieht diese gemeinsam groß und wartet ab, welche Tiere sich von selbst zusammenfinden. Ein solches Paar wird sich dann meist einigermaßen vertragen (das ist nach der Art und auch individuell verschieden!), die übrigen Fische gibt man seinem Händler oder anderen Interessenten ab.
Noch eins: Die meisten der großen Buntbarscharten stehen mit den Pflanzen auf dem Kriegsfuß. Am besten ist, wenn man von diesen von vornherein absieht und leblose Gegenstände als Dekorationsmittel (Steine, Holz, Rohr) wählt. Will man auf das Grün nicht verzichten, so kann man Quellmoos in losen Büscheln in das Aquarium legen und die Oberfläche mit Schwimmpflanzen abdecken. Man wird immer durchlüften müssen, da die Wasserpflanzen als Sauerstoffspender wegfallen.
Besonders zu empfehlen sind: der Rotbrustbuntbarsch, der Zebracichlide, der Sajica-Buntbarsch, der Rote Cichlide, der Afrikanische Schmetterlingsbuntbarsch und der Blaupunktbuntbarsch.
Einige Arten gehen auch mit den Pflanzen schonend um, ja, man kann sie sogar im voll bepflanzten Aquarium halten. Hier sind zu nennen: der Maronibuntbarsch, der Flaggenbuntbarsch und der Segelflosser. Der letztere benötigt, weil er höher als lang ist, vor allem sehr hohe Becken. In das Aquarium für die «pflanzenfeindlichen» Arten gehört äußerst sauber gewaschener Kies, da die Tiere die Einrichtung gern nach ihren Wünschen umbauen. Höhlen und Unterschlupf sollten mit Hilfe größerer Steine geboten werden. Diese Steinaufbauten müssen absolut fest auf dem Aquariumboden stehen, damit die Fische sie nicht unterwühlen können. Wenn man dazu noch Terrassen baut, Holzteile verwendet und eine entsprechende Rückwand benutzt, so kann ein solches Aquarium durchaus ansprechend wirken, auch wenn es keine «Puppenstube» ist. Hat man größere, kräftige und gut bewurzelte Pflanzen, so kann man diese, in Töpfe gepflanzt und ringsum mit größeren Steinchen abgedeckt, mit verwenden. Buntbarsche fressen neben lebender Nahrung auch kräftiges Trockenfutter. Jüngere Exemplare nehmen mit dem normalen Futter vorlieb, größeren Tieren wird man eine gröbere Kost bieten müssen, z. B. große Wasserflöhe, Mückenlarven aller Art, Tubifex, Larven von Wasserinsekten, Bachflohkrebse, Wasserasseln, Enchyträen, Regenwürmer, kleine Fische und großflockiges Trocken- und Tubenfutter. Einige Buntbarsche nehmen zusätzlich Pflanzen, vor allem der oben erwähnte Flaggenbuntbarsch geht bei Mangel an pflanzlicher Kost (Algen, Salat) gern an die jungen Triebe der Wasserpflanzen.
Das Wasser sollte im allgemeinen nicht zu alt sein. Es empfiehlt sich, wöchentlich ein Viertel des Beckeninhalts abzuziehen und durch Frischwasser gleicher Temperatur zu ersetzen. Temperaturen zwischen 22 und 26°; der Segelflosser ist besonders wärmebedürftig. Hier sollte die Wasserwärme nicht für längere Zeit unter 24° absinken. Eine Filterung ist anzuraten; möglichst ist eine Wasserumlaufpumpe zu verwenden.
Die Brutpflege der Cichliden entschädigt für alle Sorgen, die uns diese Fische vielleicht hier und da einmal bereiten könnten. Die Vorbereitungen zur Brut sind schon hochinteressant, die Brutpflege mit Grubenbau, Betreuung des Eigeleges und der hilflosen Jungen und das später folgende, oft wochenlang währende Führen der Kleinen sind einfach unübertrefflich. Man bemühe sich aber nicht, zu viele der Jungen großzuziehen, da man für sie meist keine Abnehmer findet!

Zwergcichliden warm

Unter den Buntbarschen gibt es eine Reihe von Arten, die nicht nur wesentlich kleiner bleiben als die normalen Formen, sondern auch friedlicher sind und nicht wühlen.
Einige dieser Zwergcichliden kommen aus Südamerika. Sie gehören den Gattungen

1 Segelflosser *(Pterophyllum scalare)*
2 Marmorsegelflosser *(Pterophyllum scalare)*

1 Buntschwanz-Zwergbuntbarsch *(Apistogramma agassizii)* 2 Gelber Zwergbuntbarsch *(Apistogramma borellii)* 3 Kobaltorange-Buntbarsch *(Melanochromis johannii)* 4 Roter Cichlide *(Hemichromis lifalili)* 5 Rotbrustbuntbarsch *(Cichlasoma meeki)* 6 Purpurprachtbarsch *(Pelvicachromis pulcher)*

1 Blauer Kampffisch *(Betta splendens)* 2 Makropode *(Macropodus opercularis)*
3 Mosaikfadenfisch *(Trichogaster leeri)* 4 Zwergfadenfisch *(Colisa lalia)*

1 Brillantsalmler *(Moenkhausia pittieri)* 2 Kirschflecksalmler *(Hyphessobrycon erythrostigma)*
3 Neonsalmler *(Paracheirodon innesi)* 4 Punktierter Schrägsteher *(Nannostomus eques)*
5 Rotkopfsalmler *(Hemigrammus rhodostomus)* 6 Spritzsalmler *(Copella arnoldi)*

1 Zebrabärbling, Schleier *(Brachydanio rerio)* 2 Moosbarbe (Zuchtform von *Barbus tetrazona tetrazona*)
3 Keilfleckbärbling *(Rasbora heteromorpha)* 4 Bitterlingsbarbe *(Barbus titteya)*
5 Prachtbarbe *(Barbus conchonius)* 6 Odessa-Barbe *(Barbus ticto* subspec.)

1 «Mitternachtsmolly» *(Poecilia latipinna)* 2 Guatemala-Kärpfling *(Phallichthys amates)*
3 Spiegelkärpfling «Platy» *(Xiphophorus maculatus)* 4 Spiegelkärpfling «Tuxedo-Platy»
5 Schwertträger *(Xiphophorus helleri)* 6 Guppy, Triangelform *(Poecilia reticulata)*

1 Günthers Prachtgrundkärpfling *(Nothobranchius guentheri)* 2 Streifenhechtling *(Aplocheilus lineatus)* 3 Reiskärpfling *(Oryzias javanicus)* 4 Leuchtaugenfisch *(Procatopus spec.)* 5 Gebänderter Prachtkärpfling *(Aphyosemion bivittatum bivittatum)*

1 Punktierter Panzerwels *(Corydoras paleatus)* 2 Metallpanzerwels (wahrscheinlich Kreuzung zwischen *Corydoras aeneus* und *C. eques*) 3 Goldstreifenpanzerwels *(Corydoras aeneus)* 4 Schwielenwels *(Hoplosternum thoracatum)* 5 Antennenwels *(Ancistrus spec.)*

Apistogramma und Nannacara an. Man kann auch den inmitten einer großwüchsigen Verwandtschaft kleiner bleibenden Tüpfelbuntbarsch zu dieser Gruppe zählen. Im tropischen Westafrika sind es die Prachtbarsche, die kleiner bleiben, sehr schöne und eigenartige Fische von «exotischem» Aussehen.

Im allgemeinen hält man die Zwergcichliden am besten paarweise. Hat man größere Behälter zur Verfügung, so kann man versuchen, eine kleine Gesellschaft zusammenzustellen, etwa von mehreren Paaren der gleichen Art oder verschiedenen Arten von Zwergcichliden. Man muß dabei berücksichtigen, daß die Tiere Reviere besetzen, die eine gewisse Größe haben müssen und um die sie auch kämpfen. Der Agassiz-Buntbarsch, die Prachtbarsche und die Weibchen von Nannacara können untereinander sehr unverträglich sein, insbesondere während der Laichzeit.

Ein Spezialaquarium für eine Zwergbuntbarschart richtet man genauso ein wie ein Gesellschaftsaquarium für mehrere Arten bei entsprechender Beckengröße (vgl. Seite 66).

Verhalten und Fortpflanzung dieser kleinen Buntbarsche ist ebenso interessant wie bei den großen, offenbrütenden Arten. Allerdings entziehen sich die Eiablage und die Brutpflege bis zum Freischwimmen der Jungfische meist unseren Blicken, da sie in der Höhle stattfinden. Die orange bis kirschrot gefärbten Eier werden an der Höhlendecke angeheftet. Das erfolgt mit einem «stielähnlichen» Gebilde an einem Pol des Eies. Durch das vorwiegend vom Weibchen ausgeführte Befächeln des Laiches gewinnt man infolge der polständigen Aufhängung den Eindruck, daß bereits die Eier «zappeln» würden. Die geschlüpften, mit dem Dottersack versehenen und noch nicht schwimmfähigen Larven werden ebenfalls noch in der Höhle betreut. Erst wenn der ganze Schwarm freischwimmt, erfolgt der erste Ausflug. Besonders bei den Arten der Gattung *Apistogramma* lassen sich jetzt charakteristische Zeichnungsmuster, vorwiegend bei dem in der Regel pflegenden Weibchen, beobachten, auf die der Jungfischschwarm in seinem Verhalten bei «Gefahr» oder «Entwarnung» reagiert.

Vielfarbiger Maulbrüter warm

Eine ganze Reihe von Cichliden ist dadurch bemerkenswert, daß Eier und Junge in der erweiterten Mundhöhle und in einem besonderen Kehlsack erbrütet werden. Für unser Aquarium kommen besonders kleinere afrikanische Maulbrüter in Betracht, die nur etwa 6 bis 12 cm lang werden. Es sei als Beispiel der Vielfarbige Maulbrüter zu nennen. Die Brutpflege ist so interessant, daß man sie unbedingt erlebt haben muß. Man hält die Tiere paarweise, denn die Männchen können, vor allen Dingen in kleineren Behältern, außerordentlich angriffslustig und bissig sein. Deshalb muß das Aquarium stellenweise dicht mit buschigen Pflanzen bepflanzt werden. Zur Bepflanzung eignen sich: Sumpfschraube, Hornfarn, Indischer Wasserstern, Wasserkelche, Krause Wasserpest, Sumpffreund. Einrichtung: feiner bis mittlerer Sand, einige flache Steine, Wurzeln, Rohr, Rückwand 2. Durchlüftung und Filter sind bei paarweiser Besetzung nicht notwendig, auf alle Fälle muß aber geheizt werden. Die Maulbrüter nehmen lebende Nahrung und auch Trockenfutter. Das Wasser soll klar, nicht zu alt und nicht zu frisch sein. Temperatur: 22 bis 26° zeitweise auch mehr oder weniger.

Die Männchen werben mit Flossenspreizen und unter heftigem Erzittern um das Weibchen. Sie heben im feinen Sand mit Maul und Flossen flache, kreisrunde Gruben aus. Die laichreifen Weibchen suchen das Männchen auf; beide Tiere laichen dann in der

Grube ab, das Weibchen nimmt die Eier ins Maul. Danach zieht es sich ins Pflanzendickicht zurück. Das Männchen sollte dann vorsichtig herausgefangen werden.
Die Eier entwickeln sich im Kehlsack; gegen das Licht kann man sie liegen sehen. Das Weibchen frißt in dieser Zeit im allgemeinen nicht. Nach 11 Tagen erscheinen die Jungen, die dann schon schwimmfähig sind und sofort feinstes Lebendfutter fressen. Sie werden bei Gefahr und nachts noch einige Tage ins Maul aufgenommen. Nach dieser Zeit kümmert sich das Weibchen nicht mehr um die Kleinen. Diese können sehr leicht aufgezogen werden.
Für die attraktiven, aber auch größeren Maulbrüter-Arten aus dem Malawi- und Tanganjikasee kann eine paarweise Haltung nicht empfohlen werden. Diese Arten können in einem auf Seite 67 beschriebenen großen Gesellschaftsaquarium besser gehalten werden.

Blaubarsch und Vielstachler warm

sind nahe miteinander verwandte kleine Barsche. Der erste ist in Vorder- und Hinterindien, der zweite im tropischen Südamerika zu Hause. Den Blaubarsch hatten wir schon in unseren Vorschlägen für Gesellschaftsaquarien erwähnt, doch kann man ihn ohne weiteres auch im Artenaquarium pflegen. Beide Fischarten sind allerdings nur etwas für den Liebhaber ruhiger Fische.
Die Einrichtung des Aquariums kann ungefähr den Vorschlägen entsprechen, die wir auf den Seiten 62 und 69 machten. Auf alle Fälle ist für ausreichende Versteckplätze aus Steinen, Wurzeln und Kokosschalen zu sorgen. Die Fische, vor allem die Männchen, besetzen Reviere rings um die erwählten Höhlenverstecke, die sie gegen Eindringlinge verteidigen.
Im kleinen Aquarium halten wir jeweils ein Männchen und zwei Weibchen zusammen, in größeren Behältern kann man auch mehrere Paare pflegen. Die Fische stellen keine sonderlichen Raumansprüche. Sie verbergen sich in ihren Höhlen, kommen ab und zu daraus hervor, entweder um auf Futterjagd zu gehen oder um die Weibchen zu umwerben. Freilich muß man Geduld haben. Man muß also schon eine Weile vor dem Aquarium ruhig sitzen bleiben, bevor man etwas von dem geruhsamen Leben dieser Einzelgänger verspürt.

Der Blaubarsch ist ein verhältnismäßig friedlicher Kleintierfresser. Lediglich in der Laichzeit werden die Männchen etwas lebendiger und angriffslustiger. Sie färben sich dann ganz dunkel und schießen wie die Kobolde aus ihrem Versteck hervor. Der Vielstachler, nach dem bekannten Naturforscher auch Schomburgks Vielstachler genannt, ist dagegen ein «großer» Räuber, natürlich im Verhältnis zu seiner geringen Körpergröße gesehen.
Er besitzt ein unverhältnismäßig großes Maul, das er weit ausstülpen kann. Mit Vorliebe frißt er kleine Fische, die er langsam beschleicht, um sie dann mit einem überraschenden Vorschnellen des Maulapparates einzufangen. Der Vielstachler frißt aber auch Wasserinsekten und ihre Larven, Mückenlarven, Regenwürmer und große Daphnien.
Beide Fische sind Höhlenbrüter. Die der Paarung vorangehende Balz ist sehr interessant. Die Männchen bewachen das Eigelege und die in den ersten Tagen hilflosen Jungen, die leicht aufgezogen werden können.

Halbschnabelhechte warm

Die aus der südasiatischen Inselwelt (Celebes, Sumatra, Borneo) sowie aus Thailand stammenden lebendgebärenden Halbschnabelhechte sollen am Schluß unserer Betrachtungen stehen. Diese überaus schlanken, aber lebhaften Oberflächenfische sind so recht für ein Artenaquarium geeignet. In einem Gesellschaftsbecken ginge viel von der Wirkung dieser Tiere verloren. In der Aquaristik ist der Hechtköpfige Halbschnäbler am weitesten verbreitet.
Charakteristisch für diese Fische ist die eigenartige Kopfform: Oberkiefer und Zwischenkiefer sind fest miteinander verwachsen und gegen den übrigen Schädel beweglich. Der fast doppelt so lange Unterkiefer ist unbeweglich.
Ein langes und flaches Aquarium ist für die Haltung und Zucht dieser Fische gut geeig-

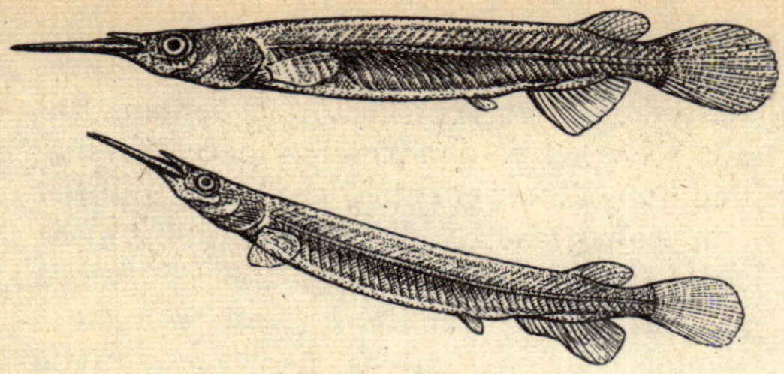

net, die Einrichtung spielt eine untergeordnete Rolle und kann dem persönlichen Geschmack überlassen bleiben. Bedingung ist lediglich eine lockere Schwimmpflanzendecke aus Hornfarn, Riccia, Büschelfarn oder der Muschelblume. Obwohl man mehrere Tiere zusammen halten kann, sind die Männchen untereinander streitsüchtig und können sich an den Kiefern verletzen. Dem wird durch die Schwimmpflanzen vorgebeugt. Außerdem sind die Tiere recht schreckhaft und würden bei einer pflanzenfreien Oberfläche sich sehr leicht an den Glasscheiben den Unterkiefer wund stoßen. Solche Verletzungen können sogar tödlich enden.
Die Fische stellen keine übermäßigen Temperaturanforderungen, 20–24 °C sind ausreichend. Problematischer ist die richtige Ernährung. Zwar nehmen die Tiere fast jedes Futter der richtigen Größe an, die Ernährung spielt aber eine große Rolle für die Zucht. Das ideale Futter besteht aus kleinen Insekten und deren Larven. Besonders bei der Verfütterung von Essigfliegen beginnt ein wildes Treiben, die Fische bringen die Wasseroberfläche förmlich zum «Kochen». Es konnte gezeigt werden, daß jedoch auch als ein gutes Ersatzfutter in pflanzlichen Ölen gewälzte Enchyträen geeignet sind. So ernährte Tiere schreiten willig zur Fortpflanzung, die Wurfzahlen sind jedoch gering. Große Weibchen werfen 10–20 Jungfische, oft weniger. Die 1 cm großen Jungfische sind ihren Eltern noch nicht sehr ähnlich; der Unterkiefer wächst erst später heraus.
Der Hechtköpfige Halbschnäbler ist alles in allem ein sehr empfehlenswerter Fisch für das Artenaquarium. Da er für Massenzuchten in Zierfischzüchtereien ungeeignet ist, trägt jeder Liebhaber, der sich zur Haltung dieser interessanten Art entscheidet, gleichzeitig auch zu ihrer Erhaltung für die Aquaristik bei.

Wasserpflanzen für das Kaltwasseraquarium

Für das Kaltwasseraquarium stehen uns sehr dankbare Wasserpflanzen zur Verfügung, die teils ganzjährig, teils aber nur im Sommer in Vegetation sind. Die wichtigsten sind auf der nebenstehenden Tafel, manchmal auch zusammenfassend für mehrere Arten, abgebildet. So gibt es z. B. mehrere Tausendblattarten. Wir haben aber nur ein Tausendblatt abgebildet, ohne daß das Bild Anspruch darauf erhebt, eine bestimmte Art darzustellen. Einige der Kaltwasserflanzen lassen sich auch an wärmeres Wasser gewöhnen, so z. B. das Schwimmende Stern-Lebermoos, die Pfeilkräuter, das Pfennigkraut, die Ludwigie, das Quellmoos, der Kalmus und der Kleefarn.

Das Schwimmende Lebermoos *(Riccia fluitans)* ist ein lebhaft grünes Lebermoos, das geweihartig verzweigt ist und unter der Oberfläche dichte Polster bildet. Die Pflanzen benötigen reichlich Licht, wenn sie gedeihen sollen. Bei über 10 °C bleiben sie auch im Winter grün; das in unseren Wasserpflanzengärtnereien kultivierte Moos ist vermutlich aus tropischen Ländern eingeführt.

Der Froschbiß *(Hydrocharis morsus ranae)* ist eine hübsche Schwimmpflanze mit runden Blättern und kleinen weißen Blüten, die frei an der Oberfläche treibt. Zuviel Sonne ist ungünstig, reichlich Licht aber erforderlich. Um Schwitzwasserbildung zu vermeiden, ist die Deckscheibe schräg zu lagern. Der Froschbiß zieht im Herbst ein und bildet Brutknospen, die im Frühjahr wieder austreiben. Am besten sammelt man die Jungpflänzchen in jedem Frühjahr im Freien ein. Der Froschbiß wird gern von Schnecken angefressen.

Die Wasserpest (*Elodea canadensis*, Kanadische W.) ist aus Kanada bei uns eingeschleppt worden, kann aber heute als einheimische Pflanze gelten. Sie ist eine vorzügliche Sauerstoffspenderin, falls sie reichlich

Licht erhält, und bleibt auch im Winter grün. Sie gedeiht sowohl im Boden verankert als auch freischwimmend; die Vermehrung erfolgt durch Seitentriebe.

Das Hornkraut (*Ceratophyllum demersum,* Rauhes H., und *C. submersum,* Glattes H.) ist eine schöne, fein gefiederte, etwas zerbrechliche Pflanze. Reichlich Licht ist erwünscht, zuviel Sonne aber nicht angebracht. Die Hornkräuter ziehen im Herbst ein. Sie gedeihen im Boden verankert, aber auch freischwimmend. Vermehrung durch Seitentriebe. Bei zu lang werdenden Trieben schneidet man die Spitzen ab und steckt diese in den Sand. Der untere Teil des Triebes schlägt nicht in jedem Fall wieder aus.

Das Tausendblatt (*Myriophyllum,* verschiedene Arten) ist in unserer Heimat häufig anzutreffen, auch sind einige Kaltwasserarten aus Nordamerika eingeführt worden. Es sind buschig wachsende Pflanzen mit feinfiedrigen Blättern, die Helligkeit lieben, bei zuviel Sonne aber leicht veralgen. Nicht bei gründelnden Fischen verwenden! Vermehrung durch Seitentriebe; die Pflanzen wurzeln im Boden, Die meisten Tausendblätter bleiben auch im Winter grün.

Unterwasserformen von Pfeilkräutern (*Sagittaria subulata,* Schwimmendes Pfeilkraut und andere) sind meist aus Nordamerika zu uns gekommen. Es sind grasähnliche Pflanzen, die sich durch Ausläufer vermehren. Häufig treiben sie an dünnen Stielen Schwimmblätter von ovaler Gestalt. Die Pflanzen wurzeln im Boden; sie lieben zwar Helligkeit, gedeihen aber auch bei geringerer Beleuchtung zufriedenstellend. Sie bleiben auch im Winter grün. Von den ihnen äußerlich ähnelnden Sumpfschrauben (Vallisnerien) unterscheiden sie sich u. a. dadurch, daß sie enger zusammenliegende Blattnerven besitzen.

Das Pfennigkraut *(Lysimachia nummularia)* ist keine ausgesprochene Wasserpflanze, sondern wächst an den Uferrändern. Es kann aber lange Zeit unter Wasser weiterwachsen, ist sehr ausdauernd und von lebhafter grüner Farbe. Die Pflanze wurzelt im Boden; Vermehrung durch Stecklinge, die rasch anwachsen. Reichliches Licht ist erforderlich; im Winter gehen die Pflanzen zurück, doch kann dieser Vorgang im beleuchteten Warmwasseraquarium sehr verzögert werden. Auf alle Fälle ist es zweckmäßig, dem Pfennigkraut im Winter bei niedrigen Temperaturen eine Ruhepause zu gönnen oder im Frühjahr neue Pflanzen einzusammeln. Bei zu warm gehaltenen Pflanzen muß damit gerechnet werden, daß sie im Wuchs vergeilen; die Stengelknoten mit den daran sitzenden Blättern ziehen sich weit auseinander.

Ludwigia, Fettblatt und Japanisches Schaumkraut (Ludwigia, verschiedene Arten, *Bacopa caroliniana* und *Cardamine lyrata*) sind aus den gemäßigten Zonen anderer Erdteile zu uns gelangt. Für sie gilt das gleiche, was auch über das Pfennigkraut gesagt wurde; so bleiben diese Pflanzen auch im Winter in Vegetation, wenn sie ausreichend Licht erhalten. Alle diese Gewächse eignen sich sehr gut für Uferaquarien. Sie benötigen viel Licht, möglichst Sonne.

Das Quellmoos *(Fontinalis antipyretica)* ist eine unserer schönsten einheimischen Wasserpflanzen. Es bildet dichte Büsche und ist sehr haltbar. Pflanzen aus nicht zu kalten Gewässern gewöhnen sich leichter ein; man bringe sie möglichst mit ihrer Unterlage, an die sie sich angeheftet haben, ins Aquarium. Das Quellmoos liebt Helligkeit, soll aber nicht zuviel Sonne erhalten. Es bleibt auch im Winter grün. Quellmoose sind sehr veränderlich. So können sie z. B. im Warmwasseraquarium, in das sie sich langsam eingewöhnen lassen, ein ganz anderes Aussehen annehmen.

Der grasblättrige Kalmus *(Acorus gramineus)* stammt aus Ostasien und kommt in mehreren Formen vor. Er hat steife, grasförmige Blätter von frischer grüner Farbe. Der kräftige Wurzelstock haftet im Boden. Die Pflanzen wachsen langsam, sind aber sehr ausdauernd. Sie kommen auch mit weniger Licht aus; im Winter bleiben sie grün.

Der Kleefarn *(Marsilea quadrifolia)* besitzt einen langen, kriechenden Wurzelstock, aus dem eines hinter dem anderen auf langen Stielen die Blätter stehen, die wie vierblättriger Klee aussehen. Die Pflanzen wachsen langsam; sie bleiben auch im Winter grün.

Riccia
Froschbiß
Kanadische Wasserpest
Schwimmendes Pfeilkraut
Hornkraut
Tausendblatt
Fettblatt
Pfennigkraut
Ludwigie
Japanisches
Schaumkraut
Quellmoos
Grasblättriger Kalmus

Pflanzen, die mäßig warmes Wasser vertragen

Wasserpflanzen für mäßig warme Aquarien gibt es in genügender Auswahl. Teils vertragen manche Kaltwasserpflanzen zeitweise auch höhere Wärmegrade, wenn sie daran gewöhnt werden, so z. B. Pfennigkraut, Ludwigia, Quellmoos, Riccia, Graskalmus und Pfeilkräuter, andernteils können viele Warmwasserpflanzen auch «halbwarm» kultiviert werden, so z. B. Zwergwasserschlauch, manche Wasserähren, Indischer Wasserstern und Indischer Wasserwedel, die Karolinasche Haarnixe und einige andere mehr. An dieser Stelle sollen lediglich einige Wasserpflanzen aufgeführt werden, die für mäßig warme Aquarien besonders gut geeignet sind.

Die Dichtblättrige oder Argentinische Wasserpest *(Egeria densa)* ist eine schöne, frischgrüne und sehr schnellwüchsige Pflanze, die besonders gut im Busch wachsend wirkt. Sie gedeiht sowohl im Boden verankert als auch freischwimmend. Vermehrung durch Seitentriebe; jedes Stengelstück kann sich zu einer selbständigen Pflanze auswachsen. Bei genügend Licht, das die Wasserpest sehr liebt, ist sie eine ausgezeichnete Sauerstoffspenderin. In schwach beleuchteten Aquarien löst sie sich bald auf.

Die Krause Wasserpest *(Lagarosiphon muscoides var. major)* stammt aus Afrika. Sie ist mit der vorstehenden Art nahe verwandt; ihre Lebensansprüche sind die gleichen.

Die Gemeine Sumpfschraube (*Vallisneria spiralis*; eine Form mit gedrehten Blättern ist *V. americana*, die Schrauben-Vallisnerie) ist über die wärmeren Gegenden fast der ganzen Erde verbreitet. Sie wurzelt im Boden, die Vermehrung erfolgt durch Ausläufer. Die Sumpfschraube liebt reichlich Licht, aber nicht zuviel Sonne.

Das Seegrasblättrige Trugkölbchen *(Heteranthera zosteraefolia)* stammt aus Südamerika. Es wirkt besonders in kleineren, buschigen Beständen. Vermehrung durch Seitentriebe und Stecklinge. Die Pflanzen wurzeln im Boden.

Die mittelgroße Amazonaspflanze *(Echinodorus latifolius)* stammt aus Südamerika. Es ist eine äußerst anspruchslose Pflanze, die auch mit wenig Licht auskommen kann und große Temperaturschwankungen verträgt. Je nach Lebensbedingungen bildet sie verschiedene Wuchsformen aus. Die Pflanze wurzelt im Boden; die Vermehrung erfolgt durch Ausläufer, die abgetrennt werden können.

Wasserpflanzen für warme Aquarien stehen uns in großer Menge zur Verfügung. Wir können an dieser Stelle wiederum nur die wichtigsten vorstellen. Die für das mäßig warme Aquarium empfohlenen Arten können auch im Warmwasseraquarium kultiviert werden.

Die Riesen-Vallisnerie (*Vallisneria gigantea*, Riesen-Sumpfschraube) stammt von den Philippinen. Es ist eine schnellwüchsige, sehr dekorative Pflanze, die besonders für sehr große und hohe Aquarien geeignet ist. Sie wurzelt im Boden, die Vermehrung erfolgt durch Ausläufer. Die Riesen-Vallisnerie liebt reichlich Licht und Sonne.

Der Hornfarn *(Ceratopteris cornuta)* mit grob gefiederten Blättern und der **Sumatrafarn** *(Ceratopteris thalictroides)* mit fein gefiederten Blättern sind buschige und sehr gut wachsende Pflanzen für helle Standorte. Eine noch feiner gegliederte Form des Sumatrafarns ist als «Filigranfarn» im Handel. Alle Hornfarne können auch schwimmend kultiviert werden, am besten ist jedoch die nur grob gefiederte Art als

Schwimmfarn bekannt. Die Hornfarne sind schöne, zarte, hellgrüne Pflanzen. Sie sind etwas zerbrechlich; beim Einpflanzen muß man sie mit Glasnadeln befestigen, da sie sonst immer wieder nach oben treiben. Die Vermehrung erfolgt durch Jungpflanzen, die aus den Blattwinkeln kommen. Alte Pflanzen bilden ganze Familien. Die Hornfarne benötigen Wärme, viel Licht, möglichst auch etwas Sonne. Die Schwimmfarne sind empfindlich gegen Schwitzwasser; die Deckscheibe soll etwas schräg gelagert werden, damit das Wasser ablaufen kann.

Wasserkelche (Gattung: *Cryptocoryne*) zählen zu den beliebtesten Aquarienpflanzen. Es sind meist Sumpfpflanzen, die aber in der Regel untergetaucht kultiviert werden. Die Blätter sprossen an mehr oder weniger langen Stielen aus dem Wurzelstock; sie sind derb, kräftig grün und an der Unterseite manchmal rötlich. Wasserkelche benötigen einen hohen Bodengrund; die Vermehrung erfolgt durch Ausläufer. Die Pflanzen wollen es warm haben, nehmen aber meist mit wenig Licht vorlieb. Im Bilde zeigen wir Griffiths Wasserkelch *(C. griffithii)*, eine hohe breitblättrige Art, und Nevillis Wasserkelch *(C. nevillii)*. Von dieser Art gibt es eine schmalblättrige und breitblättrige Form. Alle Wasserkelche sind sehr zu empfehlen, neigen aber etwas zu Krankheiten, die ihnen gefährlich werden können. Die Blätter können dann in überraschend kurzer Zeit abfaulen; sichere Gegenmittel sind leider noch nicht bekannt geworden.

Der Südamerikanische Froschbiß *(Limnobium stoloniferum)* ist eine hübsche, lebhaft grüne Schwimmpflanze, die herzförmige, unterseits etwas schwammige Blätter besitzt. Die Vermehrung erfolgt durch Ausläufer. Die Pflanzen lieben Licht, müssen aber vor praller Sonne und vor Schwitzwasser bewahrt bleiben. (Deckscheibe schräg lagern!) Bei nicht zusagenden Bedingungen werden sie gelb und sterben schnell ab. Aus diesem Grunde findet man diesen Froschbiß relativ selten in Aquarien.

Der Kleinohrige Büschelfarn *(Salvinia auriculata)* stammt wie die vorstehende Art aus dem tropischen Südamerika. Die unterschiedlich großen, ovalen und stark behaarten Blättchen stehen paarweise hintereinander an einem Mittelstiel. Die Vermehrung erfolgt durch Sprossung. Die Pflänzchen lieben Sonne und Wärme, müssen aber gleichfalls vor Schwitzwasser behütet werden. Diese Farne sind stark veränderlich. Je nach Licht oder Temperatur werden die Schwimmblätter größer oder kleiner.

Der Zwergwasserschlauch *(Utricularia exoleta)* ist eine Pflanze, die sich zusätzlich von kleinsten, tierischen Organismen nährt. Die fadenförmigen, eng ineinander verschlungenen Triebe bilden dichte Knäuel unter der Wasseroberfläche. Die Blättchen sind haarfein; in den Blattwinkeln sitzen Fangblasen, mit deren Hilfe die Pflanze Einzeller fängt. Die Vermehrung erfolgt durch Pflanzenbruchstücke, die sofort weiterwachsen. Mäßige Helligkeit, nicht zuviel Sonne. Der Zwergwasserschlauch ist eine vorzügliche Ablaichpflanze und eine sichere Zufluchtstätte für Jungfische, zumal sich die Triebe frei schwimmend unter der Wasseroberfläche halten, die auch von vielen Jungfischen als Aufenthaltsort bevorzugt wird. In infusorienarmen Aquarien bilden sich die Fangbläschen nach und nach zurück, und die Triebe können dann leicht etwas sperrig und sehr dünn werden.

Die Amazonaspflanzen stammen aus dem tropischen und subtropischen Süd- und Mittelamerika. Die bekanntesten Arten sind: Grasartige Amazonaspflanze *(Echinodorus tenellus),* Mittlere Amazonaspflanze (*Echinodorus latifolius,* siehe mäßig warm!), Schmalblättrige Amazonaspflanze *(Echinodorus amazonicus),* Große Amazonaspflanze *(Echinodorus bleheri).*

Die Amazonaspflanzen sind eigentlich Sumpfpflanzen, werden aber im Aquarium fast ausschließlich untergetaucht kultiviert. Sie wurzeln im Boden; die kleineren Arten vermehren sich durch Ausläufer. Bei den größeren Arten bildet der langgestielte Blütenstand oft kleine Pflanzen aus, die am Boden verankert werden können und dort anwurzeln. Die Blätter sind immer zart und frischgrün, manchmal sind sie in der Länge sichelförmig gebogen. Die meisten Arten lieben helles Licht, lediglich die Mittlere Amazonaspflanze paßt sich verschiedenen Lichtverhältnissen an.

Die Schmalblättrige und die Große Amazonaspflanze sind besonders für geräumige Aquarien geeignet. Vor allen Dingen die letztere kann sehr stattliche Büsche bilden und gelegentlich Jungpflanzen an der Wurzelbasis hervorbringen, so daß eine solche Staude dann nicht selten aus mehreren Pflanzen besteht.

Die Haarnixen (*Cabomba aquatica,* Buschige Haarnixe, *C. caroliniana,* Karolinasche Haarnixe) sind hellgrüne, Büsche bildende Pflanzen, deren feingefiederte Blätter in Rosetten um den Stengel angeordnet sind. Sie stammen aus Amerika. Die Pflanzen wurzeln im Boden. Sie sind etwas anspruchsvoll: Viel Licht, Wärme, weiches Wasser und ungestörtes Wachstum sind zu ihrem Gedeihen notwendig. Zuviel Sonne ist wegen der Gefahr der Veralgung zu vermeiden.

Die Sumpffreunde (*Limnophila aquatica,* Riesen-Sumpffreund, und *L. sessiliflora,* Blütenstielloser S.) ähneln den Haarnixen sehr. Sie stammen aus Südostasien, ihre Blätter sind noch verzweigter als die der Cabomba, aber die Pflanzen sind nicht ganz so anpruchsvoll. Sowohl Haarnixen als auch Sumpffreunde sollen nicht mit gründelnden Fischen zusammengebracht werden, da sich der aufgewirbelte Mulm auf die Blätter setzt und die Pflanzen zum Absterben bringt. *L. gratioloides* (nicht aber *L. sessiliflora*) enthält einen für Fische gefährlichen Giftstoff. Man muß sich daher davor hüten, die Pflanzen im Aquarium zu verletzen, z. B. zu teilen oder zu beschneiden.

Härtels Wasserkelch *(Cryptocoryne affinis,* früher *C. haerteliana)* ist der wuchsfreudigste aller Wasserkelche. Die Pflanze nimmt mit verhältnismäßig wenig Licht vorlieb, ist aber wie alle Cryptocorynen etwas wärmebedürftig. Je nach Pflegebedingungen kann sie zwei Wuchsformen ausbilden: Entweder liegen die dunkelgrünen Blätter, die unterseits rot gemasert sein können, flach auf dem Boden auf, oder sie streben steil nach oben. Dieser Wasserkelch paßt sich jeder Aquariengröße an. Die Vermehrung erfolgt durch Ausläufer.

Die Wasserähren *(Aponogeton,* verschiedene Arten, vor allem *A. crispus)* sind sehr schöne, zarte und meist hohe Gewächse, die besonders für größere Aquarien geeignet sind. Sie lieben zum Teil Licht und Wärme, mit einer winterlichen Ruhepause bei niedrigen Temperaturen. Weiches Wasser ist angebracht. (Die Gitterpflanzen, die ebenfalls zu dieser Gattung gehören, bedürfen einer besonders sorgfältigen Behandlung nach hier nicht angegebenen Gesichtspunkten.)

Der Indische Wasserstern *(Hygrophila polysperma)* ist eine der schönsten und dankbarsten Aquarienpflanzen. Der Wasserstern bildet dichte Büsche, die Vermehrung erfolgt durch Sprosse, die in den Boden gesteckt werden können. Die Pflanze ist durchaus nicht anspruchsvoll, liebt aber helles Licht.

Der Riesenwasserstern und der Indische Wasserwedel *(Nomaphila corymbosa* und *Hygrophila difformis)* sind mit der vorstehenden Art verwandt, aber mehr für größere Aquarien geeignet. *H. difformis*

bildet große Rosetten gefiederter Blätter, die je nach Lichtintensität in der Form recht unterschiedlich sein können. Neuerdings ist im Handel auch eine dekorative Zuchtform mit weißlichen Blattadern erhältlich. Beide Arten sind bei ausreichender Beleuchtung sehr wuchs- und vermehrungsfreudig. Vermehrung durch Stecklinge.

sind das Beobachtungsmaterial, das dem Naturfreund jederzeit ohne besondere Kosten zur Verfügung steht. Rasch sind die Behelfsgläser aufgestellt, für die selbst im kleinsten Zimmer noch ein passender Platz zu finden ist. Ein oder zwei Einmachgläser, einige Ranken Wasserpest hinein – und schon sind die Behelfsaquarien fertig, die uns den ganzen Sommer mit stets wechselnder Besetzung die lohnendsten Beobachtungsmöglichkeiten zu bieten vermögen.

Beim Futterfang macht der Aquarienfreund gewöhnlich nähere Bekanntschaft mit der vielfältigen Lebewelt der Tümpel, denn immer wieder geraten diese oder jene Kleintiere in sein Netz, die seine Wißbegierde wecken. Was ist das für ein Tier, wie heißt es und wie lebt es? Das sind die ersten Fragen, die eine Beantwortung verlangen. Nach kurzer Zeit schon werden wir dann bemerken, daß wir uns wieder ein wesentliches Stück unserer Heimat erobert haben, nämlich die Welt unter der spiegelnden Wasseroberfläche. Schon aus diesem Grunde sollte man wenigstens ab und zu einmal sein Futter selbst fangen, man sollte «tümpeln» gehen.

«Tümpeln» bedeutet Bereicherung unseres Wissens, denn nirgendwo in der Natur sind Lebensvorgänge der verschiedensten Art so mühelos zu studieren wie am Tümpel, wo sich alles auf relativ engem, vor allem aber auf umgrenztem Raum abspielt. Die Beobachtungen, die wir draußen machen, bleiben nicht ohne Rückwirkungen auf unsere aquaristischen Bemühungen. In demselben Maße, wie wir das natürliche Bild in uns aufnehmen, wird auch das Aussehen unseres Aquariums natürlicher.

Es kommt noch hinzu, daß man viele der Tümpeltiere mit nach Hause nehmen und sie hier in aller Ruhe beobachten kann. Diese Beschäftigung wird die Ehrfurcht vor der Natur in uns stärken und wird uns lehren, daß uns auch das bescheidenste Lebewesen unendlich viel sagen kann.

Gönnen wir den Tieren des Tümpels zu Hause einen Platz im gesonderten Beobachtungsglas! Wir lernen oft fast wunderbar zu nennende Anpassungsformen kennen: die Tarnungskunst der Stabwanze, die wie Injektionsspritzen wirkenden Kiefer mancher Käferlarven, die mannigfaltige Technik der Atmung, die einzigartige Taucherglocke der Wasserspinne, die Lebenswunder der gefürchteten Hydra und vieles, vieles mehr.

Hier bietet sich dem Aquarienfreund auch eine Beziehung zu einem sehr interessanten, benachbarten Fachgebiet an, nämlich zur Terrarienkunde. Viele Terrarienfreunde haben mit der Aufzucht von Fröschen aus Froschlaich begonnen und beobachteten mit großer Spannung und Freude die Umwandlung der Kaulquappen zum fertigen Frosch. Die anspruchslosen und possierlichen Kaulquappen kann man schon kleineren Kindern zur Pflege anvertrauen, um sie an die Wunder der Natur heranzuführen.

Ein Heimataquarium mit Landteil, möglichst mit einem luftigen Gazeaufsatz versehen, kann uns Gelegenheit bieten, einen sehr natürlichen Geländeausschnitt zu modellieren, in dem viele Tiere des Tümpels und des Ufers gleichzeitig Platz finden.

Vor allem die Schule sollte sich die vielfältigen Möglichkeiten nicht entgehen lassen, den Biologieunterricht lehrhaft und anschaulich zu gestalten. Dazu bedarf es keines Schuletats – die Anschauungsobjekte bietet uns die Natur freigebig an. Das Schulaquarium soll sich dem Lehrplan anpassen. Es kommt somit weit weniger auf seine ästhetische Wirkung als darauf an, daß sich einige der Lebensvorgänge, die im Unterricht behandelt werden, hinter den Glasscheiben vor den Augen der Schüler abspielen.

Im Zierfischaquarium haben alle diese Lebewesen freilich nichts zu suchen, denn so interessant sie durchweg sind, so leicht werden sie im mit Fischen besetzten Aquarium zu unliebsamen Gästen, die erheblichen Schaden anrichten können.

Zwar werden auch unsere Zierfische in der freien Natur mit sehr vielen Wasserinsekten und anderen Kleintieren zusammenleben, aber dort können sie sich doch mehr oder weniger aus dem Wege gehen. Im beengten Aquarium dagegen könnten unsere Pfleglinge nur zu leicht den Angriffen einer im Pflanzendickicht verborgenen Libellenlarve zum Opfer fallen. Auch eine Massenvermehrung von Schwämmen, Polypen oder ähnlichen niederen Tieren, die wir vielleicht im Einmachglas mit größtem Interesse unter die Lupe nehmen werden, würde sicherlich sehr unschön aussehen und unseren Wünschen und Vorstellungen entgegenstehen.

Wenn man aber als Aquarienfreund von «Schädlingen» spricht und z. B. der Hydra einen erbitterten Kampf ansagt, so soll man immer daran denken, daß diese Einschätzung nur vom Gesichtspunkt der Zierfischpflege her berechtigt ist. In der freien Natur haben alle diese Tiere ihren nicht wegzudenkenden Anteil an der Gesellschaft von Lebewesen, die unsere Gewässer für den Naturfreund so fesselnd und lehrreich macht.

Vergeßt die heimatliche Natur nicht! Das ist die Mahnung, die wir den angehenden Aquarienfreunden mit auf den Weg geben möchten. Die Aquarienliebhaberei soll keine weltabgewandte Naturschwärmerei sein, die sich nur auf das Zimmer beschränkt, aber an den Schönheiten der Heimat blinden Auges vorübergeht. Wenn wir in den vorstehenden Zeilen vom Reichtum der Gewässerwelt sprachen, so wollen wir doch auch nicht übersehen, daß diese kleinen Gewässer heute schwer bedroht sind! Trockenlegen, Verschütten und Ver-

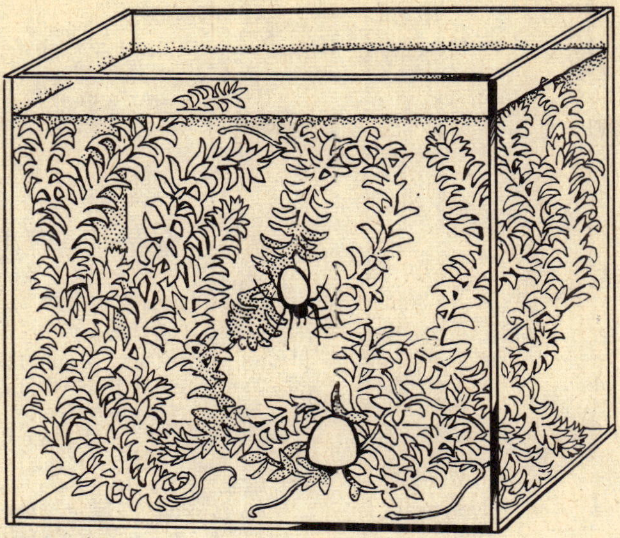

Wasserspinne

Wasserkäfer

Süßwasserpolypen

schmutzungen gefährden auch sie, wenn nicht jeder Naturfreund sich für Schutz und Erhaltung der heimatlichen Natur mit verantwortlich fühlt. Aquarienpflege ist ohne die kleinen Gewässer der Heimat nicht denkbar, wobei man, wie aus dem zuvor Gesagten deutlich hervorgeht, nicht nur an die Tatsache denken sollte, daß sie wichtige Futterquelle für unsere Aquarienfische sind.

Schwämme, Hohltiere, Würmer

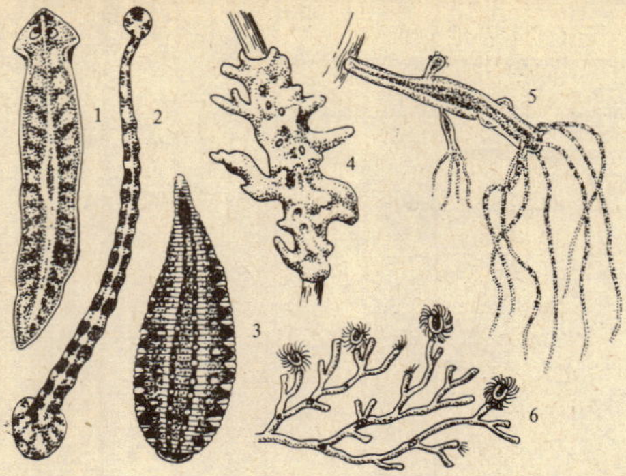

1. Planarien, als «Scheibenwürmer» bekannt, Längen von 10 bis 25 mm. Unangenehme Schädlinge. (Hungrige Makropoden und Fadenfische sollen die Würmer vertilgen!)
2. Gemeiner Fischegel. Schmarotzt an Fischen. Länge bis 10 cm. Nicht ins Fischaquarium bringen!
3. Schneckenegel. Länge 1 bis 3 cm. Saugt an Wirbellosen Tieren, für Fische harmlos.
4. Süßwasserschwamm. Kann große graugelbliche Kolonien bilden. Riecht unangenehm. Harmlos.
5. Süßwasserpolyp, Hydra. Sehr gefürchtet. Länge ohne Fangarme etwa 10 mm. Massenvermehrung; wird z. B. von hungrigen Fadenfischen gefressen. Interessant!
6. Moostierchen. Bildet verzweigte Kolonien an Pflanzen und Scheiben. Stark vergrößert. Harmlos!

Wasserkäfer

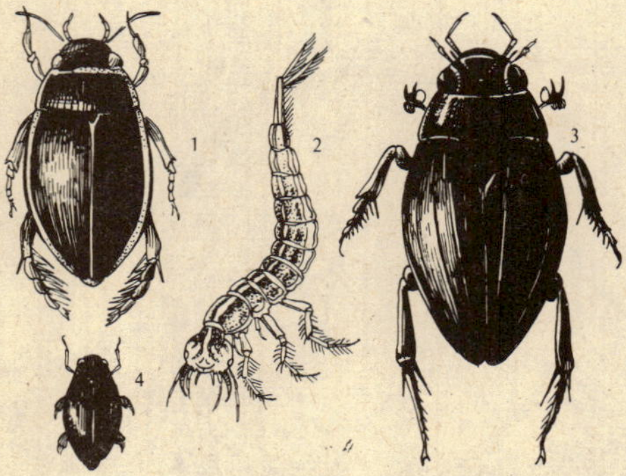

Die beim Futterfang mitunter im Netz befindlichen Gelbrandkäfer (1), die Larven des Gelbrandkäfers (2) sowie der Kolbenwasserkäfer (3) sind gesetzlich geschützt und dürfen ohne spezielle Genehmigung auf keinen Fall aus der Natur entnommen werden. Der Taumelkäfer (4) hingegen kann aquaristischen Betrachtungen zugeführt werden. Er schwimmt in Kreisbahnen an der Oberfläche, kann aber auch tauchen. Im Aquarium hält er sich meist nicht lange und fliegt weg, wenn wir es nicht mit einem Gazedeckel versehen. Länge 5–7 mm.

Wasserwanzen

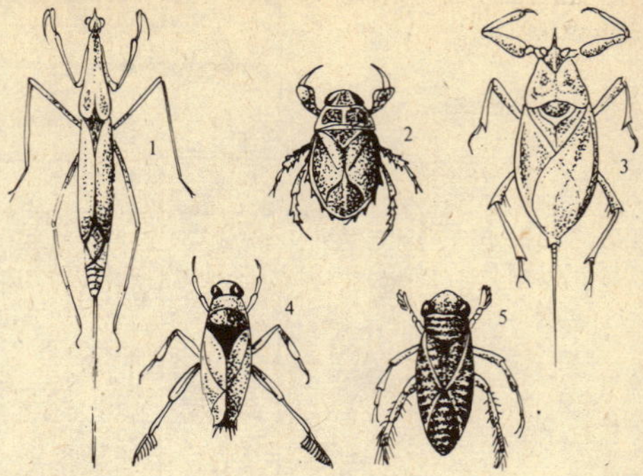

1. Stabwanze. Ein Meister der Tarnung; lauert im Pflanzendickicht auf Beute (kleine Wassertiere, auch Jungfische). Länge 3 bis 4 cm. Im Heimataquarium sehr interessant!
2. Schwimmwanze. Ergreift mit den Vorderbeinen die Beute, auch Jungfische. Stich schmerzhaft. Länge 12 bis 16 mm. Gewandter Schwimmer.
3. Wasserskorpion. Hat mit den echten Skorpionen nichts zu tun. Lebensweise wie die Stabwanze. Länge bis 3 cm. Interessant!
4. Rückenschwimmer. Mehrere Arten; bis 3,6 cm. Ernähren sich von kleineren Wassertieren, auch von Jungfischen. Stich schmerzhaft. Interessant, aber nicht mit wertvollen Fischen zusammenbringen.
5. Ruderwanze. Schwimmt normal. Länge bis 15 mm. Harmlos, nährt sich von Abfällen und Algen.

Köcherfliegen- und Steinfliegenlarven

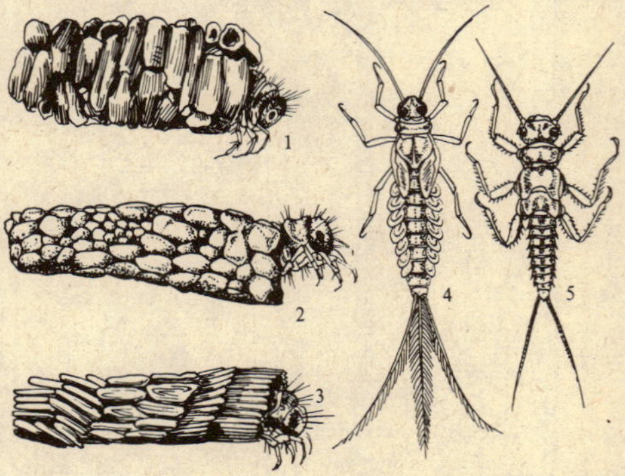

1.–3. Die Larven der Köcherfliegen, von den Anglern «Sprock» genannt, treffen wir in jedem Tümpel an. Sie bauen sich je nach der Art köcherartige Gehäuse aus ganz verschiedenem Material, z. B. aus Steinchen, kleinen Schneckengehäusen, Holzteilen usw., in denen die Larven ziemlich fest verankert sitzen. Sie nähren sich von Pflanzen und Abfallstoffen. Im Heimataquarium sind sie interessante, harmlose Pfleglinge. Sie sind ein gutes Futter für große Fische, z. B. für Cichliden.

4.–5. Die Larven von Steinfliegen und Eintagsfliegen finden wir oft im Lebendfutter. Die letzteren

(4) können als harmlos gelten, die Steinfliegenlarven dagegen (5) vergreifen sich zum Teil auch an Jungfischen. Länge bis 15 mm.

Libellenlarven

Alle Libellen sind gesetzlich geschützt, ihre Larven sind bei versehentlichem Fang wieder in das Gewässer zurückzusetzen. Die Beobachtung der herrlichen Libellen ist ohnehin in der freien Natur am besten möglich.

Die Wasserspinne

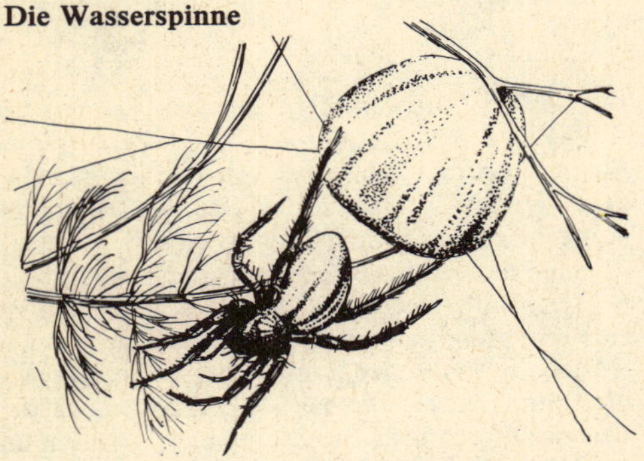

Eines der interessantesten Wassertiere unserer Heimat. Die Haltung im Behelfsaquarium kann nur empfohlen werden. Körperlänge etwa 10 bis 16 mm. Die Spinne kann unter Wasser nur leben, weil sie sich glockenförmige Gespinste baut, die sie mit Luft füllt und in denen sie haust. Diese Glocken haben verschiedene Form und dienen auch verschiedenen Zwecken (Wohnglocke, Eiglocke, Überwinterungsglocke). Die Luft wird von der Oberfläche geholt. Sie bleibt am dicht behaarten Hinterleib hängen, der dadurch wie von Silber umhüllt aussieht, und wird in den Glocken abgestreift. Die Nahrung besteht aus verschiedenen Kleintieren. Die Mutter bewacht die Brutglocke mit den Eiern und Jungen. Wasserspinnen sind vor allem in dicht bewachsenen, stehenden Gewässern anzutreffen.

Krebstiere

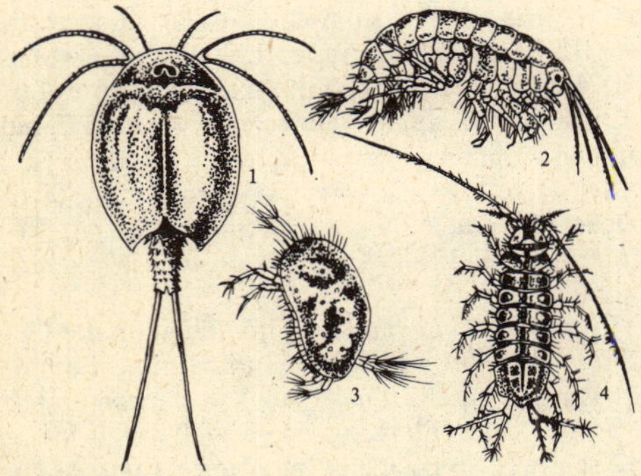

Von den vielfältigen Formen der Krebstiere kann nur eine kleine Auswahl gezeigt werden.

1. Der Kiemenfuß. Erscheint von April bis Oktober in periodisch austrocknenden flachen Gewässern. Sehr interessant. Länge mit Borsten 10 cm.
2. Bachflohkrebs. In fließenden Gewässern, zwischen Quellmoos usw. Nahrhaftes Futter für größere Fische, kann aber Krankheiten übertragen. Länge 1,5 cm.
3. Muschelkrebs. Bewegt sich überkugelnd hurtig durch das Wasser. Gehäuse bis 2 mm. Wird von Fischen nicht gefressen. Vorsicht, geht an Jungfische!
4. Wasserassel. Lebt im ruhigen Wasser zwischen modernden Blättern und Pflanzen. Nahrhaftes Futter für größere Fische.

Krebse

Die Krebse (bei uns heute meist der amerikanische Flußkrebs) sind sehr lohnende und auch ausdauernde Pflegeobjekte im Heimataquarium, wenn man sich mit ihrer Pflege etwas Mühe gibt. Man richtet ihnen ein nicht zu kleines Aquarium mit sauber gewaschenem Kies ein und baut aus Steinen einige fest aufsitzende Höhlenverstecke. Auch ein Wurzelstock kann gute Dienste leisten. Filterung und Durchlüftung müssen empfohlen werden. Die Krebse sitzen bei Tage gewöhnlich in ihrem Versteck; gegen Abend kommen sie hervor und gehen auf Nahrungssuche. Es sind Allesfresser, so daß ihre Ernährung keinerlei Schwierigkeiten bereitet. Krebse aus stehenden Gewässern, vor allem aus solchen der Ebene, gewöhnen sich besser an die Verhältnisse im Aquarium.

Kleinkrebse

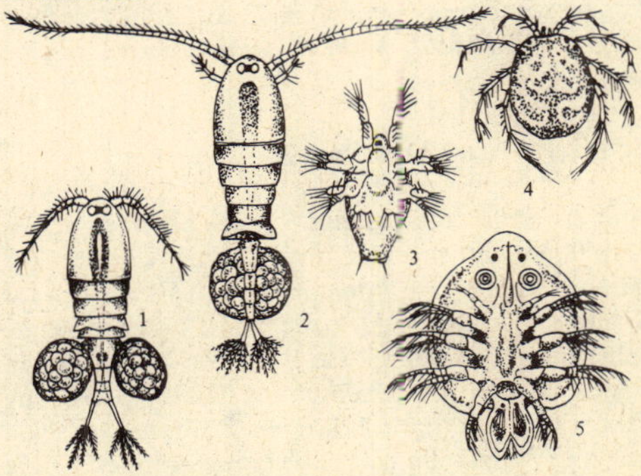

1. Ein Hüpferling (Cyclops) mit Eiersäckchen. Diese Kleinkrebschen sind sehr nahrhaft. Da sie

auch im Winter unter dem Eis zu finden sind, stellen sie eine willkommene Bereicherung des eintönigen Speisezettels für unsere Fische in dieser Jahreszeit dar.

2. Der Hüpferling Diaptomus.

3. Larvenform eines Hüpferlings. Wichtige Nahrung für Jungfische im ersten Jugendstadium und Hauptbestandteil des sogenannten «Staubfutters».

4. Wassermilbe; kein Krebschen, sondern ein Spinnentier. Wird von den Fischen nicht gefressen, kann aber Jungfischen gefährlich werden.

5. Die Karpfenlaus. Ein Krebschen mit uhrglasförmigem Rückenschild, das auf Fischen schmarotzt und manchmal mit dem Futter ins Aquarium gelangt.

Kleinkrebse

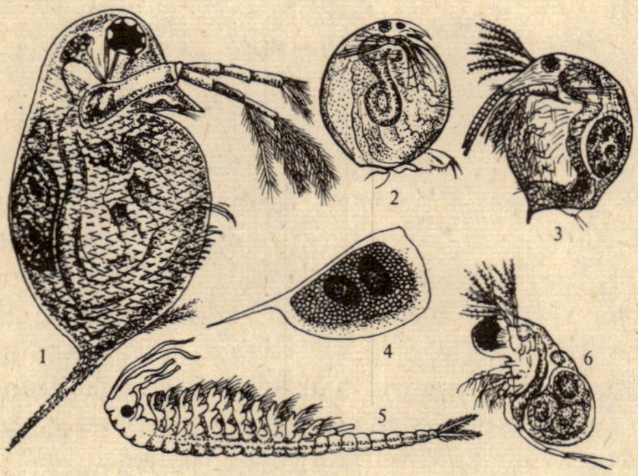

Kleinkrebse sind wichtige Futtertiere. Besonders die sogenannten Wasserflöhe treten im Sommer in Dorfteichen und ähnlichen Gewässern in großen Massen auf und können zur sommerlichen Hauptnahrung unserer Aquarienfische werden.

1.–3. Verschiedene Arten von Wasserflöhen (Daphnien). Der Gemeine Wasserfloh (1) kommt in nährstoffreichen Tümpeln und Dorfteichen vor; er kann bis 4 mm lang werden.

2., 3. und 6. sind kleinere Wasserfloharten, die in der Zierfischzucht als Jungfischnahrung eine Rolle spielen.

4. zeigt das Dauerei einer Wasserflohart. Solche Eier werden dann abgelegt, wenn sich ungünstige Lebensverhältnisse einstellen, z. B. im Spätherbst.

5. Ein Kiemenfuß aus zeitweise austrocknenden Wasservorkommen.

Schnecken und Muscheln

sind ebenfalls interessante Aquarienbewohner, die vorübergehend in extra für sie eingerichteten Behältern gepflegt werden können. Einheimische Schnecken sollen jedoch nicht mit Fischen vergesellschaftet werden, da sie Fischkrankheiten übertragen können. Zu beachten ist, daß die Schlammschnecken mit ihrer kräftigen Reibezunge sogar höhere Wasserpflanzen abweiden können. Eine dieser Arten *(Lymnaea ovata peregra)* soll sogar ei-

nen Giftstoff ausscheiden, der bei Fischen zu Krämpfen führt.

Wenn unbedingt Schnecken mit Fischen gemeinsam gepflegt werden sollen, ist die Posthornschnecke zu empfehlen, die man sich dann besser in einer zoologischen Fachhandlung besorgt.

Bei der vorübergehenden Pflege von Muscheln ist eine Filterung vorzusehen; Muscheln durchwühlen ständig den Bodengrund. Einer Vergesellschaftung mit Fischen ist ebenfalls abzuraten, da die Larven unserer Teich- und Flußmuscheln sich an den Fischen festsaugen und dort bis zum Abschluß ihrer Entwicklung schmarotzen.

Mückenlarven

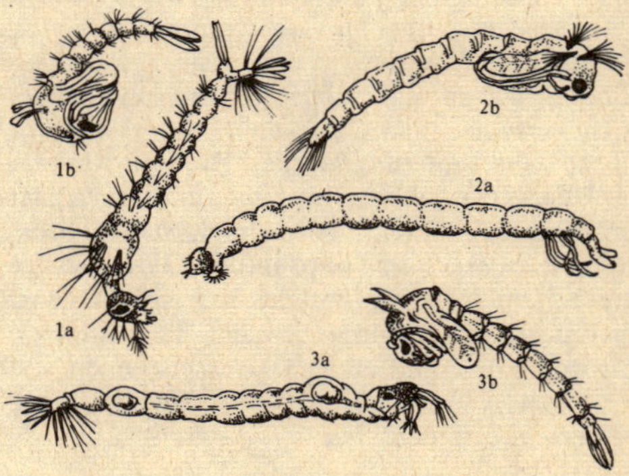

Die Larven von Mücken werden von allen Fischen gern gefressen. Für tropische Fische sind sie in den Heimatgebieten sogar die Hauptnahrung. (Die Larven sind jeweils mit a), die Puppen mit b) bezeichnet.) Man fange nur so viel, wie auf einmal von den Fischen gefressen werden können.

1. Schwarze Mückenlarve. Die Larven von Stechmücken kommen hauptsächlich in Pfützen, Regentonnen und ähnlichen kleinsten Wasseransammlungen vor.

2. Rote Mückenlarven leben im Schlamm der Gewässer und sind wichtige Winternahrung für unsere Aquarienfische. Diese Mücken stechen nicht!

3. Weiße Mückenlarven sind glashell durchsichtig und schweben waagerecht im Wasser. Ein sehr gutes Futter. Auch diese Mücken stechen nicht!

Die Pflege und laufende Wartung

unseres Aquariums ist auf den nun folgenden Seiten behandelt. Im Grunde ist es nicht sonderlich schwierig, mit viel Schwung und Begeisterung ein Aquarium einzurichten. In den ersten Tagen wird es vielleicht auch ganz und gar unseren Wünschen und Vorstellungen entsprechen. Dann aber beginnen sich, zunächst vielleicht unbemerkt, gewisse Veränderungen einzustellen, die wir zum Teil mit Genugtuung, zum Teil aber auch mit Mißbilligung feststellen.
Lebende Tiere und Pflanzen haben nun einmal die Eigenschaft, daß sie nicht im ursprünglichen Zustand verharren. Sie leben, und das heißt, daß sie in Wechselbeziehungen zu ihrer Umgebung, in unserem Falle also zum Aquarium, treten und daß sie sich und ihre Umgebung unablässig verändern. Wir müssen dafür sorgen, daß all diese Vorgänge in den von uns gewünschten Bahnen verlaufen, kurz, wir müssen das Aquarium pflegen.

Wir wollen Aquarienfreunde bleiben! Ein guter Vorsatz; doch wir können ihm nur treu bleiben, wenn wir lernen, unser Aquarium richtig zu pflegen. Nur dann werden Rückschläge ausbleiben, die uns nur zu leicht die Freude an unserer neuen Liebhaberei verderben können.

Die Ungeduld ist der größte Feind unseres Aquariums. Gewiß, es ist verständlich, daß wir in allen Dingen so schnell wie möglich zum Ziel gelangen wollen. Die Pflanzen wachsen uns nicht geschwind genug, und die neu gekauften Fische werden ermüdend langsam größer. Also erwerben wir Pflanzennährsalze und füttern reichlich. Wir hoffen, damit unseren Pflanzen und Tieren etwas Gutes zu tun, in Wirklichkeit aber stören wir einen natürlichen Entwicklungsprozeß, an dessen Ende das Aquarium steht, wie wir es uns so sehr wünschen. Wir wollen uns also merken:

Ein Übermaß ist immer schädlich! Es ist nicht gut, wenn wir uns unablässig an unserem Aquarium zu schaffen machen. Die Pflegemaßnahmen werden daher auf das Notwendigste beschränkt. Mit je weniger Handgriffen wir auskommen, um so besser. Wir sollten daran denken, daß jeder Eingriff eine Störung bedeuten kann, die den Fischen ihre Sicherheit nimmt, sie beunruhigt und die Pflanzen in ihrem Wachstum behindert.

Das gilt vor allem für die Fütterung. Zu reichliche Fütterung, insbesondere bei der Verwendung von Trockenfutter, ist die Ursache der meisten Störungen im Aquarium. Trübungen, Bildung der häßlichen Schmieralgen, übelriechendes Wasser, Faulstellenbildung und – daran anschließend – Erkrankungen und Verluste der Fische können die Folge sein. Überlegen wir einmal, wieviel wir Futter in ein Aquarium geben und wie wenig der eingebrachten Biomasse davon in Form von Fisch- und Pflanzenwachstum verwertet wird. Durch die Fütterung greifen wir ständig in das System Aquarium von außen ein, durch ebenso regelmäßige Pflegemaßnahmen müssen wir also auch die Auswirkungen dieser notwendigen Eingriffe kompensieren. Kurz, wenn in unserem Aquarium etwas nicht in Ordnung ist, dürfen wir den Grund für einen etwaigen Mißerfolg nicht bei den gepflegten Pflanzen und Tieren, sondern in erster Linie müssen wir den Fehler bei uns selbst suchen.

Übung macht den Meister! Dieses Sprichwort gilt auch in der Aquarienpflege, und wir können sicher sein, daß wir nach einigen Monaten alles das, was uns am Anfang noch Schwierigkeiten bereitet hat, mühelos beherrschen werden. Im Laufe der Zeit werden wir lernen, Aquarienpfleger zu sein, und werden erkennen, daß uns unser Aquarium vielleicht nicht einmal die Mühe bereitet, die wir mit der Pflege der Blumen auf der Fensterbank haben. Zunächst aber wollen wir aufmerksam die Hinweise studieren, die wir auf den folgenden Seiten aufgezeichnet finden.

Die richtige Pflege

Einige kleine Handgriffe täglich ersparen Kosten und Verdruß, vor allem aber auch der Hausfrau den Ärger über die Wasserpanscherei.

Die Hand des Pflegers muß beim gut funktionierenden Aquarium bei aller erstrebten Natürlichkeit spürbar sein. Unser Grundsatz:

Lieber täglich einige kleine Handgriffe als alle acht Wochen eine Wasserschlacht! Je weniger unsere Tiere und Pflanzen gestört werden, um so besser gedeihen sie. Die täglichen kleinen Handgriffe werden kaum als Störungen empfunden. Ist aber erst einmal der gesunde biologische Zustand des Aquariums aufgehoben, so ist es ohne eine große Reinigung nicht möglich, ihn wieder herzustellen. Man muß also gewissermaßen wieder von vorn anfangen, und man kann sich vorstellen, was es für Tiere und Pflanzen bedeutet, wenn all das, was sie alles schon einmal vor Wochen erlebt haben, von neuem beginnt.

Worauf es ankommt, zeigt unsere Abbildung deutlich; auf der einen Seite Chaos und Unordnung zum Entsetzen der Hausfrau, auf der anderen Seite die überlegte Reihenfolge der kleineren Handgriffe, die weder für uns noch für die Insassen des Aquariums störend sind.

Das Ende unserer Liebhaberei scheint sich links auf dem Bild bereits greifbar anzukündigen. Nicht nur, daß der Frieden des Hauses gestört ist, daß unnötigerweise Unordnung und Unruhe einziehen, nein, der Pfleger selbst läuft Gefahr, nach ein oder zwei solcher Vorkommnisse die Lust an einer Liebhaberei zu verlieren, die «so viel Arbeit» macht.

Die Freude am Aquarium bleibt uns dagegen erhalten, wenn wir unserem Vorsatz treu bleiben, die Vorgänge hinter den Glasscheiben täglich zu überwachen und jeweils sofort die wenigen Handgriffe auszuführen, die notwendig sind, das Geschehen im Aquarium zu regulieren.

Was zu tun ist, sollen die folgenden Seiten uns lehren. Lassen wir uns davon nicht erschrecken. Es sieht schlimmer aus, als es ist, und wir werden bald merken, wie blank und frisch unser Aquarium immer aussieht, wenn wir nach diesen Ratschlägen verfahren.

Wichtig:
Nachlässigkeit, Ungeduld und Übereifer sind die drei Hauptfeinde unseres Aquariums. Wenn wir sie vermeiden, so werden wir in der Aquarienpflege die Freude finden, die wir erwarten.

Täglich ein paar Handgriffe

Die tägliche Wartung beginnt damit, daß wir früh und abends einen Blick in unser Aquarium werfen, um uns zu überzeugen, ob sich alles in einem ordnungsgemäßen Zustand befindet.

Wir überprüfen
1., ob das Becken noch dicht ist, also nicht etwa eine Scheibe gesprungen ist oder das Aquarium läuft;
2., ob das Thermometer den richtigen Grad der Wasserwärme anzeigt;
3., ob die Geräte, vor allem Heizer, Durchlüfter und Filter, wunschgemäß funktionieren;
4., ob die Fische einen gesunden Eindruck machen oder ob gar Tiere verendet sind.

Kleine Schäden werden behoben, die Geräte reguliert und, wenn nötig, erst einmal behelfsmäßig in Ordnung gebracht oder abgeschaltet, größere Mengen abgestorbenen Futters oder Futterreste und tote Tiere werden entfernt.

Die morgendliche Fütterung darf nicht zu reichlich sein. Man gebe nur so viel, wie die Fische voraussichtlich in einigen Stunden fressen können; lieber füttere man dann abends nochmals etwas nach. Die Tiere dürfen keinesfalls unablässig im Futter stehen.
Achtung! Zu reichliches Füttern ist eine der Hauptursachen für eine Verschlechterung des biologischen Zustandes in unserem Aquarium, für Wassertrübungen, für ein Verderben des Bodengrundes, für Blaualgenbildung und sogar für Erkrankungen der Fische.

Vor dem Füttern ziehe man in der Schüssel mit den Wasserflöhen etwa abgestorbene Futtertiere mit dem Schlauch oder dem Saugheber ab. Ebenso spüle man den Tubifex-Vorrat durch, um die während der Nacht angesammelten Ausscheidungen der Würmer nicht mit ins Aquarium gelangen zu lassen und um die Würmer selbst am Leben zu erhalten.

Am Abend wiederhole man die gleiche kurze Überprüfung, die man am Morgen vorgenommen hat, und entferne etwaige Futterreste, die sich tagsüber angesammelt haben. Jetzt kann man auch die kleinen Schäden oder Fehler an Geräten usw. beheben, für deren Beseitigung man vielleicht morgens keine Zeit fand.

Die Feierabendstunde sollte man aber möglichst der ruhigen Beobachtung des Aquariums und seiner Bewohner widmen. Die erholsame Wirkung dieser stillen Betrachtungsstunde sollte man sich jedenfalls nicht entgehen lassen.

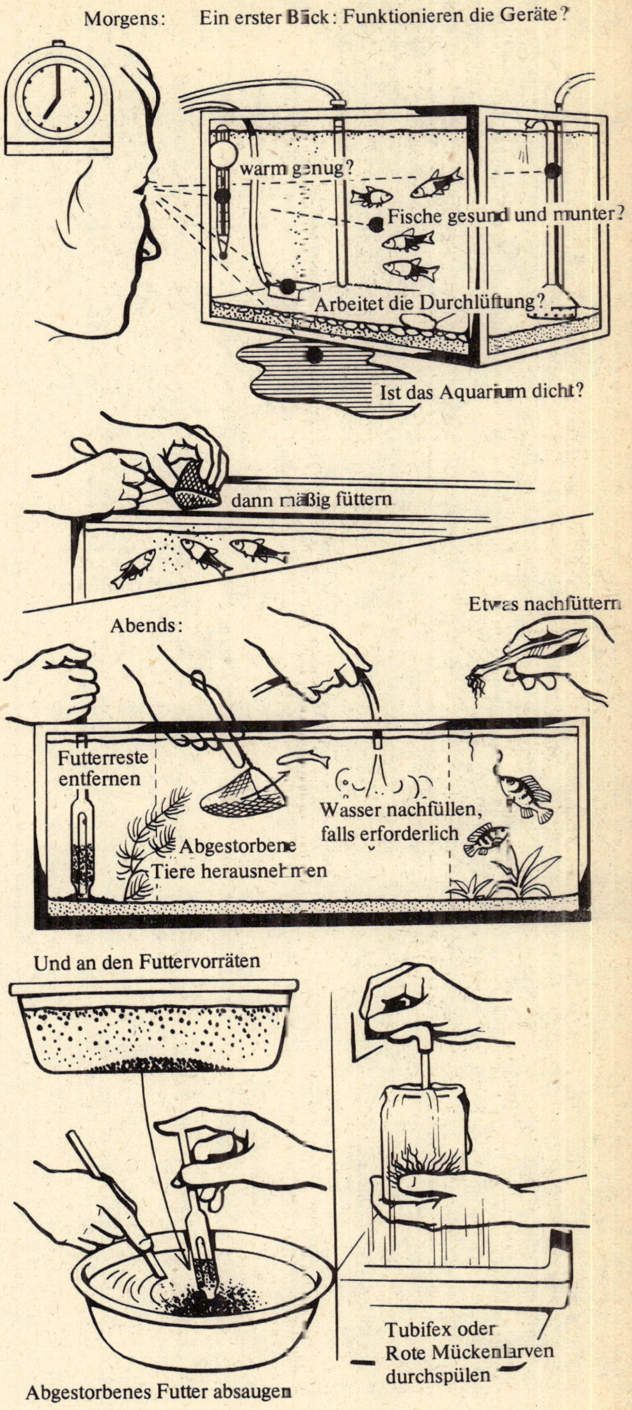

Wöchentlich eine Stunde

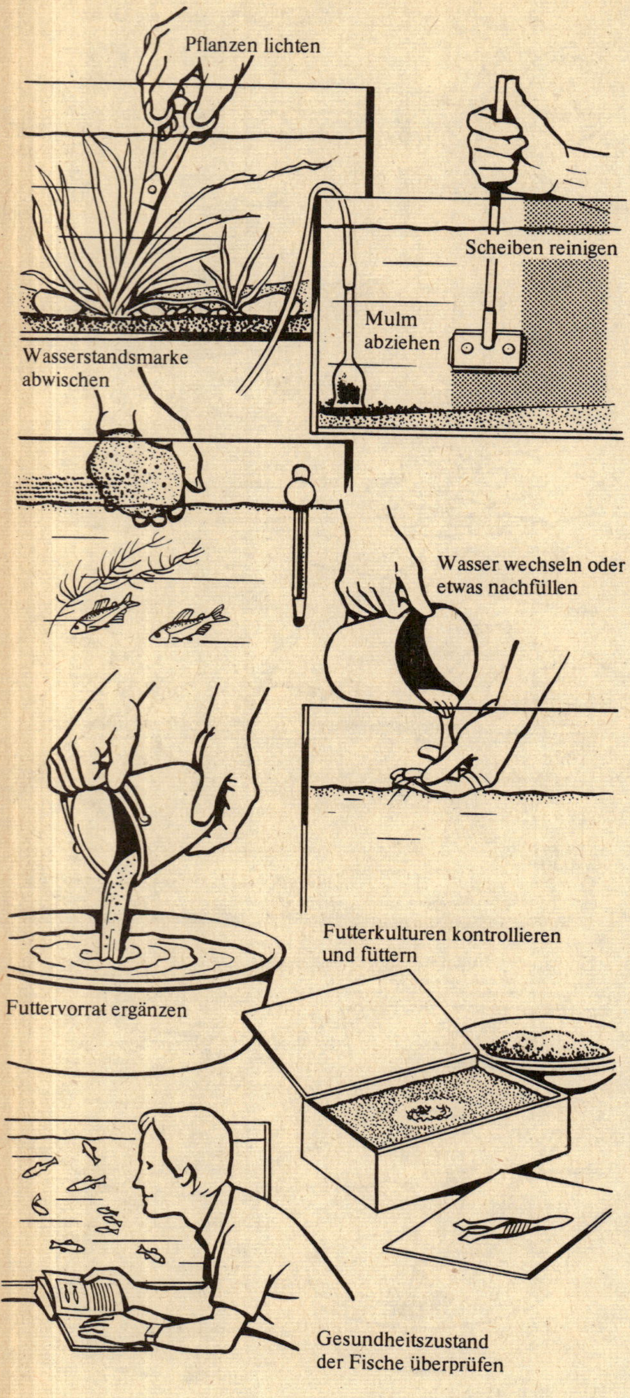

Die wöchentliche Wartung, die wir am besten am Wochenende vornehmen, wird nur geringe Mühe bereiten, wenn wir kleine Mängel sofort, möglichst jeden Tag, beseitigt haben.
Der Termin für die wöchentliche Reinigung sollte mit der Hausfrau gemeinsam festgelegt werden, damit wir nicht dann damit beginnen, wenn der allgemeine Wohnungsputz beendet ist.

Zu stark wuchernde Pflanzen werden mit einer Schere zurückgeschnitten, abgestorbene Teile entfernt. Ableger und Seitentriebe abgetrennt und vereinzelt eingepflanzt.

Der Algenbelag an den Scheiben wird mit Hilfe des Scheibenreinigers abgeschabt. Bei nicht zu starkem Algenwuchs genügt die Reinigung der Sichtscheibe. Wenn sich der Scheibenbelag etwas abgesetzt hat, klopft man ihn vorsichtig mit einem Stäbchen von den Pflanzen ab, wartet noch kurze Zeit und entfernt den angesammelten Mulm mit dem Saugheber oder mit dem Schlauch, auf den man die Mulmglocke aufgesteckt hat.

Wasserwechsel
Mit dem Mulm sollte gleich etwa ein Viertel bis ein Drittel des Beckeninhaltes abgezogen werden. Man beseitigt einesteils damit gelöste Abbaustoffe und bringt mit dem Auffüllen des temperierten Frischwassers neue Mineralien für die Pflanzen ein. Man hüte sich davor, ständig einfach nur das verdunstete Wasser zu ergänzen, weil die Härtebildner im Aquarium verbleiben und der schädliche Kalkgehalt immer höher ansteigt.

Die Futtervorräte werden am Wochenende gleichfalls ergänzt, falls wir die Woche über nur wenige Zeit haben sollten, uns lebendes Futter für den täglichen Bedarf zu besorgen.
Die Futterkiste mit den Enchyträen oder andere Futterkulturen werden nachgesehen, mit Nahrung beschickt, wenn nötig angefeuchtet oder gesäubert. Diese Arbeit darf im Sommer nicht vergessen werden, wenn man im Winter auf seine Futterkisten zurückzugreifen wünscht.

Zum Schluß eine Mußestunde verschafft uns nicht nur Freude und Entspannung vor unserer harmonischen «Welt im Glase», sondern sie vermittelt uns durch die Beobachtung unserer Fische kontinuierlich Erkenntnisse der biologischen Zusammenhänge. Insbesondere durch die beim Wasserwechsel erfolgte Frischwasserzugabe wird die Fortpflanzungsbereitschaft stimuliert, und wir werden gerade jetzt die interessanten Verhaltensweisen unserer Fische besonders gut beobachten können.

Monatlich einen Nachmittag

Die monatliche Wartung wird am besten regelmäßig zu einem bestimmten Termin vorgenommen, z. B. am ersten Sonnabendnachmittag jedes Monats. Dafür entfällt in dieser Woche die wöchentliche Wartung, denn wir führen bei der monatlichen Reinigung alles das aus, was auf Seite 107 vorgeschlagen wurde.
Für das, was darüber hinaus zu tun ist, lassen sich natürlich keine allgemein gültigen Anleitungen geben. Hier nur einige Vorschläge:

Ein Drittel des Wassers wird gewechselt
Wir ziehen zu Beginn der Pflegemaßnahmen 30 % des Wassers ab und füllen am Ende die fehlende Menge nach. Hierzu verwenden wir abgestandenes und gleichtemperiertes Frischwasser, das möglichst schon am Tage zuvor bereitgestellt wird.

Unser Außenfilter muß, wenn er nicht auf Grund seiner geringen Größe ohnehin wöchentlich gesäubert wurde, nun aber gründlich gereinigt werden. Die kleineren Schwammfilter sind mindestens wöchentlich auszuwaschen!
Achtung! Stark verschmutzte Filter sind Sauerstoffzehrer und bilden eine Gefahr für Fische und Pflanzen!
Die Ausströmersteine der Durchlüftung müssen nachgesehen und gegebenenfalls ausgewechselt werden.

Der Bodengrund kann mit einem Stöckchen leicht aufgelockert werden. Insbesondere unter den Steinen bildet sich oft eine schwarze Faulschicht, die um sich greifen kann. Wir heben die betreffenden Steine vorsichtig hoch und lockern den Bodengrund darunter auf. Wenn möglich, sollte man die Steine dabei etwas versetzen.
Achtung! Man führe alle erforderlichen Pflegemaßnahmen, die nur mit einem direkten Eingriff in das Aquarium möglich sind, ruhig und ohne jede Hast aus und beschränke sie auf ein Mindestmaß!

Eine Schneckenplage verhüten wir, indem wir bei dieser Gelegenheit einmal alle Schnecken ablesen, deren wir habhaft werden können. Möglichst sollte dazu eine entsprechend lange Holzpinzette verwendet werden.

Zum Schluß füllen wir das fehlende Wasser nach, reinigen die Deckscheiben und legen sie auf.
An den Deckscheiben setzt sich leicht ein häßlicher weißer Belag ab, der von den Kalkrückständen des Schwitzwassers oder von Wasserspritzern herrührt. Er kann leicht entfernt werden, wenn zum Putzen der Deckscheiben Essigwasser verwendet wird.

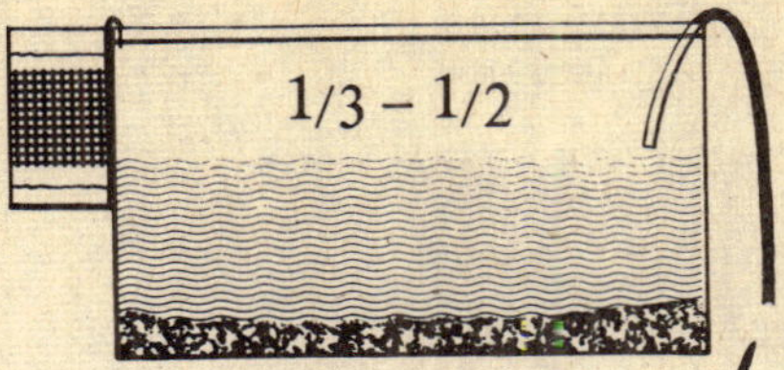

Ein Drittel bis die Hälfte des Wassers abziehen und durch Frischwasser ersetzen

Filter säubern

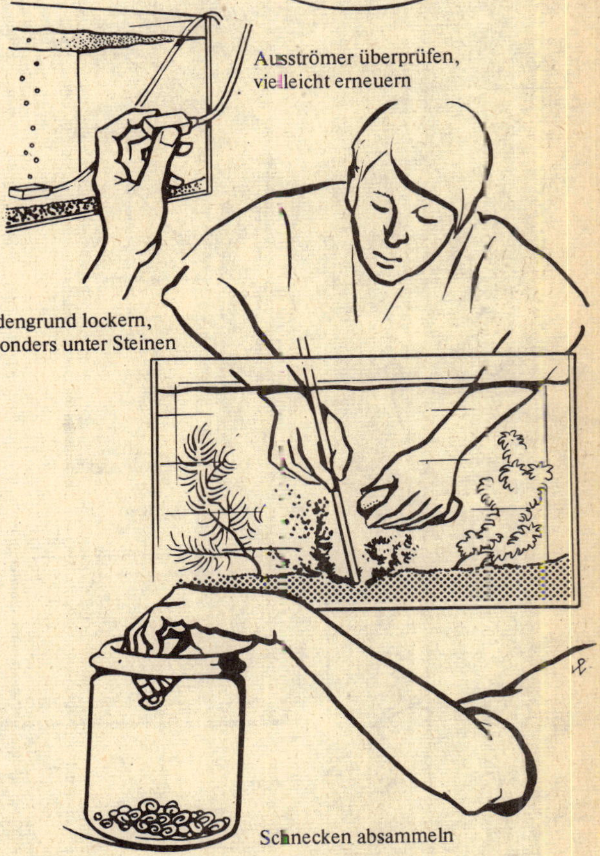
Ausströmer überprüfen, vielleicht erneuern

Bodengrund lockern, besonders unter Steinen

Schnecken absammeln

Wartung im Frühjahr

Laufende Pflegearbeiten

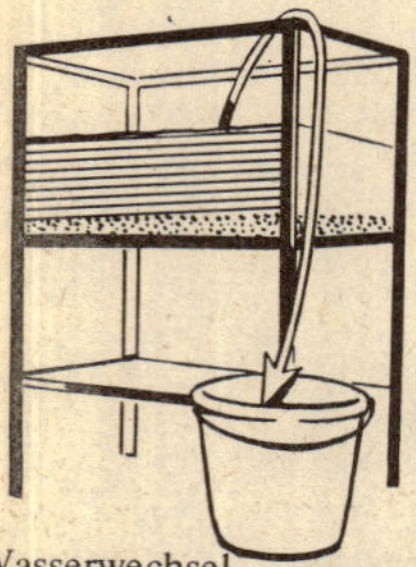

Wasserwechsel

Pflanzen lichten

Bodengrund lockern

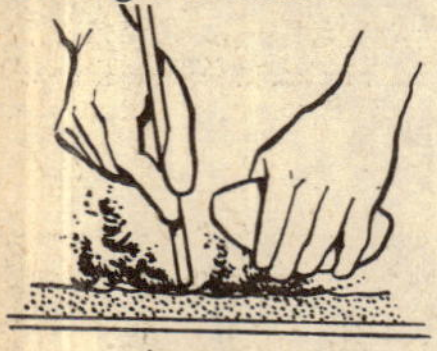

Filter säubern

Futterkisten überarbeiten

Zusätzliche Pflegearbeiten

Geräte und Dekorationen säubern

Scheiben gründlich reinigen

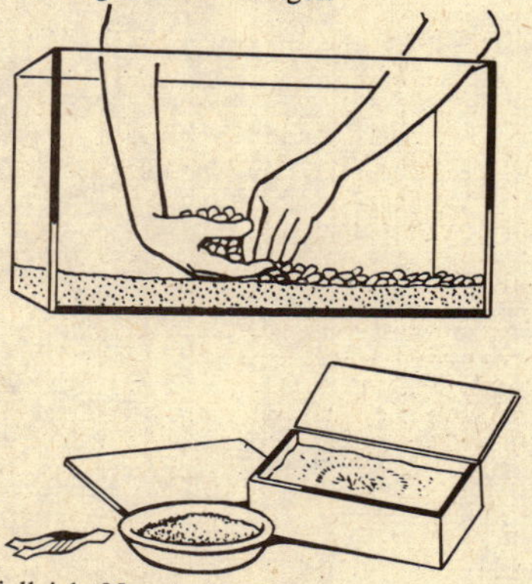

Vielleicht Neueinrichtung des Aquariums

Die Frühjahrsarbeiten können dann etwas längere Zeit in Anspruch nehmen, wenn es uns nicht gelungen ist, den gesunden biologischen Zustand in unserem Aquarium auch im Winter aufrechtzuerhalten. Das wird vielleicht im Anfang der Fall sein; mit wachsender Erfahrung werden wir sicherlich auch ohne große Reinigung im Frühjahr auskommen. Das ist vor allem dann der Fall, wenn den Winter über ausreichend künstlich beleuchtet wird.

Je nach dem Zustand unseres Aquariums werden entweder die Pflegemaßnahmen genügen, die auf den Seiten 106 und 107 vorgeschlagen sind, oder aber wir werden das Becken vollständig neu einrichten müssen.

Das Frühjahr ist die günstigste Zeit für einen solchen Umsturz, denn dann wachsen die Pflanzen schnell wieder an, und auch die Fische überwinden den Schock des «Großreinemachens» zu dieser Jahreszeit am besten.

Die Neueinrichtung des Aquariums wird vor allem dann notwendig sein, wenn wir im kommenden Jahr ganz andere Fische und Pflanzen pflegen oder kultivieren wollen als im vergangenen. Kommen wir ohne die Neueinrichtung aus, was immer anzustreben ist, so beschränken wir uns auf die folgenden Maßnahmen:

Erneuerung des Wassers zur Hälfte und Ersetzen durch einen Tag abgestandenes, gleichtemperiertes Frischwasser.
Achtung! Sollte ein vollständiger Wasserwechsel notwendig sein, so fange man die Fische heraus, hältere sie in einem anderen Gefäß mit dem alten Aquariumwasser gefüllt, und setze sie erst nach einigen Tagen wieder ein.

Die Pflanzen werden ausgeschnitten, Jungpflanzen werden herausgenommen, die Wurzeln beschnitten und gesäubert und die Pflanzen neu eingepflanzt, wobei auf das künftige Wachstum Rücksicht zu nehmen ist.

Dekorationsgegenstände und Geräte werden, wenn möglich, vorsichtig herausgenommen und gründlich gesäubert.

Der Bodengrund wird mit einem Stöckchen vorsichtig leicht gelockert, vor allem unter den Steinen.

Die Scheiben werden zum Schluß innen und außen geputzt.

Unsere Futterkisten, die uns im Winter so treue Dienste geleistet haben, werden beiseite gestellt, aber natürlich auch den Sommer über regelmäßig gepflegt.

Vorbereitung auf den Winter

Herbstarbeiten
Wenn unser Aquarium ausreichend und ganztägig künstlich beleuchtet ist, dann brauchen wir uns über die üblichen Pflegemaßnahmen hinaus nicht gesondert auf den Winter vorzubereiten. Ist das aber nicht der Fall, dann bedeutet die Winterszeit für Fische und Pflanzen im Aquarium einen tiefen Einschnitt. Die Belichtungsverhältnisse ändern sich, die Ernährung unserer Fische wird eintöniger, und die Temperatur wird in gewissen Grenzen herabgesetzt, um den Pflanzen eine notwendige Wachstumspause zu verschaffen.

Eine allgemeine Reinigung, wie sie auf den Seiten 106 bis 107 beschrieben wurde, ist unbedingt erforderlich. Darüber hinaus sind die folgenden Ratschläge zu beachten:

Der Algenwuchs an Scheiben und Geräten sollte möglichst restlos entfernt werden. Im Winter entwickelt sich gewöhnlich eine andere Algenflora, und die absterbenden Algen des Sommers können das Wasser verderben. Dabei können auch die Pflanzen vorsichtig mit den Fingern vom allzu starken Algenwuchs befreit werden. Stark mit Barthaaralgen überwucherte Pflanzenblätter, deren Bewuchs sich mechanisch nicht beseitigen läßt, werden am besten entfernt.

Die Filter werden gereinigt, und ihre Füllung wird erneuert, damit sie unter den erhöhten Anforderungen des Winters ihre Funktion voll erfüllen können.

Fische und Pflanzen werden in ihrem Bestand überprüft und, wenn nötig, reduziert. Die Pflanzen, die sich im Sommer stark vermehrt haben, werden energisch zurückgeschnitten. Dabei entfernt man vor allen Dingen die älteren Pflanzen, falls sie schon Alterserscheinungen zeigen, und läßt lieber die Jungpflanzen stehen. Von einigen seiner Fische wird man sich vielleicht trennen müssen. Maßgebend hierfür ist vor allem die Überlegung, wie viele Fische man den Winter über wird ernähren können. Die Überbestände werden verkauft oder in gute Hände verschenkt.

Die Futterkulturen werden nun erneut äußerst wichtig. Wir setzen die Kistchen wieder instand, lockern die Erde auf oder geben eine neue Deckschicht von Erde hinein, feuchten an, füttern und kümmern uns von da an intensiver um die Kulturen. Wir überlegen uns auch, in welcher Weise wir Tubifex und rote Mückenlarven, die im Winter das Hauptfutter bilden, am besten hältern können. Vorschläge hierzu auf S. 114 bis 116.

Allgemeine Pflegemaßnahmen

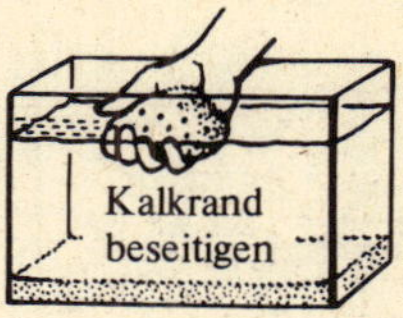

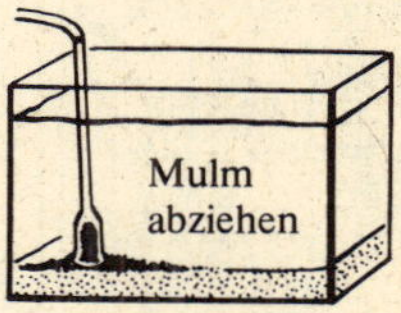

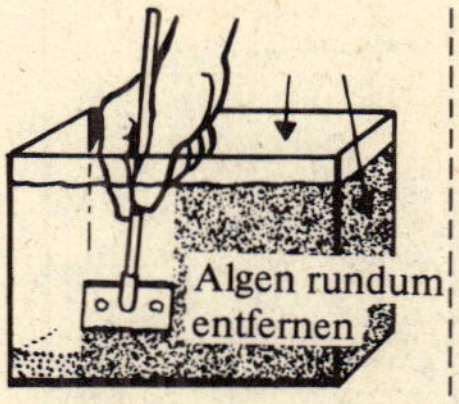

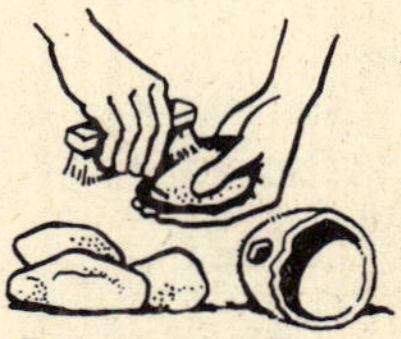
Dekoration säubern

Filter reinigen

Besondere Pflegemaßnahmen

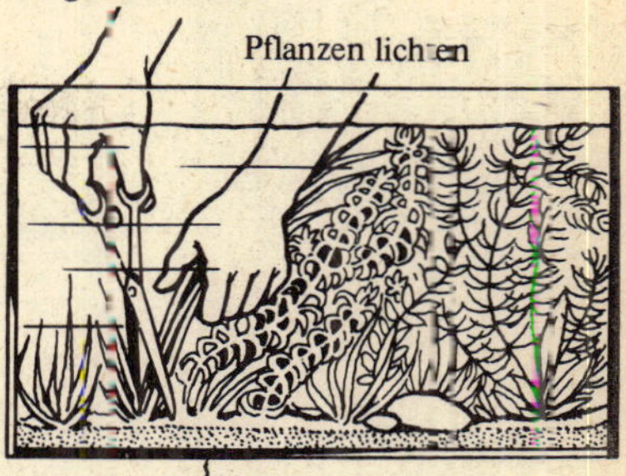

Junge Pflanzen haben den Vorzug

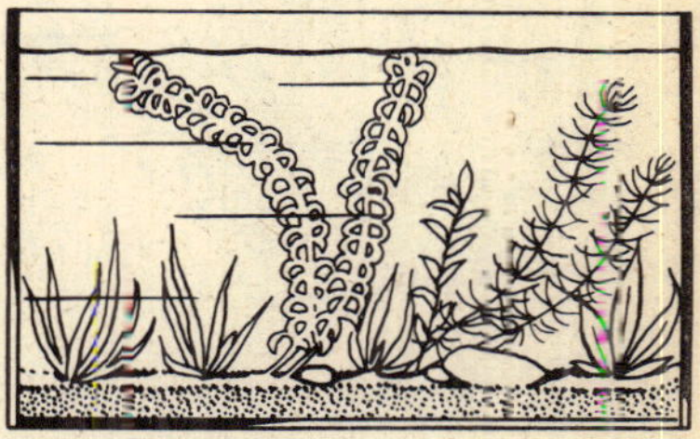
Nach dem Auslichten

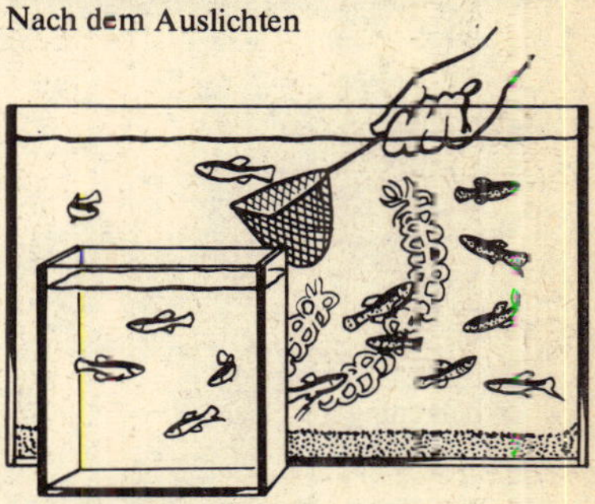
Fischbestand reduzieren

Futterkulturen besonders intensivieren

Das macht uns Sorgen

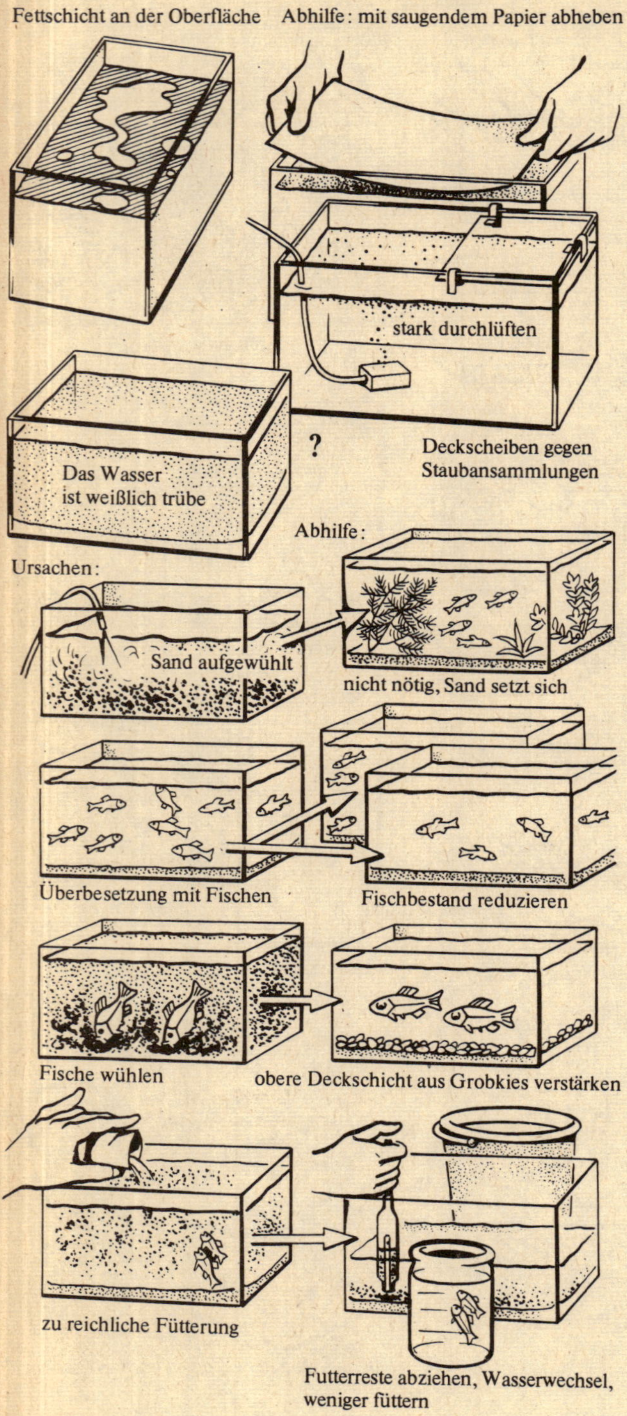

Allerlei kleine Pannen können die Freude an unserem Aquarium beeinträchtigen. Wir wollen sehen, wie wir uns in den einzelnen Fällen helfen können.

Eine fettähnliche Schicht an der Oberfläche besteht aus Staub und Bakterien. Sie behindert den Gasaustausch mit der Atmosphäre und darf auf keinen Fall geduldet werden. Man beseitigt sie, indem man einen Bogen saugfähigen Papiers über die Oberfläche breitet und sodann abhebt. Besser ist es jedoch, durch den Betrieb eines Filters und der damit verbundenen ständigen Bewegung der Wasseroberfläche die Bildung einer derartigen Schicht von vornherein zu verhindern.

Eine Wassertrübung kann sehr verschiedene Ursachen haben. Im harmlosesten Fall ist das Wasser durch schwebende Bodengrundanteile getrübt, z. B. bei Verwendung von lehmhaltigem Sand. Eine solche Trübung verschwindet von selbst nach kurzer Zeit wieder. In hartnäckigen Fällen kann die Wassertrübung aber auch durch eine Massenvermehrung kleinster freischwebender Algen oder sogar durch Einzeller und Bakterien hervorgerufen werden. Die Ursachen dafür liegen zwar ebenfalls in Fehlern bei unseren Pflegemaßnahmen wie überlasteten Filtern, zu seltenem Wasserwechsel, Überfütterung; sind aber nicht immer auf den ersten Blick zu erkennen. Meist hilft dann ein gründlicher Wasserwechsel und eine regelmäßigere Filtersäuberung. Es gibt aber auch Fälle, in denen alle Maßnahmen diese Trübung noch zu begünstigen scheinen. Hier müssen wir durch Betrieb eines mit Aktivkohle beschickten Filters Abhilfe schaffen.
Achtung! Der Aktivkohlefilter ist nach seiner Zweckerfüllung wieder zu entfernen. Die Filterkohle darf nicht nochmals verwendet werden.

Im neu eingerichteten Aquarium trüben zahlreiche Einzeller oft das Wasser in den ersten Tagen. Auch diese Trübung schwindet wieder von allein, wenn wir nur Geduld haben und die Fische nicht zu zeitig einsetzen.

Wühlende Fische vermögen natürlich das Wasser ebenfalls zu trüben. Eine solche Trübung ist harmlos und ist leicht zu beseitigen, indem man die klar gewaschene Deckschicht des Bodengrundes verstärkt.

Zu reichliche Fütterung ist eine der häufigsten, zugleich auch gefährlichsten Ursachen für die Wassertrübung, vor allem wenn mehr Trockenfutter verabreicht wird, als sofort verzehrt werden kann. Maßhalten bei der Fütterung ist oberstes Gebot, wenn wir an unserem Aquarium Freude haben wollen!

Algen, Algen…

Algen – Freund oder Feind?
Algen können uns große Dienste leisten. Viele Fische fressen sie gern; sie sind willkommene pflanzliche Zukost. Häufig sind sie auch Aufenthaltsort von unzähligen Einzellern, die wichtige Nahrung für Jungfische sind. Im Übermaß werden sie aber lästig oder sogar schädlich, und wir müssen uns ihrer erwehren.

Wenn das Wasser grünlich wird, rührt dies von einer Massenvermehrung kleinster, freischwebender Algen her. Das Auftreten dieser «Wasserblüte» ist ein Anzeichen dafür, daß sich zuviel Pflanzennährstoffe im Wasser befinden. Auch hier liegen die Ursachen in der Regel in zu geringer Pflege, da die Pflanzennährstoffe durch Mikroorganismen aus einem Übermaß von gelösten organischen Abfallstoffen freigesetzt werden. Wir dunkeln das Aquarium eine Zeitlang ab und setzen mehr Wasserflöhe ein, als die Fische fressen können. Jene filtrieren dann die Schwebealgen heraus. In hartnäckigen Fällen können wir zusätzlich einen Aktivkohlefilter zur Unterstützung betreiben. Da wir mit diesen Maßnahmen nur die Wirkung, aber nicht die Ursache bekämpfen, ist anschließend ein gründlicher Wasserwechsel (etwa die Hälfte) erforderlich. Unsere Pflegemaßnahmen sind regelmäßiger bzw. in kürzeren Abständen vorzunehmen.

Grüne Algenteppiche an Scheiben, Geräten und Pflanzen sind harmlos, wenn sie nicht überhandnehmen. Es genügt im allgemeinen, wenn wir die Sichtscheibe mit dem Scheibenreiniger abschaben. Werden uns die Algen lästig, so können wir algenfressende Fische, z. B. lebendgebärende Zahnkarpfen oder die algenfressende Saugschmerle *(Gyrinocheilus)* ins Aquarium bringen. Auch können wir das Becken zeitweise abdunkeln, insbesondere gegen zu starke Sonnenbestrahlung schützen, oder wir vermindern bei Kunstlicht die Helligkeit, indem wir eine kleinere Lichtquelle wählen. Man sollte aber beim Entfernen der Grünalgen nicht zu gründlich verfahren.

Fadenalgen können in größerer Menge schädlich sein. Unsere Fische verfangen sich darin und verletzen sich. Abhilfe kann dadurch geschaffen werden, daß man von Zeit zu Zeit die Fadenalgen auf einen rauhen Holzstab aufwickelt, doch muß man dabei vorsichtig verfahren, um die Wasserpflanzen nicht mit herauszuziehen. Fadenalgen lassen sich schwer restlos entfernen.

Braune Kieselalgen an Scheiben, Geräten und Pflanzen sind meist ein Anzeichen dafür, daß die Belichtung zu schwach ist. Sie treten vor allem in den lichtarmen Wintermonaten auf, wenn man zuwenig künstlich beleuchtet, und verschwinden im Frühjahr von selbst wieder. Allerdings gibt es auch andere Ursachen für die Massenvermehrung dieser Algen. Beseitigung im allgemeinen durch Erhöhung der Lichtstärke und durch Abschaben.

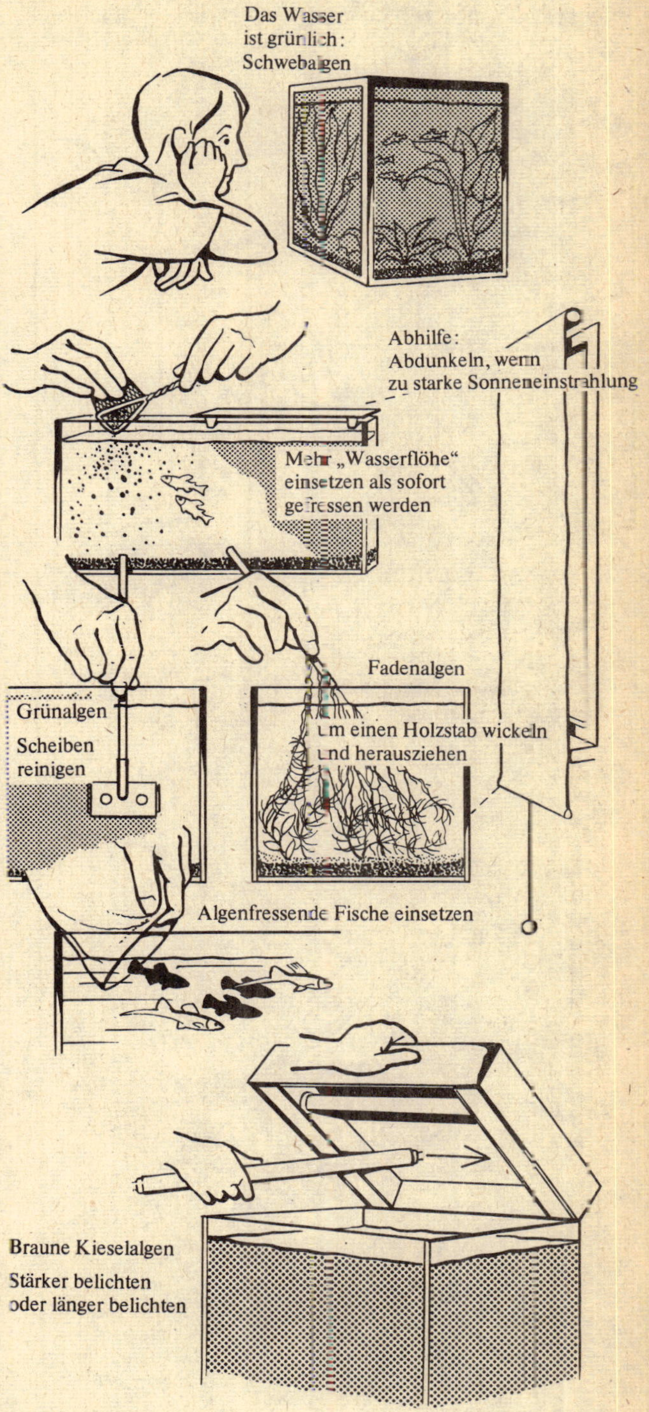

Blaualgen und andere Plagen

Blaualgen haben meist zwei Ursachen: Viel Licht und viel Schmutz

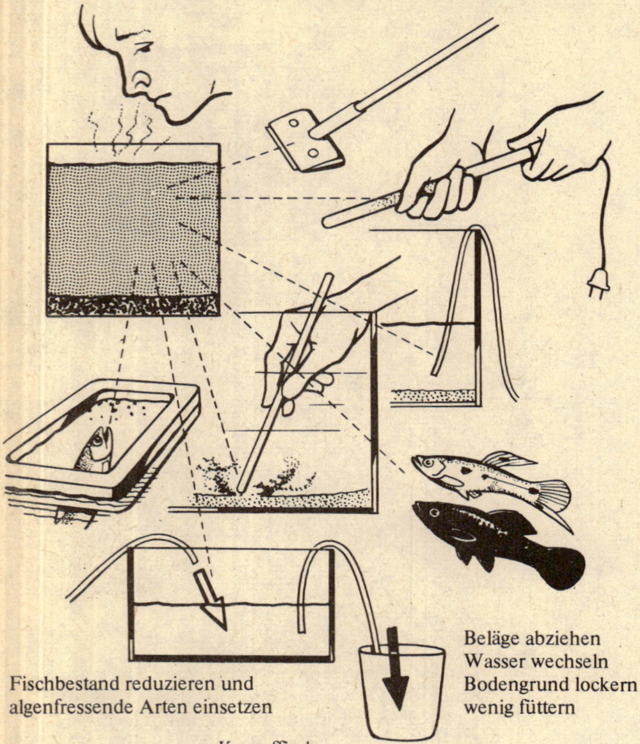

Süßwasserpolypen

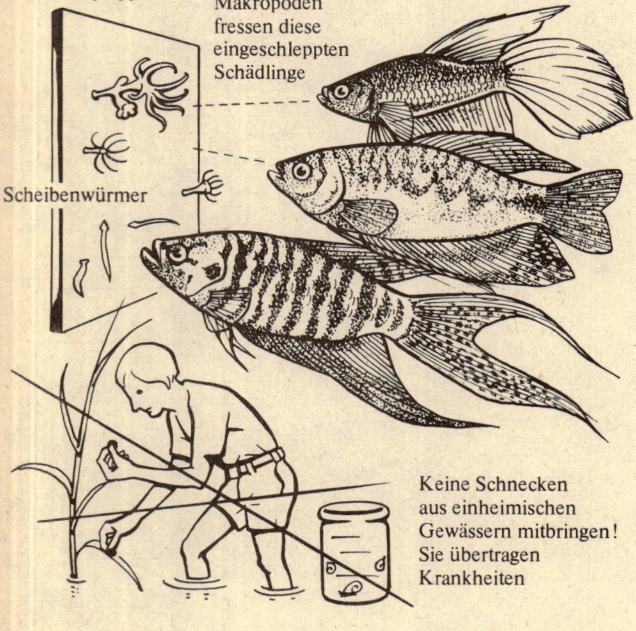

Schlimme Feinde unseres Aquariums sind Blaualgen, Süßwasserpolypen und die sogenannten Scheibenwürmer.

Blaualgen können uns die ganze Freude am Aquarium rauben. Glücklicherweise treten sie in einem gesunden Aquarium meistens nicht auf, bzw. sie können sich nicht halten. Manchmal sind sie aber trotz aller Sorgfalt plötzlich da, und wir können uns ihrer kaum erwehren. Sie vermehren sich außerordentlich schnell und ersticken alles pflanzliche Leben unter einem übelriechenden, blaugrünen Schleier. Zunächst versuchen wir uns durch mechanische Vernichtung der Algen zu helfen. Wir schaben sie von den Scheiben ab, reinigen die Geräte, streifen mit den Fingern die blauen Schleier von den Pflanzen vorsichtig herunter und saugen endlich alles, was sich am Boden sammelt, mit dem Schlauch ab. Sodann lockern wir den Bodengrund auf, setzen algenfressende Fische ein und füttern recht mäßig. Wenn wir Glück haben, können wir auf diese Weise der Algen schon Herr werden, bevor sie größeren Schaden anrichten.

Gesunde biologische Verhältnisse sind aber die Voraussetzung dafür, daß Blaualgen ganz verschwinden. Entscheidend ist, daß wir sofort die kleinste Spur von Blaualgen entfernen und uns um peinliche Sauberkeit bemühen. Dann kann eine Massenvermehrung nicht einsetzen. Sollten wir allerdings kein Glück haben und sogar algenfressende Fische, z. B. Black-Mollys, nicht helfen können, müssen wir zu chemischen Bekämpfungsmethoden greifen. Im Fachhandel sind dafür bestimmte Präparate vorhanden, gut bewährt hat sich auch die Zugabe von 30 ml 3prozentigen Wasserstoffperoxids auf 100 Liter Beckeninhalt in Verbindung mit dem wöchentlichen Wasserwechsel.

Süßwasserpolypen sind Hohltiere. Wissenschaftlich sind sie außerordentlich beachtenswert, aber im Aquarium können sie uns großen Kummer bereiten. Sie können sich massenhaft vermehren, sehen dann äußerst unschön aus, stehlen unseren Fischen das Futter und fangen unsere geliebten Jungfischchen weg.

Die Scheibenwürmer, von denen es mehrere Arten gibt, sind ähnliche Schmarotzer.
Beide Schädlinge sind nicht leicht zu entfernen, wenn man sie einmal eingeschleppt hat. Es gibt einige unsichere chemische oder andere Mittel, mit denen wir uns an dieser Stelle nicht befassen wollen. Hungrige Makropoden, Fadenfische und Kampffische sind wohl die besten Vertilger dieser unerwünschten Gäste!

Ernährungsprobleme

Futter und Fütterung sind die Hauptpunkte, auf die wir achten müssen, wenn wir unsere Fische gesund erhalten wollen. Von der richtigen Nahrung ist es abhängig, ob die Tiere sich wohl fühlen und ob wir infolgedessen Freude an ihnen haben. Die Fütterung erfordert etwas Nachdenken und Einfühlung.

Es ist nicht gleichgültig, was man füttert. Jedes Tier hat seine spezielle Nahrung, bei der es allein gedeihen kann. Wir müssen uns daher, wenn wir uns Fische anschaffen, stets fragen, ob wir sie auch ernähren können.

Allesfresser sind solche Fische, die praktisch alles nehmen, was wir ihnen zu bieten haben, vom handelsüblichen Lebendfutter bis zum Trockenfutter. Es sind die Fische, die uns bezüglich der Ernährung die geringsten Sorgen bereiten.

Als Kleintierfresser wollen wir solche Fische bezeichnen, die hauptsächlich lebendes Futter, also die üblichen kleinen Futtertiere fressen. Ihnen können wir kein Trockenfutter anbieten; allerdings benötigen sie zum Teil gelegentlich Pflanzenkost. Hier und da nehmen sie auch Ersatznahrung, z. B. gekochten, mageren Schinken, rohe Leber oder ähnliches.

Raubfische nehmen nur Lebendfutter, und zwar meist kräftige Brocken, sehr gern auch Fische entsprechender Größe.

Ausgesprochene Pflanzenfresser sind unter Aquarienfischen selten, sehr viele Arten benötigen aber pflanzliche Beikost.

Folgende sechs Regeln sind vor alle Dingen zu beachten:

1. Füttere den Ansprüchen der Fische und nicht deinen Wünschen gemäß.
2. Füttere abwechslungsreich und nütze alle Möglichkeiten der Jahreszeiten aus. Auch das beste Futter taugt nichts, wenn es nicht im Wechsel mit anderen Futterarten gereicht wird.
3. Füttere nicht zu reichlich! Futterreste verderben das Wasser. Es sterben mehr Fische an Verfettung als an Nahrungsmangel.
4. Füttere möglichst mehrmals am Tage.
5. Denke daran, daß das Futter der Größe deiner Fische entsprechen muß. Große Fische können bei zu kleinem und kleine Fische bei zu großem Futter verhungern.
6. Beobachte deine Fische, wie sie fressen. Darin zeigen sich meist Gesundheit und Wohlbefinden.

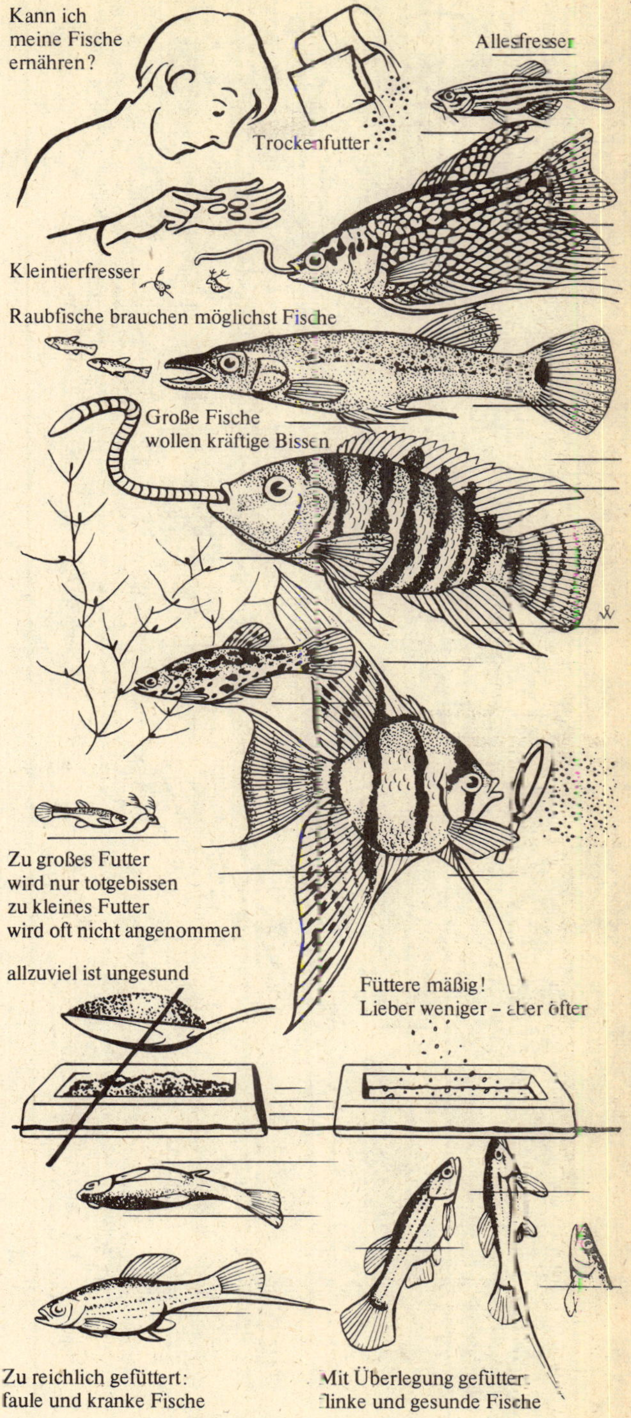

Kleinkrebse – ein gutes Futter

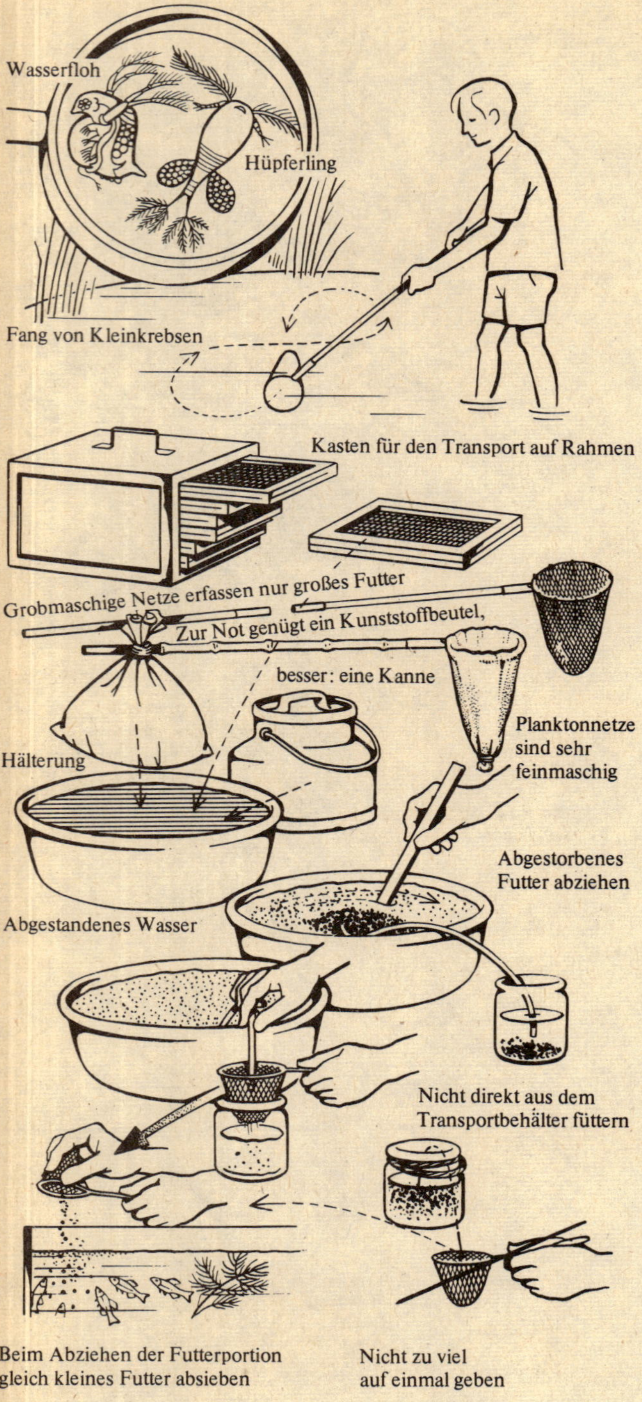

Unentbehrlich sind die Kleinkrebse für die Ernährung der meisten von uns gepflegten Fische.

Wasserflöhe und Hüpferlinge sind je nach Größe die richtige Nahrung für kleine und mittlere Fische, für Alles- und für Kleintierfresser.

In Dorfteichen und anderen Tümpeln sind sie oft massenhaft anzutreffen, die Wasserflöhe vor allem im Sommer, die Hüpferlinge auch im Winter. Sie treten oft periodisch auf und verschwinden wieder. Je nach Licht oder Windrichtung können sie sich an verschiedenen Stellen des Tümpels versammeln.

Wir fangen sie selbst mit einem feinmaschigen Netz, das an einem langen, möglichst zusammenlegbaren Stock befestigt wird. Manchmal leistet hierzu schon ein Damenstrumpf beste Dienste.

Beim Einkauf von Kleinkrebsen achte man darauf, daß das Futter frisch ist und nicht zu viele Krebschen abgestorben sind. Man vereinbare mit dem Händler, von dem man sein Lebendfutter regelmäßig bezieht, daß er dieses nach der Größe aussiebt.
Achtung! Große Wasserflöhe sind für kleine Fische wertlos. Die Fische beißen die Krebschen nur tot, und die abgestorbenen verderben das Wasser.

Der Transport der Kleinkrebse erfolgt entweder im Glas, im Kunststoffbeutel, in der Futterkanne, die breiter als hoch sein soll, oder ohne Wasser auf Rähmchen.
Achtung! Wasserflöhe und Hüpferlinge sterben bei Luftmangel schnell ab. Vor allem im Sommer. Man gehe daher so schnell wie möglich nach Hause und vermeide unnötigen Aufenthalt.

Die Aufbewahrung erfolgt am besten in einer flachen Schüssel, die man schon Stunden vorher gefüllt hat, damit sich das Wasser der Lufttemperatur angleichen kann und bei Leitungswasser der Chlorzusatz entweicht. Die Schüssel soll möglichst schattig und kühl stehen, nie aber in der prallen Sonne. Nicht oder nur schwach durchlüften.
Achtung! Die Kleinkrebschen vertragen keinen jähen Temperaturwechsel und sind gegen zu starke Wasserbewegung empfindlich.

Die Verfütterung der Kleinkrebse soll nie direkt aus dem Transportbehälter erfolgen. Kleinere Mengen schütte man duch ein feinmaschiges Netz oder Sieb, größere kommen in die Schüssel. Hier wird das Futter umgerührt; die toten Krebschen sammeln sich in der Mitte am Boden und können abgezogen werden. Die zu verfütternden Krebschen ziehe man ebenfalls mit dem Schlauch ab und sammle sie in einem Sieb oder Netz.

Tubifex und rote Mückenlarven bilden den Kern des Winterfutters für Kleintierfresser, ergänzt durch Enchyträen, gelegentlich Hüpferlinge und verschiedene Behelfsfuttermittel.

Schlammröhrenwürmer oder Tubifex kommen in schlammigen Gewässern oft in großen Massen vor. Der Selbstfang lohnt sich im allgemeinen nicht, sondern wir beziehen die Würmer vom Händler. *Achtung!* Tubifex leben oft in stark verunreinigten Gewässern. Sie sollen daher immer gut durchgespült und möglichst in fließendem Wasser aufbewahrt werden.

Der Transport erfolgt auf kürzere Strecken nur feucht im Schraubgläschen, in Papier oder im Plastbeutel.

Die Aufbewahrung am besten im Glas unter der tropfenden Wasserleitung, so daß das überlaufende Wasser wieder abfließen kann. Die Würmer ballen sich zu einem Klumpen zusammen.
Morgens spüle man das Glas kräftig durch. Man gießt das Wasser ab, läßt wieder vollaufen, rührt kräftig um, läßt den Inhalt absetzen und gießt vorsichtig wieder ab. Das wird so lange wiederholt, bis das Wasser klar bleibt. Man kann Tubifex auch in einer flachen Schale ohne Wasser kühl aufbewahren. Auch dann müssen die Würmer regelmäßig durchgespült werden. Zu diesem Zweck gibt man sie in ein feinmaschiges Netz.

Die Verfütterung geschieht zweckmäßigerweise durch einen Futterring mit Löchern, aus denen die Würmer einzeln herauskriechen oder von den Fischen herausgezupft werden. Man kann aber auch mit der Pinzette in kleineren Mengen verfüttern, wobei das erfaßte Wurmklümpchen im Aquarium etwas breitgeschleudert werden soll.
Achtung! Man reiche nicht mehr Tubifex, als auf einmal gefressen werden können. Nicht verzehrte Würmer verkriechen sich im Boden und verursachen Trübungen oder Fäulnisprozesse im Bodengrund.
Achtung! Niemals längere Zeit ausschließlich mit Tubifex füttern! Vergiftungsgefahr!

Rote Mückenlarven leben gleich den Tubifex im Grunde von schlammigen Gewässern. Auch bei ihnen lohnt sich der Selbstfang nicht. Im allgemeinen sind sie genauso zu behandeln wie Tubifex. Die Aufbewahrung kann jedoch ausschließlich kühl und schattig in flacher, abgedeckter Schale erfolgen, da die Larven auch schwimmen. Sie müssen gleichfalls jeden Tag unter der Wasserleitung in einem feinmaschigen Netz gut durchgespült werden. Die aus den Puppen schlüpfenden Mücken stechen nicht!

Tubifex und rote Mückenlarven

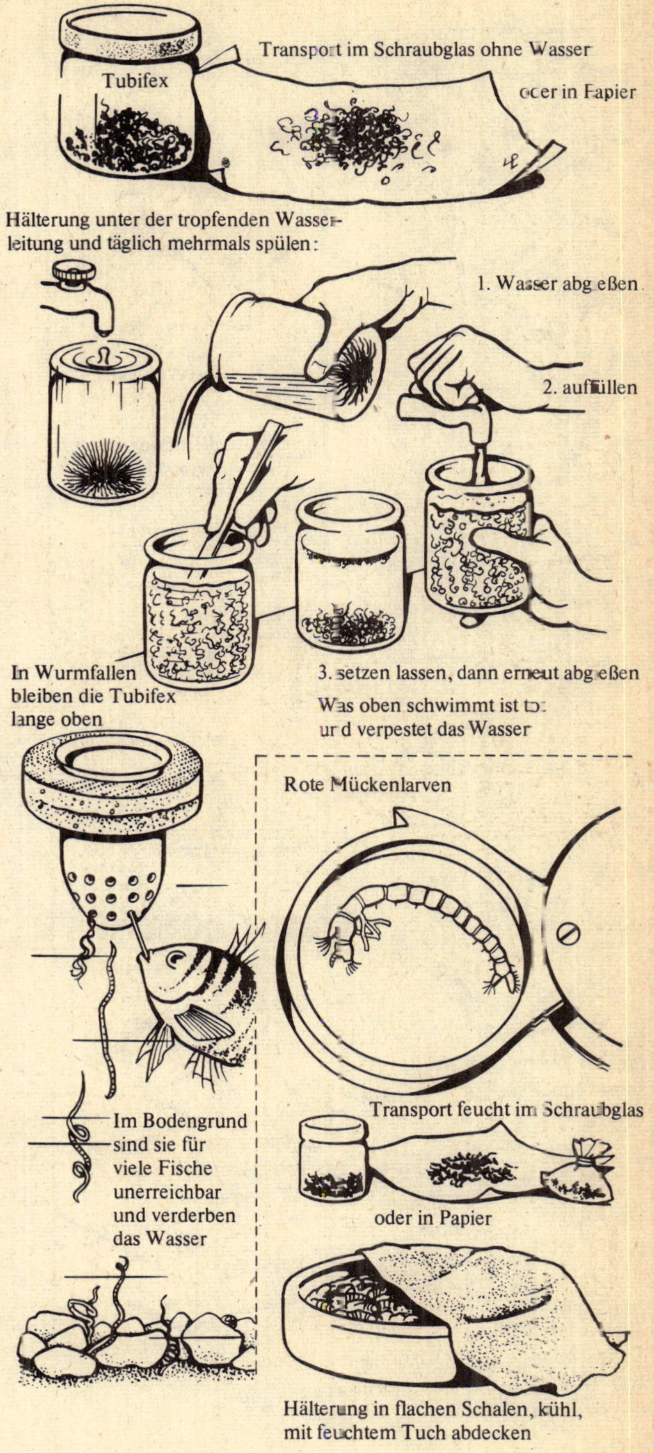

Mückenlarven, Enchyträen und Grindalwürmer

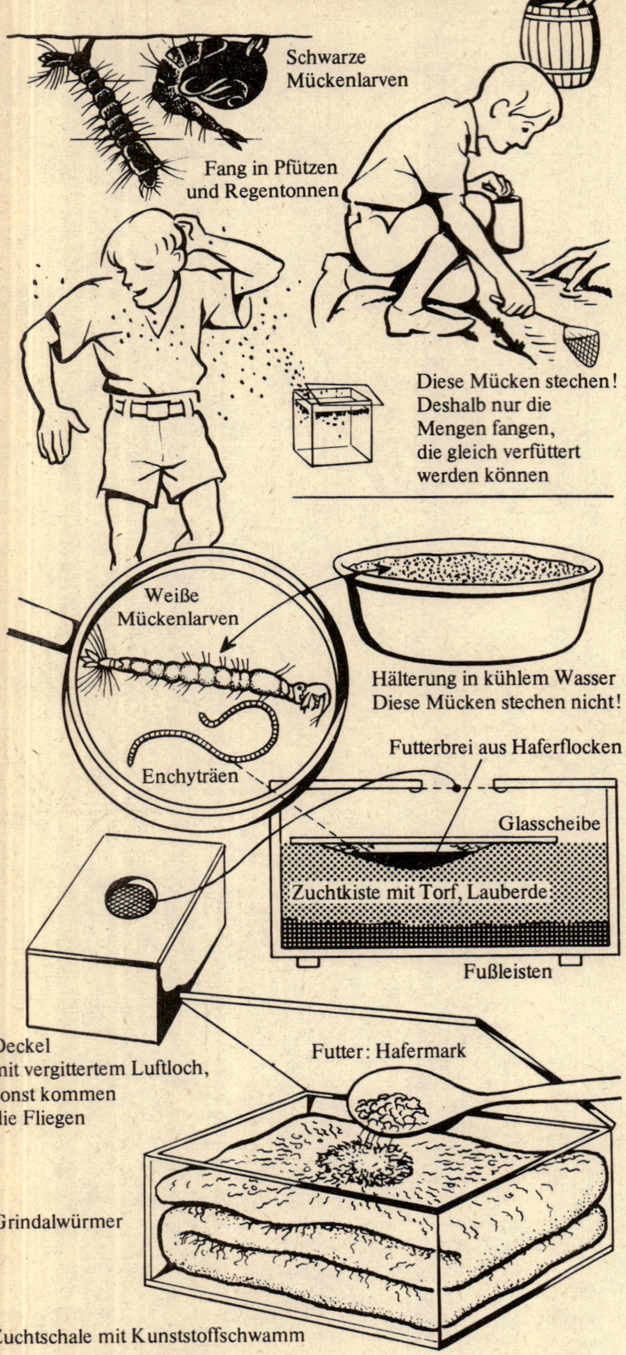

Zuchtschale mit Kunststoffschwamm

Täglich die Schwammlagen spülen, einen Teil der Würmer verfüttern, den Rest zurücksetzen und neues Futter aufstreuen

Schwarze Mückenlarven werden von allen Fischen gern gefressen. Wir finden sie vor allem in Regentonnen, Pfützen und anderen kleinsten Wasseransammlungen. Larven und Puppen hängen an der Wasseroberfläche; beunruhigt streben sie, sich überschlagend in die Tiefe. Wenn sie zum Luftholen wieder nach oben kommen, erbeuten wir sie mit einem schnellen Schlag des Keschers. Transport im wassergefüllten Gefäß.
Achtung! Diese Mücken stechen! Schwarze Mückenlarven können daher nicht längere Zeit in der Wohnung aufbewahrt werden.

Weiße Mückenlarven sind ebenfalls ein ausgezeichnetes Futter. Sie werden, besonders im Winter, häufig im Handel angeboten. Wir finden sie als glashelle, waagerecht schwebende «Stäbchen» im freien Wasser von Tümpeln und Teichen. Transport im wassergefüllten Gefäß. Die Hälterung kann in flachen Schüsseln erfolgen; die Larven sind sehr haltbar. Die Mücken stechen nicht!
Achtung! Weiße Mückenlarven leben räuberisch, dürfen daher nicht mit Jungfischen zusammengebracht werden!

Enchyträen und Grindalwürmer sind weiße Würmchen, die vor allem als Winterfutter unentbehrlich sind. Die «Grindal» sind besonders klein und daher für Jungfische geeignet. Enchyträen- und Grindalkiste sind im Winter oft Helfer in der Not, wenn man trotz aller Bemühungen kein anderes Lebendfutter erhält. Unsere Zeichnung zeigt, wie eine solche Kiste beschaffen sein muß. Zur Zucht kaufen wir uns einen Zuchtansatz, bringen ihn in eine Mulde im Erdreich, breiten einen Eßlöffel gekochte Haferflocken darauf aus und decken das Ganze mit Erde ab. Wenn man will, kann man noch eine Glasscheibe lose darüber legen (nicht unbedingt nötig!). Nach zwei bis drei Wochen kann man aus der Kiste bereits verfüttern.
Die Erde muß leicht feucht gehalten werden; Fütterung der Würmer regelmäßig, am besten mit Haferflockenschrot oder -brei. Es empfiehlt sich, zwei Kisten anzulegen, von denen jeweils eine in Ruhe steht.
Achtung! Enchyträen müssen sparsam verfüttert werden, da die Fische dabei verfetten!

Regenwürmer sind im ganzen oder zerkleinert ein brauchbares Futter, vor allen Dingen für große Fische, z. B. für Barsche und Cichliden. Vor dem Verfüttern halten wir die Würmer einige Tage im zugebundenen Glas, damit sie den Darm entleeren und den Schleim abstreifen.

Trockenfutter wird nicht von allen Fischen genommen. Für die Fische aber, die es fressen – und das sind weitaus die meisten –, ist es ein vollwertiges Futtermittel neben Lebendfutter.
Gute Marken-Trockenfutter enthalten die wichtigsten Aufbau- und Nährstoffe, die Fische benötigen. Viele Zierfische kann man bedenkenlos mit ihnen längere Zeit bei guter Gesundheit erhalten, wenn man für Abwechslung durch Verfüttern verschiedener Sorten sorgt und zwischenzeitlich das jeweils nach der Jahreszeit erhältliche Lebendfutter reicht. In futterarmen Zeiten ist es unbedenklicher, längere Zeit ein gutes Trockenfutter zu verfüttern als z. B. tagaus, tagein die nicht ganz ungefährlichen Tubifex.
Achtung! Gute Trockenfutter trüben bei sachgemäßer Dosierung das Wasser nicht, wohl aber, wenn unvernünftig große Mengen gereicht werden, die von den Fischen nicht aufgefressen werden können und verfaulen.

Die Struktur von Trockenfutter ist unterschiedlich. Es gibt Futter körniger Beschaffenheit, in Flockenform, in Tabletten und als Futterpaste in Tuben.

Flockenfutter schwimmt zunächst längere Zeit an der Wasseroberfläche. Nur einzelne Teile sinken sofort unter und locken die Fische an. Will man es sogleich zum Untersinken bringen, nehme man die Flocken zwischen zwei Finger und tauche sie kurz unter.
Futterflocken lassen sich gut in Sieben nach der benötigten Größe sortieren; große Flocken werden selbst von Cichliden gern genommen.

Tablettenfutter ist besonders für die vom Boden fressenden Fische geeignet. Die Tabletten sinken unter und zerfallen langsam. Sie stellen deshalb einen begrenzten Futtervorrat dar.

Pastenfutter in Tuben ist vor allem für größere Fische brauchbar, die individuell gefüttert werden wollen. Aufgeschwemmt wird es auch von kleinsten Jungfischen genommen.
Tubenfutter führt leicht zu Trübungen, wenn größere Fische den Tubenwurm zerkauen. Möglichst nur kleine Stücke reichen, die ganz verschluckt werden können.
Achtung! Nach Möglichkeit reiche man immer nur so viel Trockenfutter, wie von den Fischen mit einem Mal gefressen werden kann. Es dürfen keine Reste bleiben. Diese sind nach einiger Zeit zu entfernen, wenn sie von den Fischen nicht mehr beachtet werden.

Flocken-, Trocken- und Pastenfutter

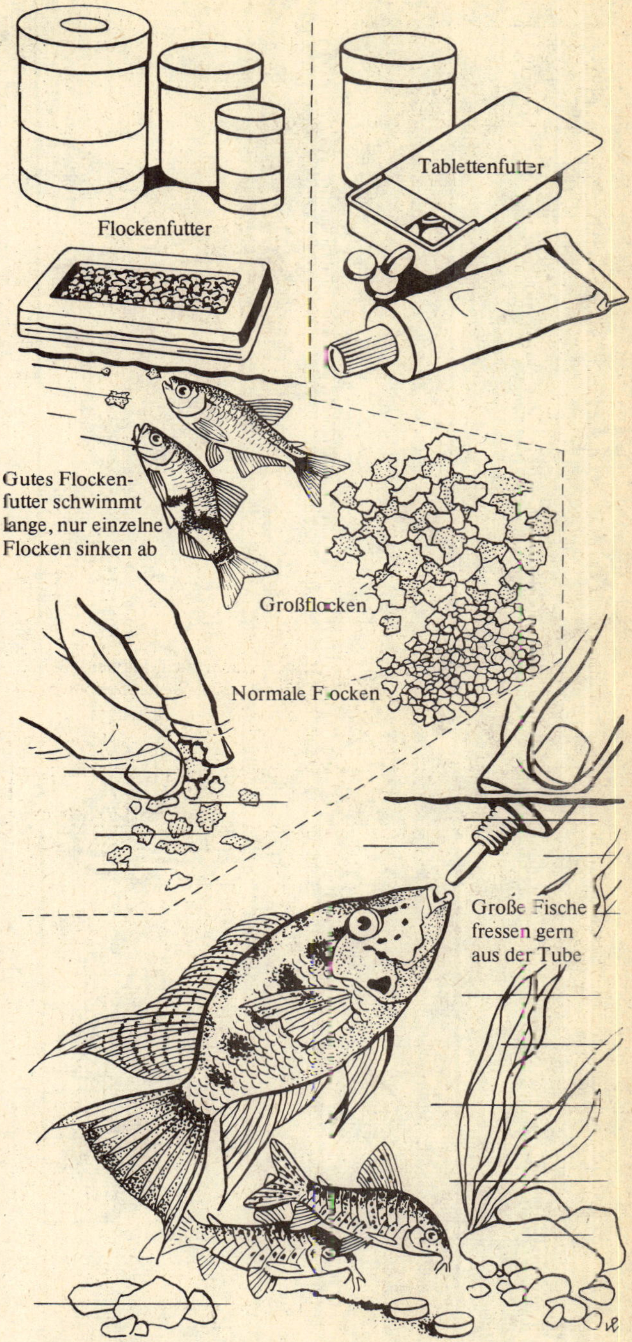

Wenn es einmal nichts anderes gibt

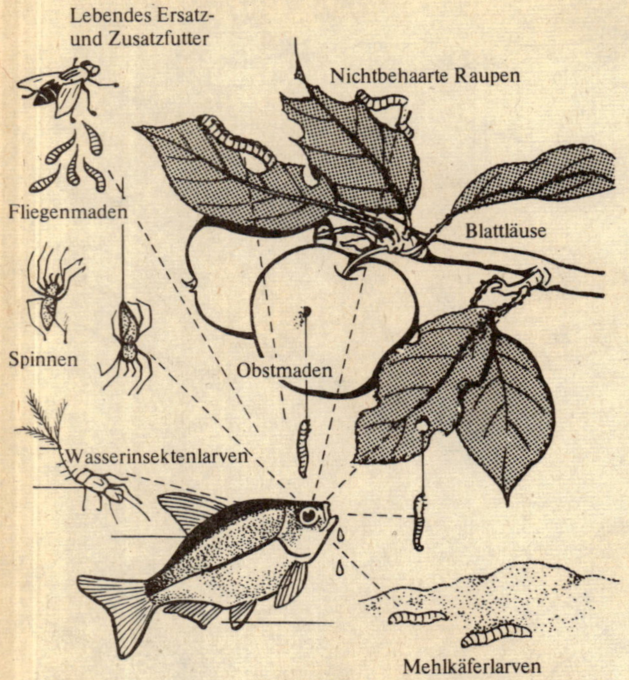

Nicht alle Algen entfernen, wenn Pflanzenfresser gepflegt werden!

Behelfsfuttermittel
Abwechslungsreiche Kost ist eine der Voraussetzungen dafür, daß unsere Fische gesund bleiben. Vor allem im Winter sollten wir versuchen, für wählerische Fresser unter unseren Fischen die eintönige Speisekarte etwas bunter zu gestalten.

Im Sommer ist es leicht, Abwechslung zu schaffen. Da finden wir Fliegen, Mücken, Spinnen usw., die manche unserer Fische gern von der Wasseroberfläche nehmen, ferner unbehaarte Raupen, auch Obstmaden und anderes, Blattläuse werden allerdings nicht von allen Fischen gefressen. Größeren Fischen machen wir eine Freude, wenn wir von einem Ausflug aus den Gewässern der Umgebung verschiedene Insektenlarven mitbringen, die wir dort erbeuteten. Auch Mehlwürmer sind recht gut geeignet; sie kann man auch im Winter mühelos als Futtervorrat halten.

Pflanzennahrung ist häufig eine geschätzte Zukost. Daher sollten wir nicht versäumen, immer einige abgestandene Blätter vom ersten grünen Salat ins Aquarium zu legen. Auch Spinat, ganz leicht überbrüht oder gefrostet, kann gute Dienste leisten. Haferflocken, roh oder überbrüht, werden von vielen Fischen genommen. Sie müssen unter der Wasserleitung abgespült werden, damit die an den Haferflocken haftenden feinen Mehlteilchen das Wasser nicht trüben. Aus diesem Grunde wird es meist günstiger sein, wenn wir uns zur Deckung des Bedarfs an pflanzlicher Kost statt Haferflocken lieber solcher Trockenfutter bedienen, die in der Hauptsache Bestandteile aus dem Pflanzenreich enthalten.

Weitere Ersatzfuttermittel, besonders für größere Fische, sind Rinderherz oder Fischfilet, die am besten in einer Küchenmaschine zerkleinert werden. Jungfische können mit hartgekochtem Eigelb oder Eierkuchenmehl angefüttert werden. Zu beachten ist dabei, daß Rinderherz und Fischfilet ein sehr nährstoffreiches Futter darstellt und nicht ausschließlich verfüttert werden darf, um Verfettungen zu vermeiden. Eigelb und Eierkuchenmehl stellt ein Ersatzfutter dar, das nur einen geringen Wert besitzt und dessen ausschließliche Verwendung nicht die Aufzucht zu gesunden und kräftigen Fischen gewährleistet, also nur im Notfall kurzzeitig verwendet werden darf.

Salzkrebschen als Futterkonserve

Das Salzkrebschen Artemia ist, frisch aus den Trockeneiern geschlüpft, ein ausgezeichnetes Futter für Jungfische oder kleinere Fischarten. Ausgewachsene Artemien sind tiefgekühlt im Handel. Die Trockeneier werden als ein feines braunes Pulver gehandelt.

Die Erbrütung der Artemia-Eier ist denkbar einfach. Am besten bewährt hat sich die Kultur in Flaschen. Eine helle, klarsichtige Flasche wird zur Hälfte mit einer Salzlösung (ein gestr. Teelöffel jodfreies Kochsalz auf $\frac{1}{2}$ l Wassser) gefüllt. Dann gibt man je nach Bedarf Eier zu und verschließt die Flasche mit dem zweifach durchbohrten Stopfen, wie es unsere Abbildung zeigt.
Wichtig ist, daß der Ansatz gut durchlüftet wird. Die Eier müssen kräftig durcheinander wirbeln. Der luftführende Schlauch muß bis zum Boden reichen, auch sollte man die Flasche etwas schräg stellen. Günstigste Temperatur 20 bis 24°C.

Entnahme und Verfütterung: Die Larven (Nauplien) beginnen nach etwa 24 Stunden zu schlüpfen. Zur Entnahme wird die Luft abgestellt. Nach höchstens 5 Minuten haben sich die rötlichen Nauplien massenhaft am Flaschenboden, die leeren Eihüllen an der Oberfläche gesammelt. Nun schließt man die Luftleitung an das kürzere Schlauchstück an und treibt damit die Salzlösung samt Nauplien sauber aus der Flasche heraus, läßt durch ein feinstmaschiges Tuch oder Artemia-Sieb laufen, das man auf ein Glas setzt, um die Salzlösung aufzufangen. Die Nauplien werden unter der Wasserleitung durchgespült und gleich aus dem Sieb verfüttert. Sie halten sich im Süßwasser-Aquarium 6 bis 8 Stunden.
Die Salzlösung gibt man in die Flasche zurück, belüftet weiter und kann auf diese Weise noch mehrmals Futter entnehmen. Zum Neuansatz ist stets frische Salzlösung zu bereiten.

Futter aus der Gefriertruhe kommt mehr und mehr in Aufnahme. Man kann Futtertiere (Artemia, Mückenlarven, Wasserflöhe, Tubifex) tiefgekühlt in Zoohandlungen erwerben und sie als Vorrat monatelang in der Gefriertruhe, kürzere Zeit auch im Gefrierfach des Kühlschrankes aufbewahren.
Frostfutter ist weitgehend keimfrei. Man kann die gefrorenen Futterblöckchen unmittelbar ins Aquarium geben. Besser ist es aber wohl, das Futter unter der Wasserleitung in einem feinen Sieb kurz durchzuspülen und erst dann zu verfüttern.

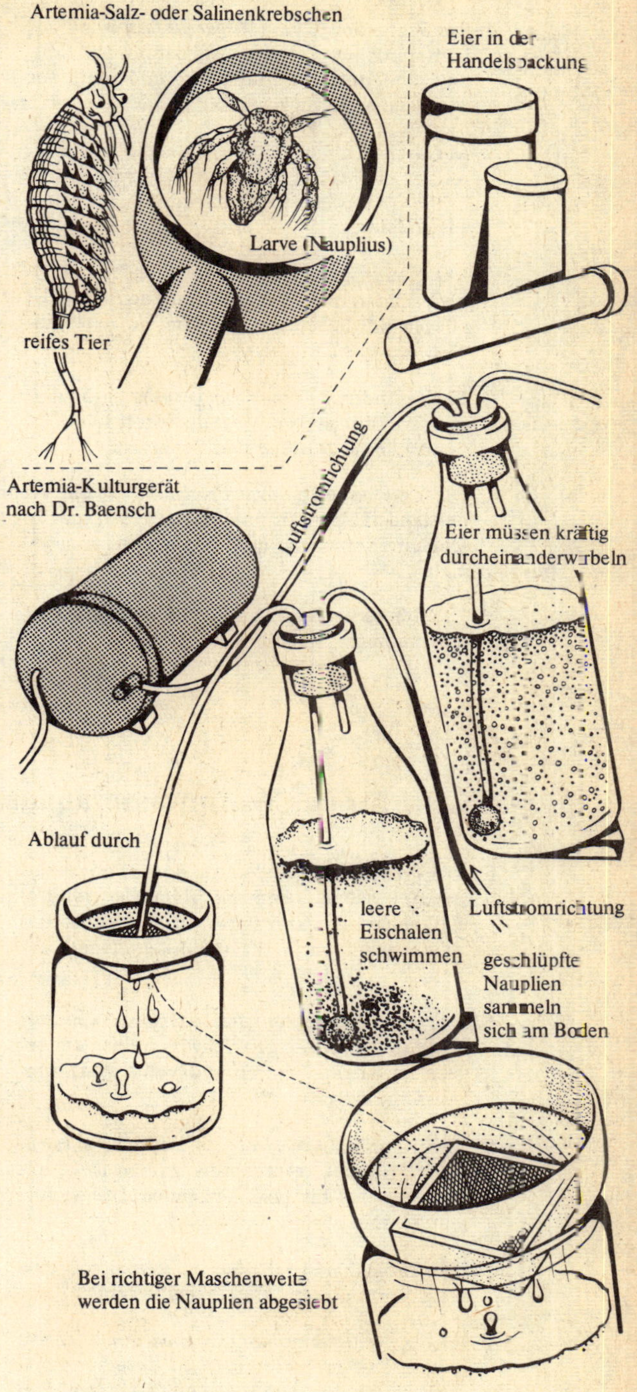

Fische für das Kaltwasseraquarium — Einheimische Arten

1 Der Schlammpeizker *(Misgurnus fossilis)* gilt als Wetterprophet. Tatsache ist, daß er bei Luftdruckänderungen unruhig wird und somit vor allem nahende Gewitterfronten anzeigt.

2 Der Dreistachlige Stichling *(Gasterosteus aculeatus)* ist ein wahrer Ritter ohne Furcht. Ob er «ohne Tadel» ist, mögen seine Pfleger selbst entscheiden.

3 Der Neunstachlige Stichling *(Pungitius pungitius)* steht seinem Vetter kaum nach. Manche pflegen ihn lieber, weil sein frei aufgehängtes Nest besser sichtbar ist.

4 Der Gründling *(Gobio gobio)* sucht in Trupps den Grund nach Nahrung ab. Schon sein Körperbau verrät deutlich den Bodenfisch.

5 Die Karausche *(Carassius carassius)* ist ein widerstandsfähiger, anspruchsloser Fisch, der in kleinen Exemplaren gut für das Aquarium geeignet ist.

6 Das Moderlieschen *(Leucaspius delineatus)* ist ein munteres, spiellustiges Fischchen, dessen silbernes Schuppenkleid bei jeder Wendung blau oder grün aufleuchtet.

7 Der Sonnenbarsch *(Lepomis megalotis)* stammt eigentlich aus Nordamerika und wurde Ende des 19. Jahrhunderts bei uns eingebürgert. Sonnenbarsche sind stattliche Fische, aber sie sind etwas für den Aquarienfreund, der gemessene Bewegungen liebt.

8 Der Diamantbarsch *(Enneacanthus obesus)* ist ein zwar ruhiger, aber äußerst ansehnlicher Fisch. In der Laichzeit ist der Körper der männlichen Tiere über und über mit glitzernden Pünktchen bedeckt.

9 Der Zwergsonnenbarsch *(Elassoma evergladei)* ist für kleinere Aquarien sehr gut geeignet. Er läßt sich in seiner flatternden Beweglichkeit wohl am besten mit einem Schmetterling vergleichen.

10 Der Rohrbarsch *(Perca fluviatilis)* ist ein schmucker Geselle, der allerdings nur in jungen Exemplaren sehr gut für das Aquarium geeignet ist.

Fische für das Warmwasseraquarium — Barben und Bärblinge

11 Die Prachtbarbe *(Barbus conchonius)* muß man gesehen haben, wenn die Männchen ihr rotfunkelndes Hochzeitskleid tragen; es ist unmöglich, diesen Glanz im Bilde wiederzugeben.

12 Der Schillerbärbling *(Brachydanio albolineatus)* wirkt in seiner zügigen Schwimmweise am besten im langen Aquarium, das ihm Platz zum Ausschwimmen bietet.

13 Der Kardinalfisch *(Tanichthys albonubes)* ist in jeder Hinsicht anspruchslos, zudem ist er mit seiner grün- bis goldglänzenden Längsbinde ein Schmuck jedes Aquariums.

14 Die Brokatbarbe *(«Barbus schuberti»)* soll eine Zuchtform aus der Messingbarbe sein.

15 Der Zebrabärbling *(Brachydanio rerio)* ist seit einem halben Jahrhundert in unseren Aquarien zu Hause. Dank seiner prächtigen Färbung und quecksilbrigen Lebendigkeit ist er heute noch ebenso beliebt wie ehedem.

16 Die Gürtelbarbe, besser Viergürtelbarbe *(Barbus tetrazona)* wird hier für eine ganze Gruppe ähnlich gefärbter, kleiner Schwarmfische gezeigt, die sich vor allem durch Zahl und Anordnung der Binden unterscheiden.

17 Die Messingbarbe *(Barbus semifasciolatus)* ist ein hübscher, lebendiger und sehr anspruchsvoller Schwarmfisch aus dem Fernen Osten.

18 Der Keilfleckbärbling *(Rasbora heteromorpha)* besitzt eine wundervolle Farbenzusammenstellung von Purpur und Blau.

19 Die Purpurkopfbarbe *(Barbus nigrofasciatus)* ist ein wundervoller Fisch. Der Anblick erregter Männchen mit ihrem Farbenspiel zwischen Tiefschwarz und Glühendrot ist einfach unvergeßlich.

1
2
3
4
5
7
6
9
8
10
11
12
13
14
15
16
17
18
19

Salmler

20 Der Schrägsteher *(Nannostomus eques)* ist ein merkwürdiger Fisch, der in Schwärmen in schräger Haltung durch das Wasser treibt. Er wirkt wie ein Stück Holz und wird auch «schwimmender Bleistift» genannt.

21 Der Rote Ziersalmler *(Nannostomus beckfordi)* ist ein sehr schlanker Fisch. Besonders dekorativ sind die imponierenden Männchen, die Seite an Seite durch das Aquarium «flattern».

22 Der Ziersalmler *(Nannostomus marginatus)* ist ein graziöser, etwas steif schwimmender, geselliger und friedlicher Fisch.

23 Der Karfunkelsalmler *(Hemigrammus pulcher)* gehört mit dem Laternenträger zu einer Gruppe von Salmlern, die an bestimmten Körperstellen Leuchtsignale tragen.

24 Der Schönflossensalmler *(Hyphessobrycon pulchripinnis)* wird auch sehr zutreffend Zitronensalmler genannt, weil er sich in der Laichzeit mit einem lebhaft gelben Farbton schmückt.

25 Der Costello-Salmler *(Hemigrammus hyanuary)* ist ein schmuckes Fischchen, gesellig und anspruchslos.

26 Der Leuchtfleckensalmler *(Hemigrammus ocellifer falsus)* wird auch Laternenträger, oder Schlußlichtsalmler genannt; beide Bezeichnungen sind im Hinblick auf den lichtbrechenden Fleck auf dem Schwanzstiel sehr treffend.

27 Der Spritzsalmler *(Copella arnoldi)* besitzt eine einzigartige Brutpflege, indem er seine Eier außerhalb des Wassers ablegt und sie von Zeit zu Zeit mit Wasser bespritzt, damit sie nicht vertrocknen.

28 Der Trauermantelsalmler *(Gymnocorymbus ternetzi)* wirkt vor allen Dingen in der Jugend durch den Kontrast von tiefstem Schwarz und Silberglanz.

29 Der Rote von Rio *(Hyphessobrycon flammeus)* ist spiellustig und ewig mit seinesgleichen und anderen Fischen in harmlose Auseinandersetzungen verwickelt.

30 Der Schmucksalmler *(Hyphessobrycon bentosi)* hält, was sein Name verspricht. Vor allem die Männchen prunken mit ihren fähnchenartig wehenden Flossen.

31 Der Rautenflecksalmler *(Hemigrammus caudovittatus)* ist ein sehr schwimmgewandter Schwarmfisch, der auch leicht einen kleinen Haltungsfehler verträgt, der dem Anfänger vielleicht einmal unterläuft.

32 Der Dreibandsalmler *(Hyphessobrycon heterorhabdus)* ist durch die eigenartige Zusammenstellung des Farbstreifens auf seinen Flanken eine Zierde jeder Fischgesellschaft.

33 Der Neonsalmler *(Paracheirodon innesi)* trägt seinen Namen zu Recht, denn das zwischen Blau und Grün wechselnde Farbband an seinen Flanken leuchtet tatsächlich wie Neonlicht.

34 Der Brillantsalmler *(Moenkhausia pittieri)* ist ein beeindruckender Schwimmer. Es ist ein herrliches Bild, wenn die Männchen mit ihren grauen Flossenschleiern durch das Aquarium jagen, wobei jede Wendung goldene und grüne Reflexe auf ihre Seiten zaubert.

35 Die Rotaugen-Moenkhausia *(Moenkhausia sanctae filomenae)* ist trotz ihres relativ robusten Körperbaus von verblüffender Beweglichkeit.

36 Der Kupfersalmler *(Hasemania nana)* erscheint in der Erregung, vor allem im männlichen Geschlecht, wie von innerem Feuer durchglüht.

37 Der Rotflossensalmler *(Aphyocharax anisitsi)* wirkt am besten im dichten Schwarm. Dann geben die blaugrün schillernden Körper und die blutroten Flossen ein wundervolles Bild.

Lebendgebärende Zahnkarpfen

38 Der Guppy *(Poecilia reticulata)* ist Anfängerfisch und Gegenstand vollendeter Zuchtbestrebungen zugleich. Die Spitzenklasse wird alljährlich auf internationalen Konkurrenzen zur Schau gestellt.

39 Der Schwertträger *(Xiphophorus helleri)* ist mit zahlreichen beliebten Zuchtformen in unseren Aquarien vertreten.

40 Der Platy *(Xiphophorus maculatus)* stellt mit seinen vielfältigen Zuchtformen eine dankbare Bereicherung für jedes Gesellschaftsbecken dar.

41 Der Zwergkärpfling *(Heterandria formosa)* ist ein sehr zierlicher Lebendgebärender, dessen Männchen zu den kleinsten Wirbeltieren der Welt gehören.

42 Der Bunte Spiegelkärpfling *(Xiphophorus variatus)* ist einer der hübschesten lebendgebärenden Zahnkarpfen. Man muß nur etwas Geduld aufbringen, weil sich die Männchen sehr spät umfärben.

43 Der «Black Molly» ist eine schwarze Zuchtform von *Poecilia sphenops.* Gute Tiere müssen vollständig schwarz sein.

20
21
23
25
22
24
26
27
28
29
30
31
32
33
34
35
36
37
38 ♀
39
40
♂
♀
41
♂
♂
42
43

44 Der Kampffisch *(Betta splendens)* macht seinem Namen alle Ehre. Man kann diese Fische nur paarweise halten, aber die unvergleichliche Farbenpracht wiegt alles wieder auf.

45 Der Rote Spitzschwanzmakropode *(Pseudosphromenus dayi)* baut ein Schaumnest zur Aufnahme der Brut, laicht aber auch unter Wasserpflanzenblättern und in Höhlen.

46 Der Zwergfadenfisch *(Colisa lalia)* ist ein Juwel, dazu ein sehr fleißiger Nestbauer. Zwischenzeitlich ist auch eine attraktive rote Zuchtform im Angebot.

47 Der Honiggurami *(Colisa sota)* ist eine sehr attraktive, kleinbleibende Art, deren Männchen jedoch einige Zeit bis zur vollständigen Ausfärbung benötigen.

48 Der Dicklippige Fadenfisch *(Colisa labiosa)* ist zwar etwas scheu, aber ein sehr interessanter Fisch. In der Erregung färbt sich das Männchen fast samtschwarz.

49 Der Makropode *(Macropodus opercularis)*, seit über 100 Jahren in Europa. Sein prächtiges Erscheinungsbild macht ihn noch immer zu einem begehrten Aquarienfisch.

50 Der Blaue Fadenfisch *(Trichogaster trichopterus)* ist einer der schönsten Labyrinthfische, obwohl er eigentlich nur wenige Farbtöne aufweist.

Fische für das Warmwasseraquarium — Buntbarsche

51 Der Gelbe Zwergbuntbarsch *(Apistogramma borellii)* ist etwas für den Freund ruhiger Fischarten. Der Pfleger kann bald das Bild einer entzückenden Kinderstube genießen, denn die Art ist nicht schwer zu züchten.

52 Der Zebracichlide, auch Grünflossenbuntbarsch *(Cichlasoma nigrofasciatum)* genannt, ist aufgrund seiner ausgeprägten Brutpflege zum Musterbeispiel der vergleichenden Verhaltensforschung geworden und ermöglicht dem Aquarianer viele interessante Beobachtungen.

53 Der Schmetterlingsbuntbarsch *(Papiliochromis ramirezi)* kann wohl mit Recht als einer der schönsten Zierfische bezeichnet werden, dessen Verhalten zugleich der Beobachtung wert ist.

54 Der Segelflosser *(Pterophyllum scalare)* gilt mit Recht als der Erste der Aquarienfische, der in jedem Aquarium sofort die Aufmerksamkeit der Betrachter auf sich lenkt.

55 Der Purpurprachtbarsch *(Pelvicachromis pulcher)* kann jedem Aquarienfreund empfohlen werden, der einmal den Reiz der Brutpflege bei einem leicht züchtbaren Höhlenbrüter erleben möchte.

56 Der Tüpfelbuntbarsch *(Laetacara curviceps)* ist ein kleinbleibender, friedlicher Cichlide, der sich auch in bepflanzten Aquarien gut halten läßt.

57 Der Türkisgoldbarsch *(Melanochromis auratus)* ist ein größer werdender Maulbrüter aus dem Malawisee, dessen Haltung größere Becken mit vielen Versteckmöglichkeiten erfordert.

58 Der Glänzende Zwergbuntbarsch *(Nannacara anomala)* zeichnet sich dadurch aus, daß das Männchen ganz anders gezeichnet ist als das Weibchen. Dieses ist in der Brutzeit ein kleiner Teufel und schreckt selbst vor wesentlich größeren Fischen nicht zurück.

59 Der Gabelschwanz-Schachbrettcichlide *(Crenicara filamentosa)* ist ein sehr interessanter, aber auch anspruchsvoller Pflegling. An die Haltung und Zucht solcher Fische darf man sich erst dann wagen, wenn mit den anderen vorgestellten, robusteren Arten genügend Erfahrungen gesammelt wurden.

60 Der Vielfarbige Maulbrüter *(Pseudocrenilabrus multicolor)* ist ein Raufbold, aber es gibt wohl kaum etwas Schöneres als die Brutpflege dieses kleinen Cichliden, die schon der Name andeutet.

44
45
46
47
48
49
50
51
52
53
54
55
56
57
58
59
60

61 Der Querbandhechtling *(Epiplatys dageti)* ist gleichfalls einer der «ganz Alten». Seit Generationen wird er im Aquarium gezüchtet, hat aber noch nichts von seiner Beliebtheit eingebüßt.

62 Der Rote Prachtkärpfling *(Aphyosemion cognatum)* ist ein hübscher friedlicher Zahnkarpfen, der mit ähnlichen Arten in Gesellschaft gehalten werden kann.

63 Der Gebänderte Prachtkärpfling *(Aphyosemion bivittatum bivittatum)* gehört zu einer Gruppe sehr schöner Zahnkarpfen, die im tropischen Westafrika beheimatet sind.

64 Der Streifenhechtling *(Aplocheilus lineatus)* ist ein beliebter Oberflächenfisch. Im Licht funkeln Reihen goldfarbener, grüner und roter Tüpfel.

65 Der Kubabachling *(Rivulus cylindraceus)* hält sich gern unter der Oberfläche auf. Wenn man ihm eine dichte Schwimmpflanzendecke bietet, dann kann man ihn in der Sonne auf den Pflanzen liegend finden. Da die Tiere sehr gern springen, muß das Aquarium abgedeckt sein.

66 Der Floridakärpfling *(Jordanella floridae)* ist der Schmetterling unter den Eierlegenden Zahnkarpfen. Es ist ein prachtvoller Anblick, wenn er mit flatternden Flossen sein Weibchen umspielt.

67 Günthers Prachtgrundkärpfling *(Nothobranchius guentheri)* aus Westafrika gehört zu den bodenlaichenden Arten. Interessanterweise benötigen die Eier eine mehrmonatige Trokkenphase zur Entwicklung. Zuchtversuche müssen dieser Tatsache Rechnung tragen.

Fische für das Warmwasseraquarium — Sonderlinge

68 Der Regenbogenfisch *(Melanotaenia maccullochi)* ist einer der wenigen Aquarienfische, die uns der fünfte Erdteil, Australien, schenkte.

69 Das Dornauge *(Acanthophthalmus kuhli sumatranus)* ist eine kleine tropische Schmerle, die mit ihrem wurmförmigen Körper blitzschnell im Schlamm untertauchen kann.

70 Der Halbschnabelhecht *(Dermogenys pusillus)* ist ein kleiner lebendgebärender Oberflächenfisch, der sich vor allem von auf der Oberfläche befindlichen Insekten ernährt.

71 Der Blaubarsch *(Badis badis)* aus den indischen Gewässern kann in kürzester Zeit seine Farben ändern. Im Gesellschaftsbecken benötigt er unbedingt ausreichende Versteckmöglichkeiten.

72 Der Indische Glasbarsch *(Chanda ranga)* stellt sich uns schon durch seinen Namen mit seiner hervorstechendsten Eigenschaft vor. Gegen das Licht ist der Fisch vollkommen durchsichtig.

73 Der Goldstreifenpanzerwels *(Corydoras aeneus)* ist eine sehr pflegeleichte, anspruchslose, einfach und produktiv züchtbare Art und deshalb in der Aquaristik sehr beliebt.

74 Der Metallpanzerwels ist wahrscheinlich eine Kreuzung zwischen den beiden Arten *Corydoras aeneus* und *C. eques.*

75 Der Punktierte Panzerwels *(Corydoras paleatus)* ist einer der ältesten Aquarienfische überhaupt und wurde als erste Panzerwelsart bereits 1893 nachgezüchtet.

76 Der Schwielenwels *(Hoplosternum thoracatum)* ist eine etwas größer werdende Welsart, die zur Fortpflanzung ein Schaumnest baut. Trotz seiner Größe ist er auch für die Haltung im Gesellschaftsbecken geeignet.

77 Der Antennenwels *(Ancistrus spec.)* ist in jedem Aquarium als «Putzfrau» äußerst beliebt. Er raspelt unentwegt Algen ab. Die Männchen fallen besonders durch ihren großen «Backenbart» auf.

61
62
63
55
64
66
67
68
69
70
71
72
73
76
74
75
77

Das Wichtigste über Fischkrankheiten

Es kann nicht Aufgabe dieses Buches sein, eine ausführliche Darstellung der Fischkrankheiten und ihrer Behandlung zu geben. Fische sind wie alle anderen Lebewesen von vielen Krankheiten bedroht, die zu erkennen zum Teil nur dem Erfahrenen möglich ist. Die Behandlung und Heilung mancher Fischkrankheiten ist schwierig, in einigen Fällen auch überhaupt nicht möglich. Mindestens erfordern solche Heilungsversuche viel Kenntnisse; in der Hand der Unerfahrenen bedeuten sie meist eine Tierquälerei.
Auch hier gilt das bekannte Wort, daß «Vorbeugen besser als Heilen» ist. Ein mäßiger Fischbesatz im gut bepflanzten Aquarium, die Schaffung optimaler Lebensbedingungen durch sorgsame, verständnisvolle Pflege, vor allen Dingen eine abwechlungsreiche, nicht zu knappe, aber auch nicht zu reichliche Ernährung – das alles ist der sicherste Weg, um unseren kleinen Fischbestand gesund zu erhalten. Umgekehrt ist eine nachlässige und fehlerhafte Pflege meist die Voraussetzung dafür, daß Erkrankungen auftreten.
Nicht immer ist es freilich möglich, den Ausbruch einer Krankheit zu verhüten. Wenn wir gewöhnt sind, unsere Tiere regelmäßig zu beobachten, so wird es uns sofort auffallen, wenn sich in ihrem Aussehen oder Verhalten irgend etwas geändert hat. Wir sprachen schon auf Seite 12 davon, woran man gesunde und woran man kranke Fische erkennt. Solange wir noch wenig Erfahrungen besitzen, vertrauen wir uns am besten unserem Händler oder einem anderen erfahrenen Aquarienfreund an. Sie werden uns sicherlich raten können oder werden uns doch wenigstens sagen, ob ein Heilungsversuch Zweck hat. Wollen wir mehr wissen, so greifen wir nach einem der umfangreicheren Werke der Aquarienliteratur, in denen etwas mehr über die Fischkrankheiten und deren Behandlung gesagt ist.
Damit, daß man Krankheiten in sein Aquarium einschleppen kann, muß man nun allerdings beim Einkauf eines neuen Fisches rechnen. Es ist daher zweckmäßig, jede solche Neuerwerbung zunächst einmal gesondert in ein kleines Becken zu setzen und sie hier einige Tage zu beobachten. Auch offensichtlich erkrankte Fische fange man sofort heraus und isoliere sie, damit sie nicht den gesamten Fischbestand gefährden. Es ist nicht angebracht, solche Tiere aus falsch verstandenem Mitleid im Aquarium zu belassen.

Einige der wichtigsten Fischkrankheiten seien nachstehend aufgezählt, doch sei davor gewarnt, gegebenenfalls auf Grund dieser kurzen Beschreibung eine Diagnose zu stellen und eine Behandlung zu beginnen.

Die ansteckende Hauttrübung beruht auf einer durch verschiedene tierische Parasiten hervorgerufenen Reizung der Haut, der Flossen und der Kiemen. Diese Reizung ist bei rechtzeitiger Behandlung leicht heilbar, kann bei Vernachlässigung allerdings auch tödlich verlaufen. Die Oberhaut erscheint bläulichweiß getrübt, manchmal treten auch blutunterlaufene Stellen auf der Haut auf, oder diese löst sich in Fetzen ab. Die Tiere schaukeln, legen die Flossen an und «scheuern» sich an Steinen oder anderen Gegenständen.
Behandlung: Die Fische werden herausgefangen und in einer Lösung von 1 g Trypaflavin auf 100 l Wasser drei Tage lang gebadet oder mit einem der käuflichen Heilmittel behandelt.

Die Knötchenkrankheit (Ichthyophthirius) wird durch ein Urtierchen hervorgerufen. Es ist eine recht häufige, bei rechtzeitiger Behandlung meist (aber nicht immer) leicht heilbare Erkrankung der Haut und der Flossen. Die Parasiten bohren sich in die Haut der Fische ein und wandern in dieser auch weiter. Es bilden sich nun in der Haut und auf den Flossen bis grieskorngroße, weiße Knötchen, in denen jeweils einzelne oder mehrere Parasiten sich drehend bewegen. Sie erzeugen dadurch eine starke Reizung der Haut, die sich nach und nach zersetzt und entzündet. Die Fische fühlen sich sichtbar unbehaglich und versuchen deshalb, die Parasiten durch Scheuern an festen Gegenständen loszuwerden, was ihnen natürlich nur selten gelingt. Die Fische klemmen die Flossen, werden zusehends schwächer und gehen schließlich ein, wenn die Erkrankung vernachlässigt wird. In der Regel wird schnell der gesamte Bestand erfaßt.
Behandlung: Wie oben, doch müssen die Fische meist etwa eine Woche im Bad verblei-

ben. Das Aquarium muß eine Woche ohne Fischbesatz sein, damit die im Becken befindlichen Tochterparasiten (Schwärmer) keine weiteren Wirtstiere finden und absterben.

Verpilzung durch Saprolegnia ist nicht selten, vor allen Dingen dann, wenn die Fische zu kalt gehalten wurden oder äußere Verletzungen erhalten haben. Es treten dann weiße, watteähnliche Polster an allen möglichen Körperstellen auf, besonders an den Flossenrändern, auf den Augen und um offene, halbverheilte Wunden herum. Bei Lebendgebärenden Zahnkarpfen häufig auch am Maul.
Behandlung: Die Pilze befallen nur beschädigte Fische, deshalb ist es bei der Verpilzung wichtig, zunächst die primäre Erkrankung anzugehen. Des weiteren muß die Wassertemperatur erhöht werden und ein Abpinseln der erkrankten Stellen mit verdünnter Jodtinktur erfolgen. Die Krankheit ist nicht mehr heilbar, wenn der Fischkörper bereits vom Pilz zu sehr angegriffen ist.

Fischtuberkulose ist die gefährlichste Erkrankung der Aquarienfische, gefährlich vor allem deshalb, weil sie äußerlich erst zu erkennen ist, wenn es zu spät ist. Sie wird durch stäbchenförmige Bakterien hervorgerufen, die sich insbesondere bei Mangelerscheinungen infolge einseitiger Ernährung, ungeeigneter Wassertemperatur, Massenbesetzung und zu geringer Belichtung (mangelnde ultraviolette Strahlung) ausbreiten können. Das Krankheitsbild ist allerdings sehr verschieden. Die Tiere magern ab, oft treten Geschwüre auf, oder die Flossen zersetzen sich. Die Schwimmbewegungen werden unsicher, und die Fische taumeln. Die Krankheit ist nach dem derzeitigen Stand der Forschung nicht heilbar, manchmal gelingt eine Überwindung durch sorgsame Pflege, das heißt, dem Fisch gelingt es, die Erreger einzukapseln. Meist aber endet die Krankheit mit dem Tode des Fisches.

Die Neonkrankheit ist eine besonders beim Neonsalmler und anderen zarten Fischarten auftretende Krankheit. Die im Anfangsstadium bereits schwer erkennbare, unheilbare, innere Erkrankung endet fast stets tödlich. Der Erreger ist ein Sporentierchen, das zahlreiche Sporen bildet und in der Muskulatur des Fisches lebt. Die Muskeln werden zerstört, aber auch andere innere Organe nach und nach aufgelöst. Die Krankheit wird durch Sand und Pflanzen oder Infektionen durch kranke Fische, insbesondere deren Exkremente, eingeschleppt. Beim Neonsalmler äußert sie sich hauptsächlich darin, daß die Farben ausbleichen, auch kommt es zu Verkrümmungen der Wirbelsäule und ähnlichen Schäden.

Infektiöse Bauchwassersucht tritt meist bei Nutzfischen im Freiland, aber auch nicht selten im Aquarium auf. Sie ist eine bakterielle Erkrankung, die unheilbar ist. Die Ursache sind krankheitserregende Stämme eines normalerweise harmlosen, überall vorhandenen Bakteriums. Befallen werden meist Fische, die aus anderen Ursachen geschwächt sind, besonders durch einseitige Ernährung mit nachfolgender Verfettung der Leber. Das Krankheitsbild zeigt schwammig aufgetriebene Körper, insbesondere einen vorgewölbten Bauch, Schuppensträube und hervorstehende Augen. Die gleiche Krankheit, die in den verschiedensten Formen auftritt und von ganz unterschiedlichen Stämmen des Bakteriums hervorgerufen wird, kann auch durch Geschwüre in Erscheinung treten, die in der Regel eine helle Umrandung aufweisen. Als Spätfolge einer überstandenen Infektion treten Skelettmißbildungen auf.
Behandlung: Die an Bauchwassersucht erkrankten Fische müssen sofort aus dem Aquarium entfernt, und ein Einschleppen des Erregers durch akut an Bauchwassersucht erkrankter Fische muß vermieden werden. Bevor ein verseuchtes Becken neubesetzt werden kann, muß es unbedingt desinfiziert werden. Ansonsten beugt sorgfältige Pflege, besonders der Vermeidung von Stoffwechselstörungen, Leberdegenerationen und anderen Erkrankungen, die oft Schrittmacher einer Infektion sind, vor.

Ichthyosporidium- (Ichthophonus-) Erkrankung, eine äußerst gefährliche, nicht heilbare, weil immer zu spät erkennbare Krankheit von Aquariumfischen, die sehr weit verbreitet ist. Der Erreger ist der Schmarotzer Ichthyosporidium, der bevorzugt gewisse innere Organe befällt. Schließlich kann aber der ganze Körper von Pilzschläuchen und kugeligen Zysten durchzogen sein. Die Ansteckung erfolgt durch befallene Fische; praktisch ist kein

Aquariumfisch vor der Krankheit sicher. Besonders gefährdet sind auch hier wieder geschwächte Tiere. Die Krankheit ist leicht mit Fischtuberkulose zu verwechseln, da sich die Symptome weitgehend gleichen. Am Körper treten blutunterlaufene Stellen und Geschwüre auf, der Fisch hat schwarze Flecken auf der Haut und macht taumelnde Bewegungen. Weiterhin ist das Krankheitsbild gekennzeichnet durch Abmagerung, Verlust der Schwanzflosse und Schuppensträube. Im fortgeschrittenen Stadium liegen die Fische oft am Boden und bewegen sich ruckweise vorwärts. Es fällt ihnen schwer, die normale Schwimmlage einzuhalten, denn das Körperende treibt immer wieder nach oben, so daß sie sich schließlich überkugeln. Zum Schluß taumeln sie sterbend zur Wasseroberfläche. Es kommt nicht zu Massensterben, sondern die Fische werden nach und nach befallen, so daß man in Abständen immer wieder einen Toten vorfindet.
Behandlung: Die Krankheit ist unheilbar, kann aber durch gewissenhafte Pflege vermieden werden. Kein Massenbesatz! Verendete Fische müssen immer sofort entfernt werden. Bei gehäuftem Auftreten in einem Aquarium Fische und Pflanzen vernichten und das Aquarium desinfizieren.

Bakterielle Flossenfäule hat die Zerstörung der Flossen, die oft zu ihrer völligen Auflösung führen, zur Folge. Bakterielle Einwirkungen sind die Ursache für diese Krankheit und betreffen hauptsächlich die Schwanzflosse. Die Erfolge einer Behandlung sind in den meisten Fällen gering. Im Handel werden aber bakterienhemmende Mittel angeboten, die man vorbeugend anwenden kann.

Erkrankungen der Augen wie z. B. mechanische Verletzungen können, auch wenn sie verheilt sind, zu einer weißlichen Trübung der Hornhaut führen. Bisse mit völliger Zerstörung oder gar Herausreißen des Auges können den Tod der betreffenden Tiere zur Folge haben. Vor allem neigen Cichliden und Labyrinthfische dazu, sich in ihren Kämpfen Verletzungen der Augen zuzufügen. Eine verletzte Hornhaut kann leicht von Schimmelpilzen befallen werden, die dann das Auge nachträglich auch noch zerstören, wenn die Verletzung an sich nicht so stark ist.
Behandlung: Durch Aufpinseln einer 2%igen Höllensteinlösung versuche man die Schimmelpilze zu vernichten. Danach muß der Fisch sofort in eine 1%ige Kochsalzlöung gesetzt werden, um die Höllensteinlösung zu neutralisieren, bevor das Auge selbst angegriffen wird. Die Maßnahme ist mehrere Male zu wiederholen.

Umweltbedingte Erkrankungen sind gar nicht so selten, wie man glauben möchte. Zu niedrige oder stark schwankende Temperaturen, Verschiebungen im Gashaushalt des Wassers oder in seinem basischen bzw. saueren Zustand, Überfütterung, einseitige Ernährung, Vitaminmangel usw. – dies alles kann zu Gesundheitsschäden führen.
Sehr häufig sind auch Vergiftungen, die meist in ihrer Ursache schwer zu erkennen sind. Sie ähneln in ihren Symptomen oft infektiösen Krankheiten, so daß manchmal die wahre Ursache gar nicht erkannt wird. Giftstoffe gelangen häufig als Folge mangelhafter Isolierung der Metallteile ins Wasser. Auch Kitt, Vergußmassen, Farben o. ä. können unter Umständen giftig wirken.
Äußerst gefährlich sind auch Insektenspritzmittel, die durch den Durchlüftern ins Wasser gelangen oder auf die Wasseroberfläche fallen.

Die meisten Krankheiten befallen geschwächte Fische, also solche, die durch mangelhafte Pflege besonders anfällig geworden sind. Darum nochmals zum Schluß: **Sorgsame Pflege ist das beste Heilmittel!**

Kleines Lexikon der Fische

Die mit einem * gekennzeichneten Seitenzahlen verweisen auf Farbabbildungen. Die Zahlen in der () hinter den Artnamen entsprechen den Suchnummern in den Farbtafeln. Bezüglich der Betonung der wissenschaftlichen Namen bestehen zwar gewisse Regeln, doch schafft deren Anwendung nicht selten unzweckmäßige, dem Wortsinn widerstrebende Betonungsschwerpunkte. Es wird daher häufig dazu geraten, in bezug auf die Betonung freizügig zu verfahren.
Das gilt auch für die hier gemachten Angaben. So können die Familiennamen auch auf der zweitletzten Silbe betont werden, z. B. Cichlídae statt Cíchlidae. Das gleiche kann auch für mehrsilbige Wortverbindungen gelten, z. B. tetrazóna statt tetrázona.

Acanthophthalmus s. Dornaugen
Acerina cernua s. Kaulbarsch
Aequidens maronii s. Maroni-Buntbarsch
Aequidens pulcher s. Blaupunktbarsch
Afrikanischer Schmetterlingsbuntbarsch (Anomalochromis thomasi). Etwa 7 cm langer, offenbrütender Zwergbuntbarsch aus dem tropischen Westafrika. Familie Cichlidae = Buntbarsche. Allesfresser. S. 80.
Anabantidae s. Kletterfische
Ancistrus spec. s. Antennenwels
Anomalochromis thomasi s. Afrikanischer Schmetterlingsbuntbarsch
Antennenwels (Ancistrus spec.). (77). Ein bis maximal 15 cm großer, algenfressender Wels aus Südamerika. Familie Loricariidae = Harnischwelse. Allesfresser. S. 88*, 127*.
Aphyocharax anisitsi s. Rotflossensalmler
Aphyosemion australe s. Prachtkärpfling „Kap Lopez"
Aphyosemion bivittatum s. Gebänderter Prachtkärpfling
Aphyosemion cognatum s. Roter Prachtkärpfling
Aphyosemion gardneri s. Rotsaum-Prachtkärpfling
Apistogramma s. Zwergbuntbarsche
Apistogramma agassizii s. Buntschwanz-Zwergbuntbarsch
Apistogramma borellii s. Gelber Zwergbuntbarsch
Apistogramma cacatuoides s. Kakadu-Zwergbuntbarsch
Aplocheilichthys s. Leuchtaugenfische
Aplocheilus blocki s. Madrashechtling
Aplocheilus lineatus s. Streifenhechtling

Bachlinge (Rivulus). Gattung Eierlegender Zahnkarpfen aus der Familie Cyprinodontidae. Heimat Süd- und Mittelamerika, Westindien. Kleine Oberflächenfische, die zum Teil auch das Wasser verlassen können. Liegen im Aquarium gern auf den Schwimmpflanzen in der Sonne. Natürliche Nahrung vorwiegend Luftinsekten. S. 59.
Badis badis s. Blaubarsch
Barben. Wissenschaftlich nicht ganz zutreffende Bezeichnung für eine Gruppe karpfenähnlicher Schwarmfische aus Südostasien und Afrika
Barbus conchonius s. Prachtbarbe
Barbus cumingi s. Ceylonbarbe
Barbus everetti s. Everetts Barbe
Barbus gelius s. Gelibarbe
Barbus hexazona s. Gürtelbarben
Barbus lateristriga s. Schwarzbandbarbe
Barbus nigrofasciatus s. Purpurkopfbarbe
Barbus oligolepis s. Eilandbarbe
Barbus partipentazona s. Gürtelbarben
Barbus pentazona s. Gürtelbarben
Barbus phutunio s. Zwergbarbe
Barbus semifasciolatus s. Messingbarbe
Barbus tetrazona s. Gürtelbarben
Barbus ticto subspec. s. Odessabarbe
Barbus titteya s. Bitterlingsbarbe
Beilbäuche (Familie Gasteropelecidae). Kleine salmlerähnliche Oberflächenfische aus Südamerika, die eine bootsförmige Gestalt und flügelähnliche Brustflossen besitzen. Sie können an der Wasseroberfläche entlanggleiten und sich auch darüber erheben, sind also sogenannte „fliegende Fische". Die natürliche Nahrung besteht meist aus Luftinsekten, die auf die Oberfläche fallen. S. 68.
Betta splendens s. Kampffisch
Bitterlingsbarbe (Barbus titteya). Bis etwa 5 cm lang werdender Schwarmfisch von Sri Lanka (Ceylon). Familie Cyprinidae = Karpfenfische. Allesfresser. S. 62, 68, 85*.
Black Molly (43). Tiefschwarze Zuchtform der Lebendgebärenden Zahnkarpfen Poecilia sphenops oder P. latipinna aus Mittelamerika. Beliebter Fisch für Gesellschaftsaquarien. Allesfresser. S. 58, 86*, 123*.
Blaubarsch (Badis badis). (71). Kleiner südostasiatischer Barsch aus der Familie Badidae, einer ursprünglich Labyrinthfischen nahestehenden, isolierten Familie. Kleintierfresser. S. 62, 90, 127*.
Blauer Fadenfisch (50). Bläulich gefärbter Farbschlag des Punktierten Fadenfisches (Trichogaster trichopterus). Familie Anabantidae = Kletter- oder Labyrinthfische. Heimat Sumatra. Allesfresser. S. 65, 70, 78, 125*.
Blaupunktbarsch (Aequidens pulcher). Bis 15 cm lang werdender Barsch aus dem nördlichen Südamerika. Familie Cichlidae = Buntbarsche. Allesfresser. S. 80.
Blutsalmler (Hyphessobrycon callistus). Gruppe kleiner Schwarmfische aus dem tropischen Südamerika. Familie Characidae = Salmler. Von

dieser Art bestehen einige Unterarten und Zuchtformen. Allesfresser. S. 69.

Brachydanio s. Danio.

Brillantsalmler (Moenkhausia pittieri). (34). Bis 6 cm lang werdender Schwarmfisch aus Venezuela. Familie Characidae = Salmler. Allesfresser. S. 68, 84*, 123*.

Brokatbarbe („Barbus schuberti"). (14). Bis 8 cm lang werdender Schwarmfisch unbekannter Herkunft, der für eine goldfarbene Zuchtform aus der südchinesischen Messingbarbe (B. semifasciolatus) gehalten wird. Allesfresser. S. 68, 121*.

Buntbarsche (Cichlidae). Familie von Barschen, vornehmlich aus Amerika und Afrika, die durch eine besonders hochentwickelte Brutpflege ausgezeichnet sind. Zum Teil laichen sie in Gruben, auf Steinen oder Pflanzen ab, zum Teil üben sie Maulbrutpflege aus. Viele Buntbarsche sind sehr schön gefärbt (Name!), sind aber auch unverträglich und wühlen stark. Das hängt damit zusammen, daß die Fische Brutreviere besetzen, für die unsere Aquarien meist zu klein sind. Für kleinere Becken sind die Zwergcichliden zu empfehlen. Die Buntbarsche sind Kleintier- und Allesfresser oder Raubfische; manche Arten benötigen auch zusätzlich Pflanzenkost. S. 66, 67, 70, 80, 81, 82.

Buntschwanz-Zwergbuntbarsch (Apistogramma agassizii). Etwa 8 cm lang werdender Fisch aus dem tropischen Südamerika. Familie Cichlidae = Buntbarsche. Allesfresser. S. 66, 82*.

Carassius auratus auratus s. Goldfisch

Carassius carassius s. Karausche

Centrarchidae s. Sonnenbarsche

Ceylonbarbe (Barbus cumingi). Kleiner Schwarmfisch aus Sri Lanka (Ceylon). Familie Cyprinidae = Karpfenähnliche. Allesfresser. S. 62, 68.

Chamaeleon-Maulbrüter (Melanochromis crabro). Maulbrütender Buntbarsch aus dem Malawi-See. Größe bis 15 cm. Familie Cichlidae = Buntbarsche. Allesfresser, bevorzugt kräftige Nahrung. S. 67.

Chanda ranga s. Glasbarsch

Characidae s. Salmler

Cichlasoma festivum s. Flaggenbuntbarsch

Cichlasoma meeki s. Rotbrustbuntbarsch

Cichlasoma nigrofasciatum s. Zebrabuntbarsch

Cichlasoma portelagrensis s. Streifenbuntbarsch

Cichlidae s. Buntbarsche

Cichlasoma sajica s. Sajica-Buntbarsch

Colisa s. Fadenfische

Colisa fasciata s. Gestreifter Fadenfisch

Colisa labiosa s. Dicklippiger Fadenfisch

Colisa lalia s. Zwergfadenfisch

Colisa sota s. Honiggurami

Copella arnoldi s. Spritzsalmler

Costellosalmler (Hemigrammus hyanuary). (25). Kleiner Schwarmfisch aus der Familie Characidae = Salmler, Heimat: Tropisches Südamerika. Allesfresser. S. 68, 123*.

Corydoras s. Panzerwelse

Corydoras paleatus s. Punktierter Panzerwels

Crenicara filamentosa s. Gabelschwanz-Schachbrettcichlide

Ctenobrycon spilurus s. Talerfisch

Cynolebias s. Fächerfische

Cyprinidae s. Karpfenfische

Cyprinus carpio s. Karpfen

Danio devario s. Devariobärbling

Danio malabaricus s. Malabarbärbling

Danio (Brachydanio) albolineatus s. Schillerbärbling

Danio (Brachydanio) rerio s. Zebrabärbling

Dermogenys pusillus s. Hechtköpfiger Halbschnäbler

Devariobärbling (Danio devario). Bis 8 cm lang werdender Schwarmfisch aus Vorderindien. Familie Cyprinidae = Karpfenfische. S. 68.

Diamantbarsch (Enneacanthus obesus). (8). Etwa 10 cm lang werdender Barsch aus Nordamerika. Familie Centrarchidae = Sonnenbarsche. Kleintierfresser. S. 53, 72, 121*.

Dicklippiger Fadenfisch (Colisa labiosa). (48). 8 bis 10 cm lang werdender „Labyrinthfisch" aus Hinterindien. Familie Anabantidae = Kletterfische. Allesfresser. S. 65, 70, 78, 125*.

Dornaugen (Acanthophthalmus). (69). Etwa 10 cm lang werdende, aal- oder wurmförmige Schmerlen aus Südostasien. Besitzen eine sehr wechselvolle, dunkelbraune Querbänderung. Viele zum Teil etwas unsichere Arten und Rassen. Familie Cobitidae = Schmerlen. Allesfresser. S. 60, 69, 127*.

Dreibandsalmler (Hyphessobrycon heterorhabdus). (32). Kleiner Schwarmfisch aus dem Amazonasgebiet. Familie Characidae = Salmler. Allesfresser. S. 64, 69, 123*.

Dreistachliger Stichling (Gasterosteus aculeatus). (2). Etwa 6 bis 8 cm lang werdender, einheimischer Fisch mit sehr interessanter Brutpflege. Familie Gasterosteidae = Stichlingsartige. Kleintierfresser. S. 72, 121*.

Eilandbarbe (Barbus oligolepis). Kleiner Schwarmfisch aus Indonesien. Familie Cyprinidae = Karpfenfische. Allesfresser. S. 68.

Elassoma evergladei s. Zwergsonnenbarsch

Enneacanthus obesus s. Diamantbarsch

Epiplatys dageti s. Querbandhechtling

Esomus s. Flugbärblinge

Everetts Barbe (Barbus everetti). Bis etwa 12 cm lang werdender Schwarmfisch aus Indonesien. Familie Cyprinidae = Karpfenfische. Allesfresser. S. 68.

Fächerfische (Cynolebias). Kleine Zahnkarpfen aus Südamerika, die sich in ihrer Fortpflanzung einem Leben in zeitweise austrocknenden Gewässern angepaßt haben (Saisonfische). Familie Cyprinodontidae = Zahnkarpfen. Kleintierfresser. S. 76.

Fadenfische (Trichogaster und Colisa). Gruppe südostasiatischer Labyrinthfische, die durch fadenförmig verlängerte Bauchflossen gekennzeichnet sind. Familie Anabantidae = Kletterfische. Kleintierfresser. S. 65, 70, 79, 83*, 125*.

Flaggenbuntbarsch (Cichlasoma festivum). Etwa 15 cm lang werdender barschähnlicher Fisch aus dem tropischen Südamerika. Familie Cichlidae = Buntbarsche. Allesfresser, auch Pflanzen. S. 80.

Floridakärpfling (Jordanella floridae). (66). Kleiner Zahnkarpfen aus den südlichen USA, der durch eine flatternde Beweglichkeit auffällt. Familie Cyprinodontidae = Zahnkarpfen. S. 74, 127*.

Flugbärblinge (Esomus). Bis etwa 10 cm oder weniger lang werdende, im Schwarm lebende Oberflächenfische, die mit Hilfe der flügelartig verlängerten Brustflossen weit über das Wasser hinausschnellen können. Familie Cyprinidae = Karpfenfische. Allesfresser. S. 68.

Flußbarsch s. Rohrbarsch

Gabelschwanz-Schachbrettcichlide (Crenicara filamentosa). (59). Ein sehr anspruchsvoller Zwergbuntbarsch aus Südamerika. Größe bis 9 cm. Familie Cichlidae = Buntbarsche. Möglichst Lebendfutter. S. 125*.

Gabelschwanz-Tanganjikabuntbarsch (Lamprologus brichardi). Auch als „Prinzessin von Burundi" bezeichneter Höhlenbrüter aus dem Tanganjika-See. Größe bis 10 cm. Familie Cichlidae = Buntbarsche. Allesfresser. S. 66, 70.

Gasterosteus aculeatus s. Dreistachliger Stichling

Gasterosteus pungitius s. Neunstachliger Stichling

Gebänderter Prachtkärpfling (Aphyosemion bivittatum bivittatum). (63). Kleiner, im männlichen Geschlecht sehr schön gefärbter Zahnkarpfen aus dem tropischen Westafrika. Familie Cyprinodontidae = Zahnkarpfen. Kleintierfresser. S. 59, 76, 87*, 127*.

Gelber Salmler (Hyphessobrycon bifasiatus). Kleiner Schwarmfisch aus Südamerika. Familie Characidae = Salmler. Allesfresser. S. 68.

Gelber Zwergbuntbarsch (Apistogramma borellii). (51). Kleiner barschähnlicher Fisch aus dem tropischen Südamerika. Das nur 4 cm lang werdende Weibchen übt die Brutpflege allein aus. Familie Cichlidae = Buntbarsche. Kleintierfresser. S. 66, 81, 82*, 125*.

Gelibarbe (Barbus gelius). Kleiner Schwarmfisch, aus Vorderindien. Familie Cyprinidae = Karpfenfische. Allesfresser. S. 57, 69.

Gestreifter Fadenfisch (Colisa fasciata). Bis 12 cm lang werdender Labyrinthfisch aus Vorderindien und Burma. Familie Anabantidae = Kletterfische. Allesfresser. S. 65, 70, 78.

Glänzender Zwergbuntbarsch (Nannacara anomala). (58). Kleiner barschähnlicher Fisch aus dem nördlichen Südamerika. Das recht angriffslustige, auffallend gefärbte Weibchen übt die Brutpflege allein aus. Familie Cichlidae = Buntbarsche. Kleintierfresser. S. 89, 125*.

Glühlichtsalmler (Hemigrammus erythrozonus). Kleiner Schwarmfisch aus Waldgewässern des nördlichen Südamerika. Familie Characidae = Salmler. Allesfresser. S. 64.

Gobio gobio s. Gründling

Goldfisch (Carassius auratus auratus). Zuchtform der Chinesen aus der Silberkarausche (Carassius auratus gibelio). Familie Cyprinidae = Karpfenfische. Allesfresser. S. 51.

Goldgambuse (Phalloceros caudimaculatus). Auf intensiv goldfarbenem Untergrund schwarz gescheckte Zuchtform von Ph. c. Familie Cyprinodontidae. Unterfamilie Poeciliinae = Lebendgebärende Zahnkarpfen. Mit den echten Gambusen ist dieser Fisch nicht näher verwandt. Allesfresser. S. 58.

Goldorfe (Idus idus). Goldfarbene Zuchtform aus dem einheimischen Aland (Orfe). Schwarmfisch. Familie Cyprinidae = Karpfenfische. Allesfresser. S. 52.

Gründling (Gobio gobio). (4). Einheimischer, im Schwarm lebender Grundfisch, der eine Länge von etwa 15 cm erreicht. Familie Cyprinidae = Karpfenfische. Allesfresser. S. 51, 121*.

Guatemalakärpfling (Phallichthys amates). Kleiner Zahnkarpfen aus Mittelamerika. Familie Cyprinodontidae, Unterfamilie Poeciliinae = Lebendgebärende Zahnkarpfen. Allesfresser. S. 58, 86*.

Guppy (Poecilia reticulata). (38). Kleiner, im männlichen Geschlecht sehr kleiner Zahnkarpfen aus dem tropischen Südamerika und aus Westindien. Die Männchen sind in Farbe und Flossenform außerordentlich wandlungsfähig, was zur Herausbildung zahlreicher, sehr schöner Zuchtformen geführt hat. Familie Cyprinodontidae. Unterfamilie Poeciliinae = Lebendgebärende Zahnkarpfen. Allesfresser. S. 55, 58, 86*, 123*.

Günthers Prachtgrundkärpfling (Nothobranchius guentheri). (67). Etwa 4,5 cm groß werdender Bodenlaicher von der Insel Sansibar/Ostafrika. Familie Cyprinodontidae = Eierlegende Zahnkarpfen. Allesfresser. S. 76, 77, 87*, 127*.

Gürtelbarben. (16). Gruppe kleiner Schwarmfische aus Südostasien, die durch 4 bis 6 tiefschwarze Querbinden gekennzeichnet sind. Man unterscheidet u. a.:
Barbus tetrazona = Viergürtel- oder Sumatrabarbe
B. partipentazona = Teilgürtelbarbe
B. pentazona = Fünfgürtelbarbe
B. hexazona = Sechsgürtelbarbe
Familie Cyprinidae = Karpfenfische. Allesfresser. S. 62, 68, 121*.

Gymnocorymbus ternetzi s. Trauermantelsalmler

Gyrinocheilus kaznakovi s. Saugschmerle

Hasemania nana s. Kupfersalmler

Hechtköpfiger Halbschnäbler (Dermogenys pusillus). (70). Sehr schlanker Oberflächenfisch mit extrem verlängertem Unterkiefer. 6–7 cm große, lebendgebärende Art aus Südostasien. Familie Hemirhamphidae = Halbschnabelhechte. Allesfresser, solange die Nahrung von der Oberfläche aufgenommen werden kann, vorwiegend Anflugnahrung. S. 91. 127*.

Helostoma temmincki s. Küssender Gurami

Hemichromis lifalili s. Roter Cichlide

Hemigrammus caudovittatus s. Rautenflecksalmler

Hemigrammus erythrozonus s. Glühlichtsalmler

Hemigrammus ocellifer falsus s. Leuchtfleckensalmler

Hemigrammus pulcher s. Karfunkelsalmler

Hemigrammus rhodostomus s. Rotmaulsalmler

Heterandria formosa s. Zwergkärpfling

Honiggurami (Colisa sota). (47). Kleiner sehr attraktiver Labyrinthfisch aus dem Nordosten Indiens. Familie Anabantidae = Kletterfische. Allesfresser. S. 78, 125*.

Hyphessobrycon bentosi s. Schmucksalmler

Hyphessobrycon bifasciatus s. Gelber Salmler

Hyphessobrycon flammeus s. Roter von Rio

Hyphessobrycon heterorhabdus s. Dreibandsalmler

Hyphessobrycon pulchripinnis s. Schönflossensalmler

Ictalurus nebulosus s. Katzenwels

Idus idus s. Goldorfe

Indischer Glasbarsch (Chanda ranga). (72). Kleiner Barsch aus Indien von glasartiger Durchsichtigkeit. Familie Centropomidae. Kleintierfresser. S. 70, 127*.

Javakärpfling (Oryzias javanicus). Kleiner Zahnkarpfen aus Malaysia und von Java. Familie Cyprinodontidae = Zahnkarpfen. Allesfresser. S. 70, 87*.

Jordanella floridae s. Floridakärpfling

Julidochromis marlieri s. Schachbrett-Buntbarsch

Kakadu-Zwergbuntbarsch (Apistogramma cacatuoides). Etwa bis 8 cm (Männchen) groß werdender Höhlenbrüter aus Peru. Familie Cichlidae = Buntbarsche. Allesfresser. S. 66, 81.

Kampffisch (Betta splendens). (44). Bis 6 cm lang werdender Labyrinthfisch aus Südostasien, insbesondere aus Thailand, von dem es viele wundervoll gefärbte Zuchtformen mit schleierartig verlängerten Flossen gibt (Schleierkampffische). Außerordentlich streitsüchtig. Familie Anabantidae = Kletterfische. Kleintierfresser. S. 65, 70, 79, 83*, 125*.

Kap Lopez s. Prachtkärpfling „Kap Lopez“

Karausche (Carassius carassius). (5). Relativ groß werdender einheimischer Karpfenfisch. Familie Cyprinidae = Karpfenfische. Allesfresser. S. 50, 121*.

Kardinalfisch (Tanichthys albonubes). (13). Kleiner Schwarmfisch aus Südchina. Familie Cyprinidae = Karpfenfische. Allesfresser. S. 54, 121*.

Karfunkelsalmler (Hemigrammus pulcher). (23). Kleiner Schwarmfisch aus dem peruanischen Amazonas. Familie Characidae = Salmler. Allesfresser. S. 64, 69, 123*.

Karpfenfische (Cyprinidae). Fast über die ganze Erde verbreitete Fischfamilie, die zahlreiche, meist im Schwarm lebende Aquarienfische stellt.

Katzenwels (Ictalurus nebulosus). Aus Nordamerika eingeführter, bei uns heimisch gewordener Wels, der ziemlich groß werden kann. Familie Ameiuridae = Katzenwelse Kleintierfresser, Raubfische.

Kaulbarsch (Acerina cernua). Bis 15 cm lang werdender einheimischer Barsch. Familie Percidae = Echte Barsche. Raubfische S. 52.

Keilfleckbärbling (Rasbora heteromorpha). (18). Kleiner Schwarmfisch aus Südostasien. Familie Cyprinidae = Karpfenfische. Allesfresser. S. 60, 68, 85*, 121*.

Kletterfische (Anabantidae). Familie barschähnlicher Fische aus Asien und Afrika, die im Hinblick auf ihr Atmungshilfsorgan auch als Labyrinthfische bezeichnet werden. Die Familie stellt zahlreiche Aquarienfische.

Knurrender Zwerggurami (Trichopsis pumilus). Kleiner Labyrinthfisch aus Hinterindien und Sumatra, der in Erregung Töne von sich gibt. Familie Anabantidae = Kletterfische. Allesfresser. S. 65, 70, 78.

Kubabachling (Rivulus cylindraceus). (65). Kleiner Zahnkarpfen aus Kuba. Familie Cyprinodontidae = Zahnkarpfen Kleintierfresser. S. 59, 61, 76, 127*.

Kupfersalmler (Hasemania nana). (36). Kleiner Schwarmfisch aus Brasilien Familie Characidae = Salmler. Allesfresser. S. 68, 123*.

Küssender Gurami (Helostoma temmincki). Ziemlich groß werdender Labyrinthfisch aus Hinterindien und Indonesien. Familie Anabantidae = Kletterfische. Allesfresser, vor allem auch Algen. S. 78.

Labidochromis vellicans s. Spitzkopfmaulbrüter

Labyrinthfische s. Kletterfische

Laetacara curviceps s. Tüpfelbuntbarsch. (56).

Lamprologus brichardi s. Gabelschwanz-Tanganjikabuntbarsch

Leucaspius delineatus s. Moderlieschen

Leuchtaugenfische (Aplocheilichthys, Procatopus). Kleine, im Schwarm lebende Zahnkarpfen aus dem tropischen Westafrika. Viele Arten besitzen eine sehr stark glänzende, auffallende Augeniris. Familie Cyprinodontidae = Zahnkarpfen. Allesfresser. S. 70, 87*.

Leuchtfleckensalmler (Hemigrammus ocellifer falsus). (26). Kleine Schwarmfische aus dem tropischen Südamerika. Familie Characidae = Salmler. Allesfresser. S. 64, 69, 123*.

Leuciscus rutilus s. Rotauge

Limia. Untergattung von Zahnkarpfen der Großgattung Poecilia, vornehmlich aus Mittelamerika und Westindien. Familie Cyprinodontidae. Unterfamilie Poeciliinae = Lebengebärende Zahnkarpfen. Allesfresser, auch Pflanzen. S. 58.

Lucioperca lucioperca s. Zander

Macropodus opercularis s. Makropode

Madrashechtling (Aplocheilus blocki). Bis 5 cm lang werdender, vornehmlich an der Oberfläche sich aufhaltender Zahnkarpfen aus Vorderindien. Familie Cyprinodontidae = Zahnkarpfen. Kleintierfresser. S. 60, 70, 76.

Makropode (Macropodus opercularis). (49). Etwa 8 cm lang werdender Labyrinthfisch aus Südchina. Familie Anabantidae = Kletterfische. Kleintierfresser. S. 74, 83*, 125*.

Malabarbärbling (Danio malabaricus). Etwa 10 cm lang werdender Schwarmfisch aus Indien. Familie Cyprinidae = Karpfenfische. Allesfresser. S. 68.

Malawi-Schmalbarsch (Pseudotropheus elongatus). Bis 15 cm große, fast zylindrisch geformte Maulbrüterart aus dem Malawi-See. Familie Cichlidae = Buntbarsche. Allesfresser, kräftige Nahrung. S. 67.

Maronibuntbarsch (Aequidens maronii). Etwa 10 cm lang werdender barschähnlicher Fisch aus dem nördlichen Südamerika. Sehr friedlich; wühlt nicht. Familie Cichlidae = Buntbarsche. Allesfresser. S. 70, 80.

Maulbrüter. Gruppe von Cichliden, die ihren Laich in der Mundhöhle erbrüten und auch den Jungfischen eine Zeitlang darin Zuflucht gewähren. Meist in Afrika beheimatet, einige Arten auch in Südamerika.

Melanochromis auratus s. Türkisgoldbarsch

Melanochromis crabro s. Chamaeleon-Maulbrüter

Melanotaenia maccullochi s. Regenbogenfisch

Messingbarbe (Barbus semifasciolatus). (17). Etwa 10 cm lang werdender Schwarmfisch aus Südchina. Familie Cyprinidae = Karpfenfische. Allesfresser. S. 57, 121*.

Misgurnus fossilis s. Schlammpeizker

Moderlieschen (Leucaspius delineatus). (6). Kleiner einheimischer Schwarmfisch, der Brutpflege ausübt. Die Eier werden an Pflanzenstengel abgelegt und vom Männchen betreut. Familie Cyprinidae = Karpfenfische. Allesfresser. S. 50, 121*.

Moenkhausia pitteri s. Brillantsalmler

Moenkhausia sanctae filomenae s. Rotaugen-Moenkhausia

Mollienesia. Untergattung von Zahnkarpfen der Großgattung Poecilia aus Mittelamerika und dem Süden der USA. Bei einigen Arten besitzen die Männchen segelförmige, große Rückenflossen. Viele Mollienesien neigen zur Schwarzfärbung („Black Molly"). Familie Cyprinodontidae, Unterfamilie Poeciliinae = Lebendgebärende Zahnkarpfen. Allesfresser, vor allem auch Pflanzen. S. 58.

Mondscheinfadenfisch (Trichogaster microlepis). Bis 18 cm groß werdender, silbrig glänzender Fadenfisch aus Südostasien. Familie Anabantidae = Kletterfische. Allesfresser. S. 70, 78.

Mosaikfadenfisch (Trichogaster leeri). Bis über 10 cm lang werdender Labyrinthfisch aus Hinterindien und Indonesien. Familie Anabantidae = Kletterfische. Allesfresser. S. 70, 78, 83*.

Nannacara anomala s. Glänzender Zwergbuntbarsch

Nannostomus beckfordi s. Roter Ziersalmler

Nannostomus eques s. Schrägsteher

Nannostomus marginatus s. Ziersalmler

Neonsalmler (Paracheirodon innesi). (33). Kleiner Schwarmfisch aus Waldgewässern des peruanischen Amazonas. Familie Characidae = Salmler. Allesfresser. S. 55, 61, 84*, 123*.

Neunstachliger Stichling (Gasterosteus pungitius). (3). Etwa 7 cm lang werdender einheimischer Fisch mit interessanter Brutpflege. Familie Gasterosteidae = Stichlingsartige. S. 72, 121*.

Nothobranchius guentheri s. Günthers Prachtgrundkärpfling

Odessabarbe (Barbus ticto subspec.). Etwas unter Prachtbarbengröße bleibender Schwarmfisch, dessen Fundort noch unbekannt ist. Der Name bezieht sich auf die Hafenstadt Odessa in der UdSSR. Von dort erfolgte Verbreitung dieses Fisches. Familie Cyprinidae = Karpfenfische. Allesfresser. S. 57, 85*.

Oryzias javanicus s. Javakärpfling

Panzerwelse (Corydoras). (73, 74, 75, 76). Gattung von südamerikanischen Welsen, deren Körper von dachziegelartig ineinandergreifenden Knochenplatten bedeckt ist. Familie Callichthyidae = Schwielenwelse. Allesfresser. S. 55, 56, 61, 88*, 127*.

Papiliochromis ramirezi s. Schmetterlingsbuntbarsch

Paracheirodon innesi s. Neonsalmler

Pelvicachromis pulcher s. Purpurprachtbarsch

Perca fluviatilis s. Rohrbarsch

Phallichthys amates s. Guatemalakärpfling

Phalloceros caudomaculatus reticulatus s. Scheckenkärpfling

Platy. Abkürzung für Platypoecilus. (40, 42). Untergattung von Zahnkarpfen aus der Gattung Xiphophorus. Es bestehen zahlreiche sehr hübsche Zuchtformen und Kreuzungen. Familie Cyprinodontidae, Unterfamilie Poeciliinae = Lebendgebärende Zahnkarpfen. Allesfresser. S. 58, 86*, 123*.

Platypoecilus s. Platy

Plötze s. Rotauge

Poecilia reticulata s. Guppy

Polycentrus schomburgki s. Vielstachler

Prachtbarbe (Barbus conchonius). (11). Kleiner indischer Schwarmfisch. Familie Cyprinidae = Karpfenfische. Allesfresser. S. 54, 68, 85*, 121*.

Prachtgrundkärpfling (Nothobranchius). Gattung ostafrikanischer Zahnkarpfen, die sich in ihrer Fortpflanzungsweise einem Leben in periodisch austrocknenden Gewässern angepaßt haben (Saisonfische). Familie Cyprinodontidae = Zahnkarpfen. Kleintierfresser. S. 76, 77.

Prachtkärpfling „Kap López" (Aphyosemion australe). Kleiner Zahnkarpfen aus dem tropischen Westafrika. Familie Cyprinodontidae = Zahnkarpfen. Kleintierfresser. S. 59, 70, 76.

Prachtkärpflinge (Aphyosemion). Gattung von Zahnkarpfen aus dem tropischen Westafrika. Familie Cyprinodontidae = Zahnkarpfen. Kleintierfresser. S. 59, 70, 76.

Prachtmaulbrüter (Pseudotropheus lombardoi). Bis 12 cm großer Maulbrüter aus dem Malawi-See mit farblich extremen Geschlechtsunterschieden (Männchen zitronengelb, Weibchen hellblau mit senkrechten Binden). Familie Cichlidae = Buntbarsche. Allesfresser, kräftige Nahrung. S. 67.

Pristella riddlei s. Sternflecksalmler

Procatopus s. Leuchtaugenfische

Pseudocrenilabrus multiculor s. Vielfarbiger Maulbrüter

Pseudosphromenus cupanus s. Spitzschwanzmakropode

Pseudosphromenus dayi s. Roter Spitzschwanzmakropode

Pseudotropheus elongatus s. Malawi-Schmalbarsch

Pseudotropheus lombardoi s. Prachtmaulbrüter

Pterolebias s. Schleierkärpfling

Pterophyllum scalare s. Segelflosser

Punktierter Fadenfisch (Trichogaster trichopterus). Etwa 10 cm lang werdender Labyrinthfisch aus Vorder- und Hinterindien sowie von Sumatra; hier in einem blauen Farbschlag. Familie Anabantidae = Kletterfische. S. 65, 70, 78.

Punktierter Panzerwels (Corydoras paleatus). (75). In kleinen Rudeln lebende Welsart aus Südamerika. Familie Callichthyidae = Schwielenwelse. Allesfresser. S. 55, 61, 69, 78, 88*, 127*.

Puntius s. Barbus

Purpurkopfbarbe (Barbus nigrofasciatus). (19). Kleiner Schwarmfisch von Sri Lanka (Ceylon). Familie Cyprinidae = Karpfenfische. Allesfresser. S. 62, 68, 121*.

Purpurprachtbarsch (Pelvicachromis pulcher). (55). Etwa 8 cm lang werdender, barschähnlicher Fisch aus dem tropischen Westafrika. Familie Cichlidae = Buntbarsche. Kleintierfresser. S. 70, 81, 82*, 125*.

Querbandhechtling (Epiplatys dageti). (61). Kleiner Zahnkarpfen aus dem tropischen Westafrika. Familie Cyprinodontidae = Zahnkarpfen. Kleintierfresser. S. 59, 70, 76, 127*.

Rasbora heteromorpha s. Keilfleckbärbling

Rasbora maculata s. Zwergbärbling

Rasbora urophtalma s. Schwarzfleckbärbling

Rautenflecksalmler (Hemigrammus caudovittatus). (31). Etwa 10 cm lang werdender Schwarmfisch aus Südamerika. Familie Characidae = Salmler. Allesfresser. S. 56, 123*.

Regenbogenfisch (Melanotaenia maccullochi). (68). Etwa 7 cm lang werdender Schwarmfisch aus Australien. Familie Atherinidae = Ährenfische. Allesfresser. S. 57, 68, 127*.

Rivulus cylindraceus s. Kubabachling

Rohrbarsch (Perca fluviatilis). (10). Einheimischer Barsch aus der Familie Percidae = Echte Barsche. Kleintierfresser. Raubfisch. S. 121*.

Rotauge, Plötze (Leuciscus rutilus). Einheimischer Schwarmfisch aus der Familie Cyprinidae = Karpfenfische. Allesfresser. S. 51.

Rotaugen-Moenkhausia (Moenkhausia sanctae filomenae). (35). Etwa 8 cm lang werdender Schwarmfisch aus dem tropischen Südamerika. Familie Characidae = Salmler. Allesfresser. S. 56, 123*.

Rotbrustbuntbarsch (Cichlasoma meeki). Etwa 10 cm lang werdender barschähnlicher Fisch aus Mexiko. Wühlt relativ wenig. Familie Cichlidae = Buntbarsche. Allesfresser. S. 80, 82*.

Roter Cichlide (Hemichromis lifalili). Etwa 12 cm lang werdender barschähnlicher Fisch aus dem tropischen Afrika. Rauflustig und stark wühlend. Familie Cichlidae = Buntbarsche. Kleintierfresser. S. 80, 82*.

Roter Prachtkärpfling (Aphyosemion cognatum). (62). Kleiner Zahnkarpfen aus dem tropischen Westafrika. Familie Cyprinodontidae – Zahnkarpfen. Kleintierfresser. S. 59, 76, 127*.

Roter von Rio (Hyphessobrycon flammeus). (29). Kleiner Schwarmfisch aus Südamerika. Familie Characidae = Salmler. Allesfresser. S. 55, 69, 123*.

Roter Spitzschwanzmakropode (Pseudosphromenus dayi). Etwa 6 cm lang werdender Labyrinthfisch aus Südostasien. Familie Anabantidae = Kletterfische. Allesfresser. S. 65, 70, 78, 125*.

Roter Ziersalmler (Nannostomus beckfordi. (21) Kleiner Schwarmfisch aus dem Amazonasgebiet. Familie Lebiasinidae, den Salmlern nahestehend. Allesfresser. S. 61 69, 123*.

Rotfeder (Scardinius erythrophtalmus). Einheimischer Schwarmfisch aus der Familie Cyprinidae = Karpfenfische. Allesfresser. S. 51.

Rotflossensalmler (Aphyocharax anisitsi). (37). Kleiner Schwarmfisch aus Argentinien. Familie Characidae = Salmler. Allesfresser. S. 56, 68, 123*.

Rotmaulsalmler (Hemigrammus rhodostomus). Kleiner Schwarmfisch aus dem unteren Amazonasgebiet. Familie Characidae = Salmler. Allesfresser. S. 68.

Rotsaumprachtkärpfling (Aphyosemion gardneri). Kleiner Zahnkarpfen aus dem tropischen Westafrika. Familie Cyprinodontidae = Zahnkarpfen. Kleintierfresser. S. 59, 70, 76.

Sajica-Buntbarsch (Cichlasoma sajica). Etwa 10 cm groß werdender, offenbrütender Buntbarsch aus Costa Rica. Familie Cichlidae = Buntbarsche. Allesfresser. S. 80.

Salmler (Characidae). Sehr umfangreiche Familie, die in Afrika, Süd- und Mittelamerika beheimatet ist. Äußerst formenreich; stellt sehr viele Aquarienfische. Die meisten Salmler sind Schwarmfische, doch finden sich auch räuberisch lebende Einzelgänger darunter. Einige sehr nahestehende Familien: Kopfsteher, Halbzähner, Afrikasalmler, Beilbäuche.

Saugschmerle (Gyrinocheilus kaznakovi). Etwa 20 cm lang werdender, schmerlenähnlicher Fisch aus Thailand, der in großen Schwärmen lebt. Familie Gyrinocheilidae = Saugschmerlen. Allesfresser, vor allem Algen. S. 69.

Scardinius erythrophtalmus s. Rotfeder

Schachbrett-Buntbarsch (Julidochromis marlieri). 10 bis 14 cm großer, schlanker Höhlenbrüter aus dem Tanganjika-See. Familie Cichlidae = Buntbarsche. Allesfresser, S. 66.

Scheckenkärpfling (Phalloceros caudimaculatus reticulatus). (45). Kleiner Zahnkarpfen aus Argentinien. Familie Cyprinodontidae. Unterfamilie Poeciliinae = Lebendgebärende Zahnkarpfen. Allesfresser. S. 58.

Scheibenbarsch (Mesogonistius chaetodon). Etwa 10 cm lang werdender Barsch aus Nordamerika. Familie Centrarchidae = Sonnenbarsche. Kleintierfresser. S. 53, 72.

Schillerbärbling (Danio/Brachydanio albolineatus). Kleiner Schwarmfisch aus Hinterindien und Indonesien. Familie Cyprinidae = Karpfenfische. Allesfresser. S. 68, 121*.

Schlammpeitzker (Misgurnus fossilis). (1). Ziemlich groß werdender aalförmiger Bodenfisch aus schlammigen, heimatlichen Gewässern. Empfindlich gegen Wetterveränderungen. Familie Cobitidae = Schmerlen. Allesfresser. S. 50, 121*.

Schleie (Tinca tinca). Einheimischer, groß werdender, gesellig lebender Fisch. Familie Cyprinidae = Karpfenfische. Allesfresser. S. 50.

Schleierkärpfling (Pterolebias longipinnis). Etwa 10 cm lang werdender Zahnkarpfen aus dem Amazonasgebiet, der sich in seiner Fortpflanzungsweise einem Leben in zeitweise austrocknenden Gewässern angepaßt hat (Saisonfisch). Familie Cyprinodontidae = Zahnkarpfen. Kleintierfresser. S. 76.

Schmetterlingsbuntbarsch (Papiliochromis ramirezi). (53). Kleiner barschähnlicher Fisch aus dem tropischen Südamerika. Die Brutpflege wird von beiden Eltern ausgeübt. Familie Cichlidae = Buntbarsche. Kleintierfresser. S. 66, 70, 125*.

Schmucksalmler (Hyphessobrycon bentosi). (30). Kleiner Schwarmfisch aus dem nördlichen Südamerika. Familie Characidae = Salmler. Allesfresser. S. 68, 123*.

Schönflossensalmler (Hyphessobrycon pulchripinnis). (24). Kleiner Schwarmfisch aus Südamerika. Familie Characidae = Salmler. Allesfresser. S. 69, 123*.

Schrägsteher (Nannostomus eques). (20). In Schwärmen lebende Fische mit auffallender, schräg nach oben gerichteter Schwimmweise. Familie Lebiasinidae. Allesfresser. S. 61, 69, 123*.

Schwanzfleckbärbling (Rasbora urophthalma). Sehr kleiner, gesellig lebender Fisch aus Sumatra. Familie Cyprinidae = Karpfenfisch. Allesfresser. S. 60.

Schwarzbandbarbe (Barbus lateristriga). Etwa 12 cm lang werdender Schwarmfisch aus Indonesien. Familie Cyprinidae = Karpfenfische. Allesfresser. S. 68.

Schwertträger (Xiphophorus). (39). Gattung von Zahnkarpfen aus Mittelamerika, mit einer Untergattung: Platypoecilus. Zahlreiche Zuchtformen und Farbschläge. Familie Cyprinodontidae. Unterfamilie Poeciliinae = Lebendgebärende Zahnkarpfen. S. 58, 86*, 123*.

Segelflosser (Pterophyllum scalare). (54). Blattförmig hoch gebauter, barschähnlicher Fisch aus dem tropischen Südamerika. Familie Cichlidae = Buntbarsche. Allesfresser. S. 80, 81*, 125*.

Sonnenbarsche (Centrarchidae). (7). Familie von Barschen aus Nordamerika, die eine Reihe sehr schöner Aquarienfische stellt. Einige Arten erreichen eine ziemliche Größe. Raubfische oder Kleintierfresser. S. 121*.

Sonnenstrahlfisch (Telmatherina ladigesi). Etwa 5 cm lang werdender, im Schwarm lebender Fisch von der Insel Celebes. Familie Atherinidae = Ährenfische. Allesfresser.

Spitzkopfmaulbrüter (Labidochromis vellicans). Bis 10 cm groß werdender Maulbrüter aus dem Malawi-See. Familie Cichlidae = Buntbarsche. Allesfresser. S. 67.

Spitzschwanzmakropode (Pseudosphromenus cupanus). Etwa 6 cm lang werdender Labyrinthfisch aus Indien und Sri Lanka (Ceylon). Familie Anabantidae = Kletterfische. Kleintierfresser. S. 65, 70.

Spritzsalmler (Copella arnoldi). (27). Etwa 8 cm lang werdender Schwarmfisch aus dem tropischen Südamerika mit bemerkenswerter Brutpflege. Familie Characidae = Salmler. Allesfresser. S. 75, 84*, 123*.

Sternflecksalmler (Pristella riddlei). Kleiner Schwarmfisch aus dem tropischen Südamerika. Familie Characidae = Salmler. Allesfresser. S. 69.

Stevardia riisei s. Zwergdrachenflosser

Streifenbuntbarsch (Cichlasoma portalegrensis). Etwa 12 cm lang werdender, barschähnlicher Fisch aus Brasilien. Recht verträglich, wühlt kaum. Familie Cichlidae = Buntbarsche. Kleintierfresser. S. 80.

Streifenhechtling (Aplocheilus lineatus). (64). Etwa 10 cm lang werdender Zahnkarpfen aus Indien. Familie Cyprinodontidae = Zahnkarpfen. Kleintierfresser, vor allem Luftinsekten. S. 59, 63, 69, 76, 87*, 127*.

Talerfisch (Ctenobrycon spilurus). Etwa 8 cm lang werdender Schwarmfisch von scheibenförmiger Gestalt aus dem nördlichen Südamerika. Familie Characidae = Salmler. Allesfresser. S. 56.
Tanichthys albonubes s. Kardinalfisch
Telmatherina ladigesi s. Sonnenstrahlfisch
Tinca tinca s. Schleie
Trauermantelsalmler (Gymnocorymbus ternetzi). (28). Kleiner Schwarmfisch aus dem tropischen Südamerika. Familie Characidae = Salmler. Allesfresser. S. 69, 123*.
Trichogaster s. Fadenfische
Trichogaster leeri s. Mosaikfadenfisch
Trichogaster microlepis s. Mondscheinfadenfisch
Trichogaster trichopterus s. Punktierter Fadenfisch und Blauer Fadenfisch
Trichopsis pumilus s. Knurrender Zwerggurami
Tüpfelbuntbarsch (Laetacara curviceps). (56). Bis 8 cm lang werdender, friedlicher, barschähnlicher Fisch aus dem Amazonasgebiet. Familie Cichlidae = Buntbarsche. Allesfresser. S. 70, 125*.
Türkisgoldbarsch (Melanochromis auratus). (57). Bis 15 cm großer Maulbrüter aus dem Malawi-See. Familie Cichlidae = Buntbarsche. Allesfresser, kräftige Nahrung. S. 67, 125*.

Vielfarbiger Maulbrüter (Pseudocrenilabrus multicolor). (60). Etwa 7 cm lang werdender barschähnlicher Fisch aus Afrika. Familie Cichlidae = Buntbarsche. Allesfresser. S. 89, 125*.
Vielstachler (Polycentrus schomburgki). Etwa 8 cm lang werdender Barsch aus dem tropischen Südamerika. Familie Nandidae = Nanderbarsche. Raubfisch (Kleintierfresser). S. 90.

Xiphophorus s. Schwertträger

Zander (Lucioperca lucioperca). Einheimischer, recht groß werdender Barsch. Familie Percidae = Echte Barsche. Raubfisch. S. 52.
Zebrabärbling (Danio/Brachydanio rerio). (15). Kleiner Schwarmfisch aus Indien. Familie Cyprinidae = Karpfenfische. Allesfresser. S. 54, 68, 85*, 121*.
Zebracichlide (Cichlasoma nigrofasciatum). (52). Etwa 10 cm lang werdender barschähnlicher Fisch aus Guatemala. Familie Cichlidae = Buntbarsche. Kleintierfresser. S. 80, 125*.
Ziersalmler (Nannostomus marginatus). (22). Kleiner Schwarmfisch aus dem tropischen Südamerika. Familie Hemiodontidae = Halbzähner. Allesfresser. S. 61, 69, 123*.
Zwergbarbe (Barbus phutunio). Kleiner Schwarmfisch aus Indien. Familie Cyprinidae = Karpfenfische. Allesfresser. S. 57, 68.
Zwergbärbling (Rasbora maculata). Sehr kleiner, gesellig lebender Fisch aus Hinterindien und Sumatra. Familie Cyprinidae = Karpfenfische. Allesfresser. S. 60.
Zwergbuntbarsch (Apistogramma agassizii). Etwa 8 cm lang werdender barschähnlicher Fisch aus dem tropischen Südamerika. Familie Cichlidae = Buntbarsche. Allesfresser. S. 66, 89, 82*.
Zwergcichliden. Gruppe kleinerer Buntbarsche, die keine systematische Einheit darstellen. Sie sind relativ friedlich, wühlen wenig und schonen die Pflanzen. Häufig ist das Weibchen bei der Brutpflege der aktivere Teil.
Zwergdrachenflosser (Stevardia riisei). Kleine Schwarmfische aus dem nördlichen Südamerika. Männchen besitzen löffelartige Anhänge an den Kiemendeckeln. Familie Characidae = Salmler. Allesfresser. S. 56, 68.
Zwergfadenfisch (Colisa lalia). (46). Kleiner Labyrinthfisch aus Indien. Einer der farbigsten Aquarienfische. Schaumnestbauer. Familie Anabantidae = Kletterfische. Allesfresser. S. 65, 70, 78, 83*, 125*.
Zwergkärpfling (Heterandria formosa). (41). Sehr kleiner Zahnkarpfen aus dem Südosten der USA; eines der kleinsten Wirbeltiere überhaupt. Familie Cyprinodontidae, Unterfamilie Poeciliinae = Lebendgebärende Zahnkarpfen. Allesfresser. S. 58, 123*.
Zwergsonnenbarsch (Elassoma evergladei). (9). Kleiner Barsch aus dem Süden der USA. Familie Elassomatidae = Zwergsonnenbarsche. Kleintierfresser. S. 73, 121*.

Register